U0915650

超凡智能体

从生命起源到AI智能体

[爱] 凯文·J. 米切尔◎著　　侍怡君 王淑花◎译
(Kevin J. Mitchell)

中国出版集团
中 译 出 版 社

著作权合同登记号：图字 01-2024-2651 号

图书在版编目（CIP）数据

超凡智能体：从生命起源到 AI 智能体 /（爱）凯文·J. 米切尔 (Kevin J. Mitchell) 著；侍怡君，王淑花译. -- 北京：中译出版社，2024. 10. -- ISBN 978-7-5001-8041-8

Ⅰ. K02

中国国家版本馆 CIP 数据核字第 2024RU7803 号

超凡智能体：从生命起源到 AI 智能体
CHAOFAN ZHINENGTI: CONG SHENGMING QIYUAN DAO AI ZHINENGTI

著　　者：［爱］凯文·J. 米切尔（Kevin J. Mitchell）
译　　者：侍怡君　王淑花
策划编辑：于　宇　方荟文
责任编辑：于　宇
文字编辑：李晟月
营销编辑：马　萱　钟筱童

出版发行：中译出版社
地　　址：北京市西城区新街口外大街 28 号 102 号楼 4 层
电　　话：（010）68002494（编辑部）
邮　　编：100088
电子邮箱：book@ctph.com.cn
网　　址：http://www.ctph.com.cn

印　　刷：固安华明印业有限公司
经　　销：新华书店
规　　格：880 mm × 1230 mm　1/32
印　　张：14
字　　数：245 千字
版　　次：2024 年 10 月第 1 版
印　　次：2024 年 10 月第 1 次印刷

ISBN 978-7-5001-8041-8　　定价：89.00 元

谨此献给亚当（Adam）和伊森（Ethan）

前言

关于人类是否拥有自由意志的问题，哲学家和神学家已经反复讨论了几千年，但从未得出任何明确的结论，甚至没有就这个问题达成共识。科学家们通常对此避而不谈，转而专注于更易解决的问题，但最近科学的进步，尤其是在神经科学领域的发现，正逐渐改变这种情况。

我们逐渐了解了越来越多的细节问题，如大脑的活动模式如何控制行为，动物（包括人类）如何做出决策，以及神经回路如何积累证据、权衡选择，发出信号传递价值、重要性和信心，以及如何将决策结果转化为实际行动。然而，随着决策机制的揭示，我们似乎越来越难以摆脱“我们**其实**只是机器”这一模棱两可的结论。那么，“我们”在做决策的过程中究竟扮演着怎样的角色呢？

事实上，神经科学家们时常宣称：“自由意志是一种幻觉。”我们现在没有，未来也不可能拥有自由意志。我们可以观察到大脑的运作模式；我们可以介入动物乃至人类的大脑，以调整决策和行动。这还有心理活动的空间吗？似乎都没有必要去探寻任何形式的心理因果性了。当大脑中的离子按照自然路径正常流动，谁还会去在意这些神经活动模式的意义呢？

丹尼尔·丹尼特[①]（Daniel Dennett）等哲学家持相反观点，他们认为生物体是基于其神经或生化电路结构，出于某种原因而采取行动的。然而，丹尼尔也坚持认为，决定论仍然成立，不存在真正的选择，在任何既定时刻，你都不能“做别的事”。兼容论者的自由意志观在哲学家和科学家中广为流传，但兼容论未能合理解释在决定论的框架下，自由意志或任何形式的自由主体何以成立。相反，兼容论者认为，即使人类实际上没有选择，我们也可以假定人们是有选择的。即使从根本上来说是不切实际的，我们也可以很好地模拟自由意志，使其为我们的道德责任体系奠定基础。

我认为，无论是严格的决定论者还是兼容论者的观点都不尽如人意，两者都认为自由意志在某种程度上只是一种幻觉。在更深层次上，物理学家如布莱恩·格林（Brian Greene）和斯蒂芬·霍金（Stephen Hawking）曾断言，我们大脑的运作方式就像行星的轨道一样受到物理定律影响。同样，物理定律也决

① 丹尼尔·丹尼特（Daniel Dennett）1942年生于美国波士顿，1965年取得牛津大学哲学博士学位，现任塔夫茨大学哲学教授与认知科学研究中心主任。代表作《意识的解释》（Consciousness Explained）。——译者注

定了我们大脑以及其他部位中所有粒子的相互作用。即使存在真实的随机性，它也不过是系统中衍生的另一个物理因素（尽管无因）。这种观点是还原论的终极体现，几个世纪以来一直在生物学领域占据着主导地位。

还原论的含义是，生物学本身并不是一门独立的科学，而只是复杂的化学，而化学又是复杂的物理学（心理学也只是复杂的神经科学）。在这种观点下，因果关系仅产生于系统最底层的相互作用中。如果我们不断深入探索，我们就能揭示生命真正的运作方式；事实上，我们不仅能阐释生命，我们还能消除其特殊性。我们会证明，生命体与非生命体的唯一区别在于前者复杂性更高。

然而，在我看来，这个观点不仅是错的，而且错得彻头彻尾，因为纯粹的还原论和机械论的生命观完全没有触及生命的真正要义。相反，它们只关注能量、物质和基本力的物理定律，**未能解释生命的本质**或其独特性：生物体作为因果主体，行事都有其原因。它们的驱动力是信息而非能量，而信息的意义是在历史演化的过程中，植根于生物体自身内部结构中。简而言之，从本质上来说，生物体的组织结构决定了生物体内发挥作用的因果关系与纯粹的物理定律所描述的因果关系存在本质上的区别。

本书旨在探讨生物是如何获得这种选择能力，如何自主控制个体行为，以及如何影响了其周围环境的。在我看来，这项研究的关键在于采取了进化论的视角。如果我们想要了解选择和自由意志何以存在于物质宇宙中，我们就应该研究其根源。因此，本书追溯了能动性进化的过程——从生命本身的起源，到神经系统的发展，再到决策和行为选择系统的进一步完善，最终出现了人类有意识的认知控制，即我们所谓的“自由意志”。

在此过程中，我克服了那些对生物自由意志构成根本性障碍的形而上学问题。我的目的是表明，在思考这些问题时，我们既不局限于简单的物理决定论，即将所有事情都归因于原子或量子场层面，也不局限于某种神秘的二元论，即我们必须依靠非物质力量来维护我们自身的能动性。

相反，我提出了一个概念框架，旨在通过将原本模糊甚至带有神秘色彩的目的、意义和价值等概念具体化，使“能动性”概念更贴近实际、更符合自然科学的观点和方法。事实上，这些概念并非不科学，它们对于我们深刻理解生命的本质、能动性的存在以及人类实际拥有的自由或限制，都具有至关重要的作用。

本书对科学和哲学诸多领域的研究成果和思想进行了梳理，并采用了一种非专业人士也能理解的叙述方式。本书并不追求详尽无遗地呈现全部知识和细节，而是提供一个概括性的视角，使读者能够更容易理解和接触到这个主题的核心思想——它实际上是对能动性问题的一种延伸论证。本研究建立在他人研究的基础上，并试图尽可能综合众人的观点和思考，但实际只提及了极少数人的名字。本书最后为读者提供了一部分参考书目供大家进一步阅读，但未列出全部相关文献。对于那些作品未被引用的作者，我在此表示歉意。

我提出的框架对我们如何看待人类身份、理解自我决策过程，以及如何认识个体能动性得以增强或削弱的诸多方式具有重要意义。它还关系到生物学中更基础的问题：生命体如何在险恶的环境中生存？支持适应性行为的认知结构是如何构建的？个体如何通过了解事物之间的因果关系，进而可以产生具有影响力的行动？简而言之，在接下来的内容中，我会向读者证明，能动性的故事实际上就是生命本身的故事。

目　录

第三章　行动

第四章　生物变得更加复杂

第五章 感知自我

第六章　选择

第七章　前路未卜

第八章　利用不确定性

第九章　意义

第十章　成就自我

第十一章　关于思考过程的思考

第十二章　自由意志

第一章

头号玩家

我们能够完全掌握自己的命运吗？抑或我们感受到的选择自由其实只是一种错觉？最近我在看着儿子玩一款视频游戏时，这些问题一直萦绕在我脑海里。那是一款开放世界探索游戏，玩家在其中漫游，会遇到各种有趣的居民（并消灭其中一些敌人）。我看到，他的角色走进了一家酒馆，走向了酒保，酒保简单地和他打了个招呼。随后，游戏给出了一些回答选项，玩家可以选择回复，从而了解周围地区的财富和可能获得的荣耀。

在这次互动中，尽管我儿子在游戏中的行动受到了一定的限制，但他依然在其中**做出了**自己的选择，而这些选择又影响了后续对话的走向和随后故事情节的发展。他围绕游戏的整体目标做出决策，在立即采取行动还是继续探索之间做出权衡。在这个过程中，他需要收集足够的信息以便更有把握地做出决定，同时评估采取更冒险的行动是否会失去之前来之不易的成就：所有这些因素都影响着他的决定。他的所有行动都有自己的理由和动机，就像你我日常生活中经历的一样。

相比之下，酒保作为一个典型的“非玩家角色”（即NPC[①]），并没有做出选择。他的反应完全由程序控制：他没有任何自由度。他的行为受限于软件编码规则，仅仅是电流通过游戏机电路的必然结果。即便是那些更复杂的NPC，包括最终击败我儿子虚拟角色的怪物，它们的行为也同样受到程序的限制。怪物的行为（即便是在快速混战中）也是由软件编程所决定，并由游戏机中的电子组件进行调节的。

因此，NPC只是**看似**在做选择。它们不是像我们这样的自主实体：它们只是通过计算机芯片的物理结构来实现的大量代码的外在表现形式。它们的行为完全取决于输入的信息和预设的反应模式。相比之下，我们人类具有能动性。我们能做出自己的选择，并控制自己的行为。

至少看起来是这样。我们似乎确实拥有“自由意志”，好像能做出选择，掌控自己的行为。这几乎就是我们整天所做的事——做出决定。有些是琐碎的，比如早餐吃什么；有些则更具意义，比如在社交或职业场合该说什么或做什么；还有一些则是非常重大的，比如是否接受工作邀约或求婚。我们会对一

① NPC（non-player character）是游戏中一种角色类型，意思是“非玩家角色”，指的是电子游戏中不受真人玩家操纵的游戏角色，这个概念最早源于单机游戏，后来逐渐被应用到其他游戏领域中。——译者注

些决定深思熟虑，而有些则是潜意识的自动反应——但无论如何，**我们**仍然执行这些决定。当然，我们的选择在任何特定时刻都可能或多或少地受到各种因素的制约（或引导），但通常我们都会觉得自己是行为的主导者。

我们在理解他人行为时，常常通过分析和解释这些人心理状态中的意图、信仰和欲望来寻找行为背后的原因。我们通过不断分析彼此的动机、习惯和性格，来解释和预测对方的行为和决定。从陀思妥耶夫斯基（Dostoyevsky）到《老大哥》（*Big Brother*）等现代节目，大多数娱乐作品的核心主题都关注“人类为何如此行事”。所有这些都基于这样一个观点：我们不仅仅会受到外部行动的影响，我们还是能自主行动的个体。事情不只是像发生在岩石、勺子或电子上那样，还发生在我们身上：我们会主动采取行动。

但如果你就此观点深入思考，就会更难以确定。毕竟，就像 NPC 一样，无论我们的决定多么复杂，都是通过我们大脑回路中电离子的流动来实现的，因此受到我们自己的“编程”即回路配置方式的约束。

除非你相信有某种非物质的灵魂或其他超然的实体或力量（我们可以称为“精神”或简单地称为“心灵”）真正掌控一切，否则你无法回避这样的事实：我们的意识和行为纯粹是大脑生理运作的结果。

从我们自身经历来看，不乏这方面的证据。例如，如果你曾经喝醉过，或者哪怕只是有点微醺，你就会体验到大脑的生理运作是如何改变你的选择和行为方式的。从咖啡因到甚至毒品，人们服用的娱乐性饮品或药物种类繁多，因为这些药物能以不同的方式调整大脑的生理机制，从而使他们产生不同的感受和行为。在某些情况下，药物的使用最终可能导致成瘾——这也许是我们的行为有时可能失控的最鲜明例证。

当然，如果你的大脑机制受到物理损伤，如头部受伤、中风、脑瘤、神经退行性疾病或其他类型的损伤，或者其功能以其他方式受损，如患有精神分裂症、抑郁症或躁狂症，那么你的选择能力也可能受损。在某些情况下，甚至你的**自我**完整性也可能会受到威胁。

尽管我们倾向于认为自己是这场人生游戏中的“头号玩家”，但或许我们只是极其复杂的NPC。我们的编程也许足够复杂和微妙，使我们**看似**真的在做出决定和选择自己的行动，但也许我们只是在自欺欺人。在某种意义上，也许“我们”只是通过生物而非计算机硬件实现的遗传和神经代码的表现形式，也许我们是残酷游戏的受害者，是命运之手掌控下的悲剧人物。正如纳尔斯·巴克利（Gnarls Barkley）所唱的那样，“你是谁啊，你是谁啊，你以为你是谁啊？哈哈哈，但愿你受到保佑啊，你真的以为你能掌控一切啊？”

第一节　有个性的机器人

在我 2018 年的著作《天生我材：大脑构筑如何塑造人的个性》（*Innate: How the Wiring of Our Brains Shapes Who We Are*）中，我讨论了我们每个人天生具有的心理倾向。在最基础层面上，我们都具有人类的共性特征。与其他任何物种一样，进化塑造了人类的行为。人类的本性通过 DNA 编码成基因程序，这些程序决定了我们大脑的结构和连接方式。

然而，基因程序不可避免地会因人而异。我之所以用“不可避免”这个词，是因为这种基因突变是必然存在的。每次 DNA 在细胞中复制时，包括生成精子或卵子的过程，都会产生少量的复制错误或突变。随后，这些 DNA 序列中的新变异就会进入每一代人的基因库，如果它们不影响生物的适应能力，就会随着时间的推移在人类种群中传播和积累，从而形成我们今天观察到的遗传多样性。

这种多样性不仅导致了人类身体特征上的差异，例如身高、脸型或其他身体特征，也影响了大脑的结构和功能。所有这些特征都受到基因变异的影响，这也解释了为何亲缘关系较近的人比无关的人在外貌和心理上都更相似。因此，尽管“典型”人类基因组（实际上并不存在）编码了构建典型人类大脑的程序，但你特有的基因组则编码了**一个程序来构建具有你独特特征的大脑**（见图 1.1）。

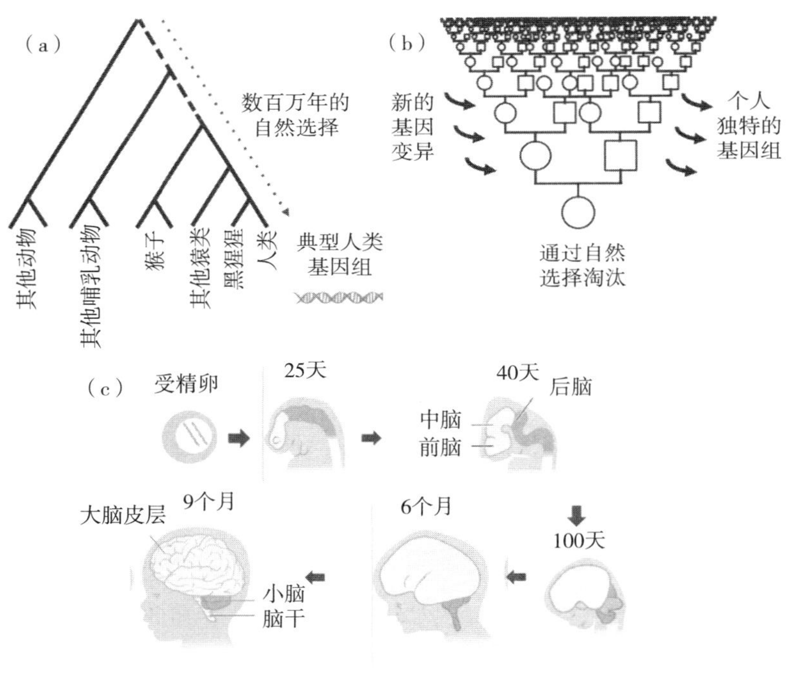

图 1.1　你的诞生。（a）像所有物种一样，智人（homo sapiens）的基因组已经经历了数百万年的进化，进化选择了构成“人性”的所有特征。（b）你的个体基因组是典型人类基因组的一个独特版本，反映了你特定祖先的变异和选择过程。（c）任何个体的大脑发育结果都是独特的，由遗传变异和发育本身的独特轨迹所决定。因此，我们的个性（或先天倾向）是人类共同特质的变种。

但结果又和你实际的大脑不完全一样。你基因组中的程序既不预设特定结果，也没有具体到个别神经细胞或它们之间的突触连接。事实上，它根本就没有编码结果：它仅仅编码了一组生化规则，当这些规则在复杂的发育过程中运作时，通常会在一定范围内产生多样的结果。在发展过程中还会受到诸多随机事件的影响，这些随机性增加了结果的多样性。即使运行同样的遗传程序，也不会得到完全相同的结果。这就是为什么即使拥有相同遗传程序的同卵双胞胎，在出生时他们的大脑也是截然不同的。

这一切意味着，你的大脑连线模式不仅受数百万年来人类共同进化的影响，同时还受到你携带的特定遗传变异以及在大脑发育过程中形成的独特发展轨迹的影响（见图 1.1）。而你大脑的连线方式决定了其运行方式和你的行为倾向。

我们可以将这种变异想象成机器人行为控制的内部调节。想象一下，如果要求你和我制造一个自主机器人，它需要在这个世界上寻找能源，规避威胁，解析感官信息，评估周围环境，以及在多种行动中做出选择。

为了使机器人完成任务，我们必须在机器人身上安装各种组件。首先，它肯定需要一些传感器来探测环境中的物体，它还需要马达，这样才能四处移动并执行各种动作。其次，我们需要对机器人编程，使其能够寻找燃料并避开威胁，但同时它可能也需要一些复杂的电路设计来识别二者的区别。如果燃料和威胁恰好出现在同一地点，机器人就必须权衡机会与风险，并据此决定向哪边移动。如果它在做决定时还能考虑到当时自身所剩的燃料量，那就再好不过了。因此，让机器人实时监测自己的内部状况并基于这些信息做出决策显然是有益的。

一个非常先进的机器人甚至还能够从经验中学习。例如，它可能知道某个特定地点通常有燃料，或者某种看似无害的刺激（比如机器人草丛中的沙沙声）预示着潜在的威胁。现在想象一下，我们给机器人设定另一个目标：不仅要生存，还要找到机器人伴侣并繁衍后代。那么，它就需要在确保有足够燃料的短期目标和寻找伴侣的长期目标之间取得平衡，同时还要避免被更大的机器人摧毁。

为了实现这些复杂的操作，机器人的电路配置必须包含多种功能。首先，它通过传感器收集的数据来推断外部世界的信息；其次，它整合来自内外部的多重信号来描绘当前的整个情境；再次，机器人将这些实时数据与记忆库中的历史数据进行对比以指导下一步行动。在这个过程中，机器人需要权衡潜在的威胁与机会、短期目标与长期目标，同时考虑所有好或坏的结果；最后，机器人确定采取一种最佳行动方案来执行，并排除所有其他可能性。

由于电路配置和参数设定的多样性，我们调节机器人的方式必然各有不同。例如，你可能会把威胁敏感度调高一些，而把奖励敏感度调低一些。而我可能会以不同的方式调节我的机器人，令其实现短期与长期目标之间的独特平衡。随着时间的推移和情境的变换，这些个性化设置会使机器人表现出不同的行为模式。你的机器人可能表现得更谨慎，而我的机器人可能更有毅力：它可能愿意为了一个延迟的奖励而工作更长的时间。这些机器人在做决定时也会表现出不同的特质，它们所需的证据量（冲动性）不同，对交配机会的重视度（性欲）以及对新奇物体或情境的关注度（好奇心）各异。简而言之，我们的机器人就像你我一样会拥有自己的个性。

当然，就像你我一样，它们并没有选择这些特质的权力。尽管这些机器人在其生命周期中不断学习和适应各种场景，但所有这些学习过程最终都反映在它们做决策时电路的物理配置上。著名的自由意志怀疑论者萨姆·哈里斯[①]（Sam Harris）恰如其分地概括了这种认识带来的宿命感。

“当你准备做出某个决定时，你不妨想一想它的现实背景：你无权决定自己出生于怎样的家庭，也无权挑选自己出生的时间与地点。你的性别及你大部分的人生经历，都并非出于自己

---

① 萨姆·哈里斯（Sam Harris，1967— ）是美国著名作家、哲学家、神经科学家，和无神论者 / 反神论者。与克里斯多福·希钧斯、道金斯、丹尼尔·丹尼特并称新无神论四骑士。——译者注

的选择。你根本无法插手自己的基因结构和大脑发育。你的大脑所做出的任何选择，都是建立在各种偏好与信念之上的。这些偏好与信念根源于你的遗传基因和先天的身体发育状况，以及你与各类人物、事件和观点的交互作用。因此，哪里还有自由可言？当然，尽管如此，你还是可以按照你的意愿行事，但你的意愿又是从何而来呢？”[①]

著名的悲观主义者（或者称其为现实主义者）哲学家亚瑟·叔本华（Arthur Schopenhauer）指出了这个问题的本质，他说：“人虽然能够做他所想的事，但不能要他所想要的。”[②] 即使我们现在做出选择，这些选择也无法摆脱先前的原因或影响，但这些都是我们无法掌控的。

第二节　机器

这种对自由意志是否存在的担忧会成为神经科学研究过程中的一种困扰，但情况还会变得更糟。随着我们对感知和认知机

① Sam Harris, *Free will*（New York: Free Press, 2012）, 44.

② Arthur Schopenhauer, *Essay on the freedom of the will*（New York: Dover, 1960）, 6.

制，尤其是对决策和行动选择机制的深入了解，这一切就越显得**机械化**，**心智**的作用似乎也就越显得微不足道。当我们认识到所谓决策的过程不过是大脑内部复杂机制的运转结果，就像是机器内部一堆齿轮转动的结果，我们怎么还能认为**我们**真的在做选择呢？又有什么理由去相信存在某个能主宰一切的实体呢？

得益于现代科技的发展，我们现在能够目睹这些“具象齿轮”的运作过程。我们可以利用各种神经成像工具追踪人类和动物的不同神经回路或脑区的活动，揭示其所承载的信息类型，确定生物体或个体在做出决定或选择行动时，大脑所进行的认知操作。例如，我们现在可以识别出与以下方面相关联（或内部“表征”）的不同神经活动模式：对某个外部事物的证据积累，某个信号的确定程度，对某个信念的信心水平，对新目标的采纳，与积极结果相关的奖励及其学习过程、决策过程中的情绪信号、习惯的逐渐形成以及随着环境变化从习惯性行为到目标导向性行为或探索性行为的实时转变等，不一而足。我们可以见证思考的发生过程。

在某些情况下，我们甚至可以在个体做出动作之前预测到动作的发生。例如，在许多以啮齿动物或猴子为对象进行的实验中，研究人员可以追踪动物大脑活动的模式，观察即将产生行动时的阈值，甚至可以预测（虽然不完全准确，但明显优于偶然性）即将产生的行动。例如，一只老鼠在迷宫中会向左转还是向右转。

有一个在人类身上进行的类似实验的著名例子，实验者不仅提前预测到动作，而且在被试者意识到自己选择这样做之前就已经预测到了。本杰明·利贝特（Benjamin Libet）和他的同事在 20 世纪 80 年代进行了一项研究，被试者需要在观看时钟的同时，随机移动他们的手指，与此同时实验者会使用脑电图仪记录被试者的脑电波活动。这项研究的惊人发现是，在被试者意识到行动意图的数百毫秒之前，大脑就已经开始做出相关的准备工作。

虽然这些发现与我们真正经过深思熟虑做出的决定无关，但它们仍然会动摇你的信念，让你怀疑自己的意识是否真能控制你的行为。难道大脑的其他部分只是在讨好我们，让我们产生一种自己主宰一切的感觉，就像一个老谋深算的公务员巧妙地操纵自己选出的上司一样？

如果揭开决策过程中神经机制的面纱还不足以对我们的自我（从这个词的双重意义上来说）构成威胁，那么我们还可以从外部对大脑进行干预，通过驱动神经活动模式，**使**个体做出某种行为。

在 20 世纪 40 年代，神经学家怀尔德·彭菲尔德（Wilder Penfield）及其同事在接受脑外科手术的被试者（这些人在整个过程中都是清醒且有意识的）身上进行的著名实验表明，用电极刺激大脑皮层的不同部位可以产生各种感觉、情感、冲动、记忆或激发身体各部位的动作（见图 1.2）。这项工作极大地促进了大脑功能分布图的绘制，并强化了这样一种观点：大脑是一个“复杂的电机”，可以产生心智内容，而不是反过来被这些心智内容所控制。

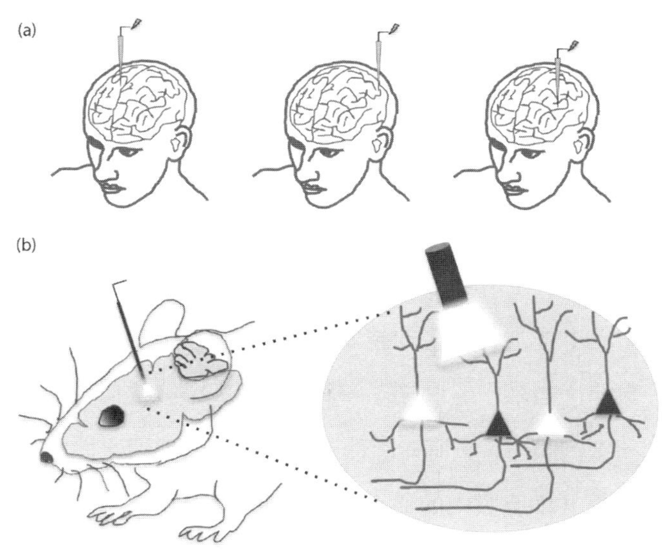

图 1.2　大脑刺激。（a）直接刺激清醒被试者的脑区可使其产生不自主行为（运动皮层，左）、感官知觉（视觉皮层，中），甚至激活记忆（颞叶，右），具体取决于刺激的区域。（b）采用光遗传学技术对啮齿动物进行实验，可以更精确地激活基因靶向神经元子集，为剖析在清醒状态下具有行为能力的动物神经回路的功能提供了一个强大的研究平台。

在动物身上也可以进行类似的实验，但和在人类身上的实验一样，这些实验都有些粗糙。仅仅把电极插入人类大脑的某个部位，然后进行电击，就能以非特异性的方式激活该区域的所有神经元。然后，大脑会尝试理解这种小型强烈的、突发的激活，但这一过程与神经信号正常传递的方式截然不同。事实上，在大脑的任何一小区域内，都有数百种不同类型的神经细胞，它们通过错综复杂的微电路相连，负责执行各种复杂的计算任务。因此，将它们全部同时激活，并不能有效地提供足够详细的信息，以理解这些计算如何在认知操作中发挥作用。

在彭菲尔德实验70年后，分子工具的发明使控制动物行为的神经系统研究发生了革命性变化。研究者可以借助这些工具控制动物大脑中特定区域的神经元子集活动，同时实时观察其行为。这种被称为“光遗传学”的技术，与分子生物学中的大多数技术一样，源自大自然。它利用了一种源自蓝绿藻类的蛋白质，该蛋白质位于细胞膜内，具有光敏性，即当光线照射到这种蛋白质上，它们就会打开细胞膜内的通道，让带电原子（或离子）穿过。这种蛋白质与我们眼睛中用来检测光线的蛋白质相关，正是膜内离子通道的开启，驱动了神经细胞“放电”或发送强烈的电信号。

卡尔·迪塞罗斯（Karl Deisseroth）、爱德华·博伊登（Edward Boyden）等研究者意识到，如果他们克隆这种藻类蛋白质的基因，并将其移植到哺乳动物神经元中，他们就能通过对其照射蓝光来精确地开启神经元。研究人员将编码这种光敏通道蛋白的DNA片段（称为“通道视紫红质”）与调控小鼠大脑中各种不同基因表达的DNA编码连接在一起，就能创造出带有通道视紫红质的转基因小白鼠，这些小白鼠可以在大脑中极为特定区域的神经元子集表达该蛋白。

研究者通过将一根极细的光缆穿过小白鼠的头骨，照射其大脑的相关部分，可以激活脑回路中特定的神经元子集，并研究其对行为的影响。借助这种技术，研究者识别出特定的神经元集合，当它们被激活时，可以引发各种各样的行为，包括一般性动作和更细微的动作，如伸手或抓握、攻击和交配、吓得僵住、向假想的猎物发动攻击、进食、睡觉、照顾幼崽，等等。

但这项研究不仅仅局限于直接激活动物特定行为的范畴。它使我们能够解析一系列认知机制，包括选择行动、权衡选择、发出奖惩信号、判断感官信息的可靠性、为决策赋予确定性或信心水平、利用过去的记忆指导当前行动，以及选择一个选项同时抑制所有其他可能性所涉及的认知机制。正如我的同事托马斯·瑞安（Tomás Ryan）等人所做的那样，我们甚至可能在动物大脑中植入虚假记忆，从而影响其未来的行为。这不仅仅是对动物行为的远程控制，更是对动物**思维活动**的控制。

这一日益壮大的研究领域引人注目，让人很难不将生物体的行为和认知解释为机械化的过程。驱动这个或那个电路要么直接引起某种行为，要么影响动物（老鼠、人类或其他动物）不同行为决策的认知操作。如果我们以这种方式解剖机器人，我们可能会用工程学方法来了解正在处理的信息类型、在不同电路中配置的控制机制，以及产生不同输出结果的计算过程。在这一讨论中，似乎根本不需要像**心智**这样的东西。同样，就这个问题而言，**生命**也不重要。

如果电路只是根据物理原理工作，那么谁在乎神经活动模式**意味着**什么？如果仅仅是电路的物理配置决定接下来会发生什么，那么与特定神经活动模式相关的心理内容又有什么关系呢？或许神经科学家最初的目标是解释大脑的运作如何产生或实现心理现象，但现在我们却面临忽略心智和认知独特性的危险。

第三节　说到底都是物理学问题

如果说神经科学家的处境艰难，那么可怜的物理学家们可能有更深的生存焦虑。神经科学家至少还能坚持认为大脑中的神经回路在发挥作用（无论“**你**”是否参与其中），而一些物理学家则声称，这种功能性只是一种幻觉。毕竟，就像任何其他物质一样，大脑也是由遵循物理定律的分子和原子构成的。

这些微小的物质颗粒受到各种力（包括重力、电磁力以及维持原子结合的所谓强弱核力）的作用，每个原子的运动轨迹完全由它们之间相互作用的方式所决定。这些过程无疑是复杂的，因为在任何系统中，原子数量众多，彼此之间相互作用，而且在实际中系统的演变方式是难以预测的，但它仍然完全由物理法则所支配和驱动。即使在低级别的亚原子粒子层面，系统的演变也可以由量子力学的方程式来解释，许多人会认为，从理论上讲，没有任何其他因素发挥作用的空间。

那么，你在想什么又有什么关系呢？你无法用思想去推动大脑中的原子；你无法推翻物理学的基本定律，或对物质的基本成分施加某种超常规的控制。根据这种观点，那些认为心理活动即思想、信念和欲望对行为产生一定影响的想法，都只是一种幼稚的迷信，是从著名的二元论者勒内·笛卡尔（Rene Descartes）等哲学家那里继承下来的过时思想。

已故的斯蒂芬·霍金对这个话题的看法是："由于生命过程是受物理和化学定律制约的，因此它就像行星轨道那样，其运行过程是确定的。最近神经科学实验支持这样的观点，即我们的物理大脑遵循已知的科学定律决定我们的行动，而非不受这些定律约束的某种力量在决定我们的行为……因此，我们似乎仅仅是生物机器，而自由意志只不过是一种幻觉而已。"[①] 另一位著名物理学家和作者布赖恩·格林也同意

① Stephen Hawking and Leonard Mlodinow, *The grand design*（New York: Bantam Books, 2010）, 32.

这一观点："自由意志是做出选择的感觉。这种感觉是真实的，但选择似乎是虚幻的。物理定律决定未来。"①

这种物理决定论有两种主要形式。在第一种形式中，低级别的物理定律完全主宰一切：宇宙和万物的演变方式完全取决于这些相互作用。没有任何其他力量发挥作用的空间，特别是任何随机性或不确定性都没有发挥作用的余地。这个模型可以归纳为：

当前状态 + 物理定律 → 下一个状态

这种观点的后果是显而易见的。你如果持续从一个状态过渡到下一个状态，就会很快意识到，当前状态不仅可以预测下一步，还可以预测下两步、三步，甚至无数步。同样，你可以像向前推理一样轻松地向后推理。如果整个情况确实如此，那么从宇宙大爆炸后不久，整个宇宙的过去、现在和未来的一切，都是**预先确定的**。那么，我们对时间的方向性观念也因此消失了。整个宇宙，在所有时间里，都被简单地视为一个整体：过去和未来没有真正的区别。不存在可能性，只有已发生的和将要发生的事情。这种观点被称为**强决定论**。

而隐含的弱决定论则允许存在一些随机性或不确定性。它认为未来**并非**完全由当前状态（当然也不是由宇宙的初始状态）

① Brian Greene（@bgreene）on Twitter, June 5, 2013, https://twitter. com / bgreene / status / 342376183519916033 ? lang=en.

预先确定。在这里，过去和未来是截然不同的：过去是固定的，而未来是具有多个可能发展方向的分支繁多的网络，其中在任一选择点上，只有一条分支会在特定的时刻实现。

然而，尽管这种模型中的分支并非预先确定，但它仍然由低级层面所有原子和分子的相互作用所决定，只是其中有些相互作用有点随机而已。这种观点可以归纳为：

当前状态 + 物理定律 + 随机性 → 下一个状态

自爱因斯坦（Einstein）和玻尔（Bohr）的时代以来，关于物理事件中是否真的存在随机性的争论一直都很激烈。当你深入亚原子粒子的量子层面时，就会发现一些怪异的现象，尽管物理学家使用方程式可以完全对此进行解释，做出极其精确的预测，但科学界在这些方程式对于现实本质的意义上却根本没有达成共识。

关于随机性这个话题，我们稍后再谈。目前，这种弱决定论的含义是什么呢？人们通常用一句精辟的话来概括它："每个事件都有原因。"这似乎与随机事件的概念不符，根据定义，随机事件似乎没有原因。这句话的真正含义似乎是，在系统层面上发生的一切，都是由最低层次的粒子相互作用造成的，即使其中存在一定的随机性。

然而，这种观点就如"我们作为生物体能掌控一切"一样是值得商榷的。未来可能不是预先确定的，但如果发生的事情仍然由物质最微观层面物理力的相互作用决定，那么我们似乎没有多少可控制的余地了。就连意志研究领域的领军人物、神经科学家帕特里克·哈格德（Patrick Haggard）也同意这一观点："神经科学家必须接受决定论的观点，即一切行为都受到物理定律的支配，包括大脑中的电子和化学活动。在完全相同的情况下，我们不可能做出其他选择；因为没有一个'我'可以说'我不想这么做'。"①

在强决定论中，不存在因果关系。宇宙的发展严格遵循物理定律。如果没有任何事物可能是或曾经是不同的（意味着必然性，只有一种可能性），那么在这种情况下，你就无法谈论因果关系，即无法说某件事情在某种条件下导致了另一件事情的发生。这个概念根本不适用。而**弱决定论**存在原因，也就是某些事情可能会有所不同，这取决于那一点点随机性如何发挥作用，但所有的原因都位于最底层。这个最底层被视为现实的基石。

有些物理学家，比如肖恩·卡罗尔②（Sean Carroll）和萨

---

① Patrick Haggard, Neuroscience, free will and determinism: "I'm just a machine," interview by Tom Chivers, *The Telegraph,* October 12, 2010, https:// www . telegraph. co . uk / news / science / 8058541 / Neuroscience - free - will - and - determinism - Im-just-a-machine. html.

② 肖恩·卡罗尔（Sean Carroll，1966— ）是一位美国理论物理学家，加州理工学院沃尔特·伯克理论物理研究所教授，圣菲研究所客座教授，主要研究方向是量子力学与引力，主要作品有《寻找希格斯粒子》《大图景：论生命的起源、意义和宇宙本身》。——译者注

宾·霍森菲尔德（Sabine Hossenfelder），可能会认为高级层面的组织描述是“谈论”复杂系统的“有用方式”。我们可以用这些较高层次的理论和方法来有效地研究化学、生物学或心理学。但卡罗尔坚持认为，真理（全部的真理）存在于最低层次，与最小粒子的基本物理相互作用有关。如果你完全掌握了最底层发生的事，那么你就不需要任何其他信息来预测系统将会做什么：发生在更高层次的一切都源自或涌现于低层次的动态变化。其他任何描述都只是一种对系统行为的粗略概括，是一种**简化**或统计平均，让我们简单的大脑能够在众多潜在的复杂性中理解各种系统，如细胞、大脑或思想是如何运作的。

鉴于现代物理学以令人瞠目的精确度在证实量子力学预测方面取得了惊人的成功，人们一直将注意力放在继续发展和测试这些理论上，而不太关心它们对现实本质的意义，这也就不足为奇了。量子物理学家大卫·默明[①]（David Mermin）的告诫“闭嘴，计算！”实际上成了该领域的座右铭。这些现象和理论的含义留给哲学家们去解释，特别是类似“自由意志”这样形而上学的概念。

---

① 大卫·默明（David Mermin, 1935— ）是康奈尔大学的物理学家，以霍恩伯格-默明-瓦格纳定理（Hohenberg-Mermin-Wagner theorem）与对量子力学和量子信息科学基础的贡献而闻名，他用一句名言“闭嘴，计算！”（Shut up and calculate!）表明量子力学的不可诠释。——译者注

第四节　归责游戏

几千年来，哲学家们一直在讨论物理宇宙的决定论对自由意志的影响，这一讨论至少可以追溯到古希腊的德谟克利特（Democritus）和伊壁鸠鲁（Epicurus）。这些辩论持续至今，依旧热度不减，这说明他们还没有解决这个问题。

平心而论，自由意志是一个非常棘手的问题。我们试图解释的现象，即我们自身是否拥有选择权，似乎与我们所了解的宇宙中其他一切事物的运作方式有着本质上的矛盾。科学界拒绝接受非物质灵魂或精神以某种方式操纵着一切的观念，这使解释人类如何能够拥有自主选择能力成为亟待解决的问题。物理学对于量子领域的深入研究，尤其是在理解微观世界的奇特和离奇现象方面的深入探索，并没有提供关于人类自由意志及其周围世界构成的明确解释，反而增加了这个问题的神秘感。

但如果哲学家未能给出答案是情有可原的话，他们至少应该在问题的表述上达成一定的共识。关于自由意志，人们普遍提出的问题是“我们有自由意志吗？”但很显然，由于人们对于自由意志缺乏一致的定义，缺乏共识，因此影响了问题的明确性和讨论的深度。如果你将自由意志的能力定义为以一种**脱离所有先验原因**的方式做出决定，那么你便设定了一个无法实现的标准，只有通过超自然手段才能实现。相反，如果你的标准仅仅是个体**根据他或她自身客观存在的内部原因**做出决定，那么你只是以复杂性和不可预测性为由回避了物理决定论的挑战。

从更深层次上看，“我们”和“有”这两个词的含混不清导致了我们对“我们有自由意志吗？”这个问题的理解模糊和混淆。在回答“你是什么样的存在？”这一根本问题之前，我们无法有效地探讨**你**是否有自由意志这个问题。前文提到的对比标准是基于对自我本质的不同理解之上的，而整个哲学领域的基础问题同样充满陷阱。如果大家对所谈论的问题没有达成共识，那么辩论自然而然就会没完没了地绕圈子。

对自由意志是否存在的辩论之所以难以得到清晰的阐释，还存在另一个障碍，人们常常通过关注自由意志对道德责任立场的**影响**来处理这些论点。如果我们并不能真正控制自己的行为，如果我们的行为完全受物理规律支配且所谓自由意志只是一个表面上复杂精妙但实际上非常空洞的假象，那么我们如何配得上别人对我们的赞扬或指责呢？我们又如何为道德判断或法律惩罚辩护呢？这其中的利害关系可谓重大。道德责任的概念不仅是我们法律体系的基础，也是我们所有社会交流互动的基础。我们不断思考在各种情形下应该或不应该做什么，甚至花更多时间思考他人应该或不应该做什么（或所做事情的合理性）。

但是，如果将自由意志的讨论与道德责任问题联系起来，就会使这个问题变得更加复杂。道德责任问题固然重要，但在讨论这个问题时，还涉及许多其他复杂的问题，例如，我们道德感的本质和起源、道德规范的演变、支撑我们司法体系的法律哲学，以及社会和个人为保证我们集体生存的稳定而必须做出复杂且繁多的务实决策，这些问题可能会使讨论变得更加复杂和难以理解。在讨论自由意志时，如果只是询问**我们想要**什么类型的自由意志，以使我们在道德责任上保持某种立场，这几乎可以算是一种涉及动机合理性的神学探讨。这意味着，我们在寻找一个可接受的答案，而不是试图寻求真实**答案**。这是从错误的一端来提出问题，选择一个我们喜欢的答案，然后看需要构建什么样的论据来支持它。而我想弄明白的是我们**实际拥有**什么样的自由意志。

第五节　回到起点

“自由意志是一种幻觉！”是如今流行的一种说法，要么它根本不存在，要么它并不是我们所想的那样。我不愿意这么轻易放弃它。在这本书中，我主张我们确实是行为主体：我们做出决定，我们做出选择，我们采取行动——我们的行为和决策是宇宙中发生因果关系的一部分。这是我们存在的基本真理，也绝对是对我们生活经验的基础性观察。但科学似乎并不这样认为，我们正确的回应不应该是举手投降说“好吧，我想我们对自身存在的一切看法都是可笑的幻觉”。而是应该承认这里有一个深奥的谜题有待解决，并且认识到，如果我们要调和选择的存在与物理宇宙的决定论之间的矛盾，我们可能需要审视和质疑我们所采用的科学方法的哲学基础。

但如果我们想解开这个谜题，人类绝对是最不理想的起点。生物学中有一条真理，即除非从进化论的角度来看，否则任何事物都是没有意义的。这当然也适用于能动性这一概念。与其试图以最复杂的形式来理解它，倒不如回到它的起点，探讨它是如何出现的，最早的构建基础是什么，以及基本概念应该是什么。我们如何才能在思考目的、价值和意义等问题时不陷入神秘主义或模糊的隐喻中呢？我认为，我们可以通过研究更简单的生物来理解这些概念，然后追溯它们在进化过程中的不断演变，即来理解它们如何随着某些生命分支发展出越来越大的自治性和自主性而变得更加复杂和高级。

的确，在解决人类自由意志这一问题之前，我们有一个更根本的问题需要解决。怎么能说某一生物是在**做某事**呢？宇宙中的大多数事物都不做选择。

事实上，大多数事物，像岩石、原子或行星，根本不做任何事情。事情发生在它们身上、附近或内部，但它们无法采取行动。但**你**可以。你是那种能采取行动、做出决定、能够在世界中产生因果影响的实体：你是一个行为主体。而且人类在这方面并非独一无二。所有生物都有某种程度的能动性。这是它们与大部分无生命的、被动的宇宙区别开来的显著特征。生物是具有自主性的实体，具有目的性，能够按照自己的意愿行动，除了自身的原因，不受环境中任何因素的束缚。

要想理解为什么会出现这种情况，我们就必须回到起点，回到生命的起源（见图 1.3）。这是我在本书中描绘的轨迹。

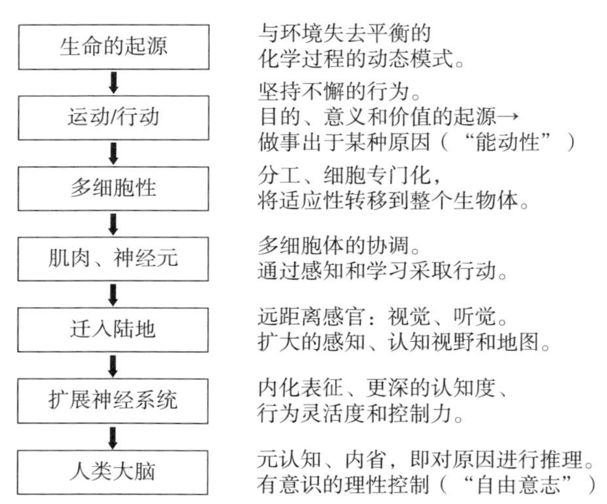

图 1.3　能动性和自由意志的进化。感知、认知和行为控制进化的主要阶段。

从岩石和热液喷口的化学性质来看，即从这个不断演化的星球本身的化学性质来看，生命是作为相互作用的分子系统出现的，即这些分子之间发生了相互作用，形成了一种动态的、相互关联的模式，保持一种相对稳定的状态。其中，那些最能维持自身动态组织的分子得以存在、复制和进化。它们被包裹在一层膜中，组成一个自给自足的微小世界，与环境交换物质和能量，同时保护内部经济，重新配置自己的新陈代谢以适应不断变化的条件。它们成为自主实体，生命体内部结构和功能的相互依赖，成功地规避了外部环境的热力学变化和不确定性，这种适应性最终导致了它们被自然选择，以在进化中持续繁衍生息。

然后，一个新的技能产生了：行动，即在外部环境中移动或影响事物的能力。信息成为一种宝贵的资源，生物体随之进化出从环境中收集信息的机制。随之而来的是价值和意义的雏形。环境中的各种刺激和条件与生物的生存和繁衍直接相关，有些可能对生物的繁衍和存活有积极的影响，而其他可能会有不利影响。生物对此可能会表现出朝其靠近或远离的行为。这种对环境刺激的行为反应在漫长的进化过程中通过自然选择逐渐形成，融入生物的生化体系中，成为其基本的生存机制。

随着多细胞生物的进化，一类专门传输和处理信息的细胞——神经元开始出现。最初的神经回路充当内部控制系统，旨在协调多细胞动物的各种肌肉或其他运动组织，确定了一套有用的动作。与此同时，神经元将各种感觉信号与这套动作中的特定动作相耦合，从而产生靠近或避开的适应性本能。

随着神经系统的发展，这种实用意义最终发展成为语义表征。感知和行动被中间细胞层分隔开来。与由单个感觉刺激引发并立即产生反应的条件反射不同，多重感官信号可以同时传达到中央处理区，并在共同的空间内进行处理分析。神经系统内部的神经电路逐渐形成和发展，将不同感官信号整合在一起、放大重要信号、进行比较分析、过滤掉不必要的信息，处理信号提取关于外界事物的信息以及对生物体有意义的信息。越来越抽象的概念被提取出来，这些概念不仅有关事物性质，还包括事物的类型以及它们之间的关系类型。从而，具有理解能力的生物体出现了。

意义成为生物体选择行动的驱动力。这种选择是真实存在的：宇宙的根本不确定性意味着未来尚未确定。物理学的低层次力量本身并不能决定复杂系统的下一个状态。在大多数情况下，神经活动模式的具体细节实际上并不重要，因为它们在传输中会被过滤掉。重要的是**它们意味着什么**，信息的意义是通过系统内部设定的标准和规则进行解释的。至此，动物是出于某种原因而采取行动的。

生物体并不是轻而易举获得这种因果力的：它是在生物体进化、发育和学习过程中逐渐形成的。自然选择将其编码在基因组中，它体现在神经系统的物理结构中，表现为神经元连接的强度，而神经元连接的强度表达了与生物体目标层次相关的功能标准。这并不违反物理定律；它只是需要我们对更长时间范围内的因果关系有更深刻、更广泛的理解，需要我们理解系统的动态组织可以编码意义，可以制约和指导系统其他组成部分的动态行为。

是的，你的行为在任何特定时刻都受到所有这些先前原因的制约。但你也可以更肯定地说，它们**受**先前经验的**影响**。这正是生命区别于其他物种的特性：生命体将其历史融入自身的物理结构中，以指导未来行动。有些人可能认为上述过程会影响自我在任何时刻做出决定的自由，我的反驳观点是，正是这个过程使自我得以存在。自我并不存在于某一特定时刻：自我是由时间的持续性来定义的。

尽管个体的构造受到过去经历的影响，但并不会固定在某种模式上。我们人类拥有非凡的内省和元认知能力，我们可以检查自己的程序，将目标、信念和欲望视为可以识别和操纵的认知对象。我们可以思考自己的想法，推理自己的理由，并通过共同语言相互交流。通过将高层次的抽象概念转化为具有因果效力的神经活动模式，我们可以访问大脑中运行的代码。这就为研究我们如何实时做出决策提供了物理基础，决策不仅是物理相互作用的复杂结果，也是**有意识可获取的原因**，这为原本棘手的心理因果性概念提供了坚实的基础。

因此，如果你想知道你究竟是什么样的存在，那么可以说，你就是可以自主做决定的存在，而不仅仅是一群被物理定律推动的原子集合体，也不是一台靠电路中的电活动模式驱动的复杂自动机，也不是一个受到程序驱动的没有知觉的 NPC。你是宇宙中的一种新存在，一个自我，一个因果主体。在你生命的游戏中，你是头号玩家。

因此，接下来我将致力于对自由意志观进行全面论证。尽管有许多人持相反的观点，但最新的科学研究——无论是物理学、遗传学、神经科学还是心理学，都没有指出我们对自己的行为没有选择权或控制权。现实是，我们正在深入了解支撑认知和行为的内在机制，从神经系统和神经回路到细胞和分子，乃至原子物理的层面。但即使我们的认知系统有物理实体，其运作也不能仅仅**简化**为物理机制的层面。我们并不是单纯的**各种机制**的集合。正如我们将看到的，神经系统是在意义的基础上运行的。

然而，我们的认知控制能力是建立在可以明确定义和识别的生物系统基础之上，这一事实确实对道德和法律责任问题产生了重要影响，尽管这些影响比典型的绝对主义框架要微妙得多。我将在最后一章继续探讨这类问题。

在本章中，我提出了一个生命以“能动性”为其显著特征的观点。生物体的与众不同之处在于，**它们做事是有原因的**，它们的行为具有真正的目的性。这不是一种幻觉，也不只是一种简单的谈论或思考方式：这种观点才是对生物体的正确认识。因果关系并非都是自下而上涌现的，也不都是瞬时发生的。事物的组织方式能够且确实支配着复杂系统的行为方式。生物体在进化或个体生命的发育过程中，将过去经历的方方面面反映在自己的结构中，从而积累因果力。因此，能动性的故事就是生命本身的故事，而这正是我们第二章的出发点。

第二章

生命不息

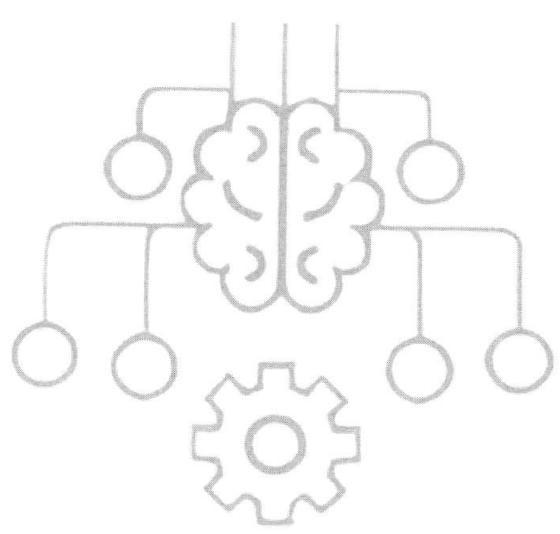

长久以来，宇宙中的万物从未自发地进行任何活动。当然，早期宇宙就像一个翻滚的旋涡，充满了高度动荡的物质和能量，在大爆炸后随着宇宙的持续膨胀，其中的物质和能量不断地进行相互作用、爆炸、碰撞和转化。因此，并不是说宇宙中什么都没发生，而是说其中的所有事物都没有主导这一切的发生。然后，在某个时刻，施为者出现了。简单、无生命的组织以某种方式组合成了特定的结构或实体，能够在外部世界中自主地行动，与宇宙中普遍发生的事件区别开来。这标志着能够主动行事的实体出现了。

这种转变是如何发生的呢？生物与非生物之间的区别到底是什么？让我们先思考一个更简单的问题：生与死之间有何区别？我想通过巨蟒剧团[①]（Monty Python）的一个发人深思的例

① 巨蟒剧团（Monty Python）英国六人喜剧团体，他们的“无厘头”搞笑风格在20世纪七八十年代影响甚大。巨蟒组的电视喜剧系列《飞翔的马戏团》在20世纪70年代风靡全球，并进而拍摄了几部经典的剧场版电影，包括《巨蟒与圣杯》《万世魔星》《人生七步曲》等，前两部更是进入了IMDB网站前250的行列。——译者注

子来说明活鹦鹉与死鹦鹉之间的区别。在一个著名的小品中，一位顾客向宠物店老板抱怨他买的鹦鹉已经死了。店主坚称鹦鹉“只是在睡觉”，而顾客却断然回应说：“这只鹦鹉已经不在了！它已经停止存在了！它已经过世，去见它的造物主了！它都僵硬了！失去了生命，安息了！如果你没把它钉在木架上，它现在已经成为肥料，让雏菊茁壮生长了！它的新陈代谢已经停止了！它离开了生命之树！它翘辫子了，脱离了尘世之苦，落下了生命的帷幕，加入了隐形的合唱团！！这就是一只死鹦鹉！！”①

这只死鹦鹉已经“不复存在”，这意味着活着不仅是这只鹦鹉过去的一种状态或属性，而且是它**过去正在进行的一项活动**。当它死后，它所有的物质并未发生变化：它只是停止了之前的活动。它的“代谢过程已成为历史”。维持生命非常不易，需要大量能量来不断地更换所有的组成成分，并确保它们井然有序地进行。当这些过程停止时，这些组成成分就会迅速瓦解，四处飘散，最终尘归尘，土归土。对于这只死鹦鹉而言，最终的归宿就是被埋在土里促进雏菊的生长。

---

① Monty Python, *Dead parrot*, season 1, episode 8, http:// montypython. 50webs. com/ scripts / Series _ 1 / 53 . htm.

1943 年，物理学家埃尔温·薛定谔[①]（Erwin Schrödinger）在都柏林三一学院发表的一系列题为“生命是什么”的讲座以及他随后出版的同名短篇著作中，很好地阐述了这一中心思想：生命以负熵为生（生命体必须努力工作以维持自身的有序）。这本书被誉为生物学发展史上的里程碑，至少在一段时间内，启发了像詹姆斯·沃森（James Watson）和弗朗西斯·克里克（Francis Crick）等人对 DNA 结构的思考。

薛定谔以一个物理学家的视角看待这个问题，他意识到生命体要维持自身有序就必须对抗热力学第二定律。这一定律有多种表述和解释方式，但其核心要义是，任何系统如果放任自流，就会趋向无序。虽然薛定谔没有直接谈论这一观点，但诗人 W. B. 叶芝（W. B. Yeats）在他的诗《第二次来临》中捕捉到了这一含义：

万物分崩离析；中心难以维系；
世界一片混沌。[②]

除非有外力维持秩序，否则所有原子都倾向于混杂聚集并

① 埃尔温·薛定谔（Erwin Schrödinger，1887—1961）奥地利物理学家、诺贝尔物理学奖获得者。1944 年，薛定谔出版了《生命是什么》一书，提出了负熵（Negentropie）的概念，试图用热力学、量子力学和化学理论来解释生命的本性。该书使许多青年物理学家开始注意生命科学中提出的问题，引导人们用物理学、化学方法去研究生命的本性，使薛定谔成为分子生物学的先驱。——译者注

② William Butler Yeats, *The Second Coming*（Dublin: Dial, 1920）.

随机分散。这是因为在非固体状态下的原子通常会不断晃动、碰撞和移动。如果没有任何外力维持系统有序，原有的结构在这些碰撞中会迅速消失，原子的运动趋势会导致系统逐渐趋向无序状态，最终形成一个均匀的混合物——这在物理学中被称为“热力学平衡”。这解释了为什么当你将奶油倒入咖啡中时，你会惊讶地看到奶油不与咖啡混合反而全部聚集在一侧；同样，当你把冰块放入热饮料中，你也会惊奇地发现冰块竟然不融化。通常，事物倾向于朝着平衡状态发展。

我们也可以从相对概率的角度来理解热力学第二定律。如果有人把一副扑克牌扔到空中，你随机捡起扑克牌后，如果发现它们完全按照从梅花 2 到梅花 A 的顺序排列，且方块、红心和黑桃也按同样的顺序排列，你就会感到非常震惊。实际上，任何**特定的**随机顺序和这种有序排列方式都是不太可能出现的，只是扑克牌的无序排列方式有无数种，而有序状态仅是所有可能状态中的一种。因此，从概率上来说，有序排列结果出现的可能性极其渺茫。

你体内原子的排列方式也同样如此。虽然这些原子**本可以**有无数种可能的排列方式，但它们并没有按照其中任意方式排列：它们以一种独特方式排列，造就了独一无二的你。从这个角度来看，你是一种非同寻常的物质排列组合方式。

但生命的本质不止于此。当我们所说的那只可怜的鹦鹉变成了死鹦鹉时，它身体内的原子排列方式并没有发生大规模改变。随着尸体的腐烂和物理成分的分散，这种改变最终会发生，但从生到死的直接转变涉及的是另一回事——内部动态的停止。血液停止流动，神经停止传导，每个细胞内的代谢路径停止循环。

这让我们认识到一个至关重要的事实：生命不是一种状态，而是一个过程。你的存在不仅是生命的一种静态，更是一个充满活力的**生命过程**——这是你正在进行的一项活动，也是你体内的每个细胞都在进行的活动。你不仅是构成你身体的物质模式，更是这个模式在时间维度上持续存在和演变的体现。尽管这种模式的组成部分，包括各个原子、分子和细胞，在不断地自我更新并与外界进行物质交换，但整体的模式或结构保持相对稳定。

因此，生命就像一场风暴、龙卷风或火焰：它们在任何特定时刻，都不是由其所包含的物理原子或分子**构成的**，而是动态变化的过程，这些元素可能在下一刻就会更替。风暴是一个持续的过程，所有这些分子受到组织或约束，形成了一种更高层次的模式或结构，所有元素之间保持相互作用和相互关联的物理关系。生命与它们的不同之处在于，风暴或火焰很快就会消散或燃尽，但生命不会——生命不息。

第一节　化学中的生命

理论上，生命可以由各种物质构成，但在地球上，生命是由化学物质构成的，具体而言，生命是由碳元素的化学性质构成的。碳原子能与氢、氮、氧等元素尤其是与其他碳原子形成稳定的共价键，因为每个碳原子都有四个可以形成这种共价键的键位点，因此它可以在分子中形成环或长链。其他元素可以附着在这些环或链上，从而构建出非常大且复杂的分子结构。

我们的细胞由这种“大分子”构成——蛋白质、脂质（脂肪分子）、碳水化合物，以及像 DNA 和 RNA 这样的核酸。即使在单个细胞中，要制造所有这些大分子并合理地组织它们，也需要付出非常多的努力。这一切都是通过我们称为新陈代谢来实现的：细胞内部形成相互交织的化学反应循环，许多酶协同工作，加速化学反应，加以精细调控，维持细胞的正常功能和生存。

这种持续的化学活动需要原材料和燃料的供应。正如不可能存在永动机一样，如果没有能量的摄入，细胞中的化学反应就不能持续进行。这是热力学第二定律的另一种表述：没有任何过程可以达到 100% 效率，总会损失一些能量（或者更准确地说，是从有用能转化为无用能）。因此，生物体必须摄取某种“自由能”来做功，并且向环境释放更无序的能量，即热量。生物在维持自身有序的同时，也加剧了整个宇宙的无序状态。

因此，生物体能够随着时间的流逝而延续，生物体能持续存在，但其存在方式与岩石这样的物质恰恰相反。岩石之所以可以持续存在亿万年是因为其具有化学惰性，不发生反应，并且可以抵抗外力。

岩石中的原子可能已存在了数百万年。它们的稳定性来源静止不变，而生命的稳定性则来自持续变化：各个原子和分子不断地更替，这些分子所参与的化学反应网络保持着相对稳定的状态。

活细胞是一个能够自我维持的整体系统。催化反应网络的酶不仅可以催生新物质，而且还起到维持这些反应和分子之间关系的关键作用。这些酶的化学亲和性、动力学特性和相对水平都经过调节，以确保它们共同维持整个动态网络中各种元素之间的关系。这种调节是必要的，原因很简单：如果不这么做，那么“系统”就无法长期存在，我们也就不会有机会讨论这个生命系统的存在了。

第二节　从地球化学到生物化学

具有这种复杂、自我维持新陈代谢的单细胞生物体是如何产生的呢？达尔文（Darwin）推测，生命可能源于某个“温暖的小池塘”，这让人联想到一个古朴宁静的花园——一个抚育最早生命形式的田园诗般的场景。然而，生命更有可能诞生于一个看似更加严酷的环境中——在地球形成初期，地壳变动，岩石与海洋的相互作用，形成了一个具有化学反应潜力的环境，促使了生命的诞生。

复杂分子源自某种原始汤的观点存在一个问题，即这一过程缺乏推动它发生的机制。因为它需要能量来源，不太可能自发发生。但能量要发挥作用，必须是有序的或不均匀分布的，就像电池两端积聚的电荷一样。如果两端电荷没有差异或梯度，电池就没电了。在温暖的小池塘里，不会有这样的能量梯度——一切都是均匀分布。

你可能会认为阳光可以提供这样有序的能量来源，但安全获取这种能量的能力在生命进化中出现得相对较晚，并且这一过程需要各种复杂的分子机制。相反，生命很可能产生于最黑暗的海洋深处，利用来自地球本身的能源，而这个能源直至今日仍然维系着所有已知的生命。

事实证明，所有生物——从细菌和变形虫到植物和动物——都使用氢离子梯度作为细胞能量储存的动力机制。氢是最简单的元素：它的原子核包含一个质子和一个中子，一个孤独的电子环绕着原子核运动。质子的正电荷通常和电子的负电荷相互作用，产生了一个平衡状态。但当氢原子与其他元素发生化学反应时，它通常会将电子“捐赠”给它们，留下一个带正电荷的氢离子，符号为 H^+。

如果在某种屏障的一侧有大量的这种氢离子，而在另一侧氢离子分布较少，那么就会产生一种驱动力，类似电池中的电势差——如果有机会，氢离子就会沿着这个梯度流动，直到两侧的数量相等，驱动力就会消失。这种流动中的能量可以被用来为其他事物提供动力，就像水电站利用水的势能（当一侧水位高而另一侧水位低时）来驱动涡轮机发电一样。

细胞利用类似的机制产生了一种名为 ATP（三磷酸腺苷）的能量载体。顾名思义，这个腺苷分子是 RNA 和 DNA 的四个基本组成部分之一，上面附有三个磷酸基团（一个磷原子与四个氧原子结合）。这些磷酸团通过高能磷酸酐键连接在一起，而当这些键断裂时，它们就会释放大量的能量以驱动细胞内的化学反应。

细菌等简单生命形式的细胞膜上携带一种名为 ATP 合成酶（因为它能合成 ATP）的蛋白质。ATP 合成酶充当一个特殊通道，使外部的 H^+ 离子得以通过并进入细胞内部。当 H^+ 离子通过时，它们就会触发 ATP 合成酶的机制，该机制会吸收只附着了两个磷酸基团的腺苷分子（ADP）并添加第三个，从而生成 ATP。H^+ 离子流入细胞内的原因是它们在细胞外的浓度大于内部的浓度。这不是偶然发生的：这种梯度必须通过其他特定蛋白质的积极作用来维持，这些蛋白质通过主动泵送机制将 H^+ 离子从细胞内部送到外部，从而维持梯度并驱动 ATP 的合成过程。

但在细胞膜、细胞内部和外部结构形成之前，氢离子（H^+ 离子）的梯度就已经存在，并可能用类似的方式驱动化学反应，生成复杂的有机分子。海底的热液喷口可能恰好提供了生命诞生所需的条件。这些喷口是海水通过多孔岩石渗透到地壳深处的地方，那里的海水与因构造板块运动而新暴露的岩石发生反应。这个过程加热了海水并改变了其化学成分，使其富含各种矿物元素。

随后，这些变暖的海水，穿过多孔岩石网，返回到地表。这些岩石现在富含溶解氢和二氧化碳，并且具有高度碱性。由于海水本身呈微酸性，当变暖的海水通过岩石的微小通道上升到地表时，就会形成 H^+ 离子的梯度。这些离子可以通过岩石中的硫化铁等矿物质进行传导，让它们流过这个天然屏障。这种流动中产生的自由能量可以促进氢与二氧化碳反应，形成更大的有机分子（见图 2.1）。

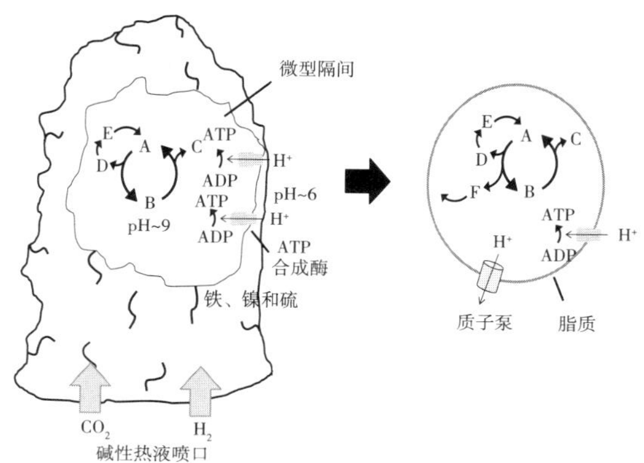

图 2.1　从地球化学到生物化学。早期生命可能起源于碱性热液喷口，在那里，有机化学的原材料在岩石微隔间中浓缩积聚，可以利用质子（H^+）梯度的形式获取自由能量，利用无机催化剂（铁、镍和硫）来催化生物化学反应，并且温暖的温度有利于大分子的形成。所有这些因素可能使自我维持的化学反应集合或模式得以产生并稳定下来。随着时间的推移，这些化学反应可能包括了脂质膜的产生。能够将质子泵出膜的蛋白质的进化，可能使这些原生细胞能够生成自己的质子梯度来推动其内部生物化学，从而导致自由生命形式的出现，它们能够主动保持其内部动力学与环境的热力学不平衡。

最重要的是，这些分子可能在岩石的自然微隙中集聚，而不是扩散到浩瀚的海洋中。所有这些分子的相互靠近以及不断提供的自由能量促进了更多化学反应的发生，从而生成更复杂的大分子，包括核酸、氨基酸和肽（即蛋白质的构建块），以及复杂的碳水化合物和脂质。因此，有机分子可能产生于地球自身的化学和地质演变。

在这个阶段，热液喷口周围的岩石缝隙成为许多有趣的有机化学反应的热床：一系列化学反应相互促进，依靠源源不断的自由能量和原材料，维持了一个不平衡的动态系统，但此时我们仍无法确定任何事物真正具有生命：没有任何东西可以被称为“**实体**”。这需要一项新发明——一个自我生成的屏障，能将这些化学反应与外部环境隔离，将自治的生物体与外部环境隔离，保持其独立性。

第三节　囊泡中的风暴

这种屏障很可能是由复杂的脂质形成的，这些脂肪分子在化学特性上具备疏水性（它们不与水混合）。特定类型的“脂肪酸”具有疏水尾部和亲水头部。当浓度达到临界点时，它们就会聚集在一起形成一个双层结构，疏水尾部在内部紧密相连，而亲水头部则面向外部与周围的水进行交互。随着这些聚集体的增大，它们就会自发地形成小囊泡或气泡，其外部环境是水，同时也在内部形成了一个封闭的小小水世界。

在细胞膜内部就此形成了一个完整的化学经济体。在这个微小空间内，化学反应网络推动着越来越多复杂的大分子形成，包括大型蛋白质或能作为酶加速化学反应的 RNA 分子，以及构成膜本身的脂质分子。细胞的诞生不是物质的堆积，而是生命活动的集合。

然而，这个细胞经济体不能完全与外界隔绝，它仍然需要原材料和能量的供应，以及某种处理废物的方式。否则，所有这些化学反应都会处于平衡状态。这种进出口过程是由贯穿细胞膜的蛋白质分子来完成的，它们充当着不同化学物质的运输通道或工具。

细胞保留了其岩石起源时期的一种重要特性：利用 H^+ 离子梯度来生成 ATP，从而作为细胞内的主要能量来源。H^+ 离子通过嵌入在细胞膜的 ATP 合成酶蛋白进入细胞。然而，与依赖热液喷口的特定地质条件不同，细胞具备了自主生成这种梯度的能力，通过主动泵机制将 H^+ 离子泵送出细胞外来主动产生 H^+ 梯度。这一活动所需的能量反过来又源于细胞从摄入的化学物质（即食物）中剥离出的电子。

通过这些机制，细胞不再依附于自然形成的 H^+ 离子梯度来提供所有有机化学反应所需的能量。它们只需要摄取一些食物——也就是其他有机分子，细胞可以释放其中存储的化学键能量，驱动 H^+ 离子泵制造细胞自身的 H^+ 离子梯度。同时，食物也为细胞提供了制造自身复杂大分子所需的原材料。重要的是，食物并不需要以特定的方式分布，只需要在周围环境中存在即可，生物可以从周围环境中获取各种不同类型的食物。由此，地球化学变成了生物化学，生命也获得了自由。

细胞膜的发明标志着生命演化中另一个关键里程碑的出现：它意味着细胞内发生的一切在物理、化学和**因果关系**上与细胞外发生的一切绝缘。事物之间相互作用和影响的过程出现中断和不连续性。虽然细胞外可能发生各种各样的事情，但对细胞内发生的事情完全没有影响。只有特定类型的化学物质才能穿过这道屏障，它们主要是细胞自身需要使用的化学物质。现在，细胞与外部世界隔离开来，它能够独立运转、维持其代谢反应，并作为一个独特的实体在时间中持续存在——它是**一个生物实体**。

第四节　自我参考

这种原始生命在一定程度上具有独立于环境的自由。但这种自由是脆弱的。在正常情况下，细胞的代谢稳态是通过平衡构成细胞的各种酶和分子的相对浓度、动态变化和相互作用来维持的。但所有这些参数必须精确调整并相互协调，才能构建一个功能齐全、切实有效的网络，确保整个系统的稳定运行。这使得细胞容易受到外部干扰或条件变化的影响。

克服这一脆弱性的一个有效策略是建立某种指导参考或模板，以便在遭遇此类干扰时进行参考，从而使系统能够重置并恢复所有正确的参数，重新达到平衡。在理想情况下，这种模板应随时可供参考，不仅在紧急情况下，也在日常运作中，以保持系统在其正常范围内运行。它应该是细胞经济的一部分，但不直接参与化学反应；它反而应该作为一种独立于细胞内动态模式的信息存储库，此外，信息存储库本身应具有化学惰性和稳定性。

这就是 DNA 发挥作用的地方，尽管根据当前的理论，DNA 的“表亲”RNA 实际上最先出现。DNA 和 RNA 都属于“核酸”，是由四种不同的简单亚基链组成的大分子（DNA 和 RNA 在这些亚基的化学组成上略有不同）。在生命进化的早期阶段，RNA 占据了主导地位，因为它可以作为信息载体，在 DNA（一个稳定但惰性的模板）和蛋白质之间架起了一座桥梁，而蛋白质主要负责维持细胞的新陈代谢。

DNA 和 RNA 之间紧密相连、相互依存，以至于很难将二者分开考虑，难以想象其中一个在另一个不存在的情况下如何产生，因为它们的功能都需要对方的存在和支持。DNA 为细胞中的蛋白质编码，但需要蛋白质本身来“读取”这一编码并执行它。RNA 在这个过程中可能起到了桥梁的作用，它可以同时扮演鸡和蛋的角色。

DNA 具备稳固的双螺旋结构，相对安静地存在于细胞中，而

RNA 分子则不同，它在细胞内非常活跃。它不仅会与匹配的分子配对，还能折叠成复杂的三维结构，与其他大分子进行功能性互动，甚至可以像蛋白质那样充当酶的作用。同时，它们也能作为模板，携带用于蛋白质合成的编码。实际上，在我们的细胞中，DNA 编码必须被转录成一种被称为“信使 RNA”（mRNA）的分子，后者将信息从细胞核传递到蛋白质合成的场所。这个机制本身涉及多种具有特定生化功能的 RNA 分子。

“RNA 世界”假说认为，在早期生命形式中，RNA 既是一个携带信息的模板，也是细胞生物化学的活跃参与者。问题是 RNA 不是很稳定：正如我们在一些仍然使用 RNA 作为遗传物质快速进化的病毒中所看到的那样，它很容易发生变异。在某个时刻，携带信息的功能被 DNA 接管，从而将细胞新陈代谢从参考模板中分离出来（见图 2.2）。DNA 非常适合扮演这一信息储存的角色，因为它不仅没有生化活性，而且化学性质极其稳定，这就是为什么我们能从几十万年前死去的人类或动物的骨头中，甚至可以从他（它）们居住的洞穴的泥土中获取 DNA 样本的原因。

总之，尽管我们不了解生命起源的细节，但本书所述概括了我们当前对生命最初演化过程的最合理猜测。早期地球上热液喷口的地球化学提供了自由能量和原材料，也为有机化学创造复杂大分子提供了完美岩石孵化器。这些分子聚集在一起，形成相互作用的化学反应网络，在地球固有能量的驱动下，形成了半稳定的化学活动循环。

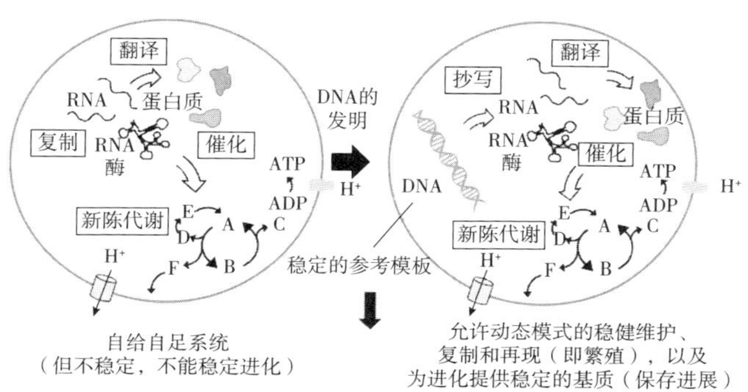

图 2.2　从 RNA 到 DNA。（左）最早的细胞可能拥有能够催化新陈代谢反应的 RNA 和蛋白质。在稳定的条件下，这样的系统可能是自我维持的，但从长远来看却是脆弱的，因为整个模式必须动态地维持。（右）DNA 的发明提供了一个稳定的参照模板，与这个动态系统相分离。这个参照以一种方式编码了细胞组件的配置，可以用来在个体细胞中恢复被扰动的模式，或者复制之后在新细胞中重现这个模式。

当这些反应被包裹在脂质膜中时，最早的细胞就形成了，它们从食物中生成自身的能量梯度，维持内部经济运转，并在因果上与环境隔离开来，免受环境的直接影响。至此，这些细胞可以被视为自主实体——它们是倾向于保持自身运转的稳定的生化过程模式，实际上它们**努力**通过热力学工作来远离平衡状态，并抵制了向无序状态演变的普遍趋势。RNA 很可能在早期的新陈代谢和信息存储中都发挥了重要作用，但最终 DNA 取代了 RNA 在信息存储中的角色，因为 DNA 提供了更为稳定的分子模板，支撑动态新陈代谢过程，但并不直接参与化学反应。

这一切确实令人惊叹，但如果生命仅此而已，那么你我现在也不会在这里讨论它。这些早期生命形式能够抵抗恶劣环境，具备一定的适应能力并存活一段时间，但要在地球上长久地延续下去，生命必须发展出更为复杂和高级的特征：它必须繁殖和进化。这就是拥有信息模板的另一大优势——信息模板可以被复制。

第五节　繁衍生息

当薛定谔在 1943 年撰写短篇著作《生命是什么》时，人们还不知道遗传物质是由什么构成的。但当时可以确定的是，随着细胞的分裂，必须有某种物质被传递下去，为每一个新生的细胞提供一个自我组织模板。这个模板必须像晶体一样高度稳定，但又不能是单调、规则的结构；它必须具有一些不规则性才能携带信息。薛定谔因此推测，遗传物质必须是一种“非周期性晶体”。

DNA 完全符合这一要求。双螺旋的每一条链都是由四种可能类型的基元（或“碱基”）组成的长链，分别标记为 A、C、G 和 T。这些碱基有一种极性：它们有一个“正”端和一个“负”端。一个碱基的正端可以附着在另一个碱基的负端上，并且可以以这种方式不断添加碱基，形成超长的分子。正是这些碱基的不规则、非重复序列携带信息，并可以通过两种方式传达信息。首先，有一种编码将 DNA 碱基的序列映射到蛋白质中氨基酸的序列。（以这种方式编码蛋白质的一个 DNA 片段被称为一个**基因**；我们的整个基因组中大约有两万个这样的基因。）其次，还有一种较为复杂且人们尚未完全理解的编码方式，它规定了在不同条件下每种蛋白质的制造量。

因此，DNA 单链就可以携带配置细胞生物化学的信息。但正是标志性的双螺旋结构才提供了复制信息的手段。每条链都携带着与其配对链互补的序列。单条链上的碱基不仅可以与同一条链上的碱基形成键结，它们还可以与另一条链上的碱基形成较弱的键结，并且具有显著的化学特异性。（你可以把这些键想象成梯子的横档，每条链形成梯子的直杆。）

如果一条链上有一个 A 碱基，它将与另一条链上的 T 碱基结合，而 C 碱基将与 G 碱基结合。这意味着，如果你知道其中一条链的序列（如 ACGGTTA），你就可以推断出互补链的序列（TGCCAAT）。詹姆斯 · 沃森和弗朗西斯 · 克里克于 1953 年发表了有关 DNA 双螺旋结构的经典著作，正如他们在论文中所说，这种结构揭示了 DNA 复制的机制。只需要拉开 DNA 的双螺旋链条，每一条链都可以作为一个模板，用于合成一个新的互补链。为了完成这个合成过程，每个碱基需要被固定在新合成链的特定位置上，与模板链上的相应碱基进行化学结合，通过这种方式，可以形成两条新的完整双螺旋结构。

有了这种机制，我们新进化的细胞就能做一些真正新颖的事情。它们不再仅仅满足于作为个体单位存在：它们可以进行繁殖。DNA 模板可以被复制，然后单细胞可以分裂，将完整版的模板传递给每一个子细胞。在细胞分裂过程中，如果存在适当的蛋白质来读取 DNA 中的遗传指令，这两个细胞就可以精确地重现原始细胞的生物化学配置。如果你是一个能进行这种无性繁殖的生物，你就可以从外部世界吸收新的原材料，制造出**更多的“你”**。

第六节　克隆战争

能够繁殖后代的生物还可以做另一件对地球上的生命发展至关重要的事情：**进化**。一个非常简单但极其强大的动力驱动了进化（以一种完全无意识的方式）。在任何生物群体中，都存在一些更强壮、更稳定、更高效的个体，它们比其他个体更善于存活和繁殖，也能更快地复制自己。这些不同形式的生物实际上在相互竞争，争夺资源。能充分利用现有资源的生物将比其他生物更顽强，繁殖得更多，并在整个种群中不断增加其占比。

这种竞争动态是进化的核心，但这还不够。进化的真正力量来自其创造力，它能探索可能在特定环境中更成功的新配置，甚至开辟出新的生存空间，让生命在其中扎根并最终繁衍生息。这种创造力源自突变的随机性：DNA 序列以非常低但非常稳定的频率发生变化，突变通常是由复制过程中的错误引起的。

其中一些变化改变了遗传密码，导致某些蛋白质的形态和功能发生变化，或者改变其表达的调控。在竞争激烈的环境中，每个新突变体都会立即受到检测，以确定它是否比先前的形式和所有邻近的形式更好还是更差。这种盲目试错探索了各种可能性的遗传配置，放弃那些失败或表现不稳定的配置。这里的逻辑完全是循环的：如果生物体更善于生存和繁殖，它将持续得更久、繁殖得更多。简而言之，这就是自然选择进化论。

DNA 序列的简单变化并不是生物遗传物质变化的唯一来源。尽管早期生物没有进行有性繁殖，但它们之间确实存在某种形式的关联。像细菌这样的简单生物通常通过细小管状结构进行共轭，进行少量遗传物质的瞬时传递。在大型种群中，基因经常会像公共物品一样进行交换。

由于生物间存在繁殖竞争，它们倾向于尽可能迅速繁殖，简单生物体的**基因组**（所有遗传物质的总称）通常非常精简。

这意味着它们倾向于摆脱那些在当前环境中没有直接作用的编码蛋白质基因。但随着环境的变化，它们可能再次需要其中的一些蛋白质，而它们（有时）在个体之间可以通过“水平”基因转移（Horizontal Gene Transfer，HGT）来获取它们。由于这种进化是同时发生的，不同的细胞中会出现不同的蛋白质组合，这可能会带来新的可能性，比如不同种类的食物来源或可栖息的生存空间。

这种在不同细胞之间随意转移基因的行为有其优势，但随着给定细胞内的蛋白质配置变得越来越复杂，并且根据其协同工作的程度进行选择，简单地从其他生物体中随机获取新的遗传物质变得越来越没有成效，风险也越来越大。大多数这样的新蛋白质都与日益复杂的生化过程网络不兼容，甚至会破坏这些网络。

因此，在进化的某个阶段，发生了一种转变。之前盛行的水平基因转移开始被削弱（尽管没有消除），而大多数遗传物质的传递方式转变为细胞分裂——从母细胞传递到其两个子细胞。因此，细胞**谱系**之间逐渐分化，持续演化，代代相传，不断进化，但它们不再与周围其他生物共享遗传信息和进化历史，形成了更加独有的特征和演化轨迹。虽然达尔文对这些生命的最初阶段谈得不多，但这一进化过程才是物种的真正起源。

第七节　前世的记忆

如果生命是一种持续的活动模式——为了维持自身的结构而工作——那么对个体而言，这种持续性是以小时、天或年来衡量，但对于整个谱系和物种而言，则是以亿万年为计。这种时间跨度产生了一种在大多数物理过程中看不到的新型因果关系——一种植根于历史记录的因果关系。在这种关系中，关于过去事件的**信息**持续对现在产生影响。

DNA 的稳定性就像一张理想的记忆卡，可以记录一个生物谱系的经历。而自然选择则像一位编辑者，对这个“记忆”进行精心的修订。一旦突变发生，这些变异的基因将会在生存竞争的环境中经受无情的检验。那些能增强生物适应环境能力的突变得到青睐，推动生物的适应性演变。而那些降低或破坏适应性的突变会遭到淘汰，因此，携带这些突变的个体将无法继续生存或高效繁殖（见图 2.3 所示）。

这意味着一个谱系的基因组序列会记录并反映出生物群体所经历的环境和过去经历的信息，包括有益的和不利的经历。例如，一种酶的功能发生了突变，生物现在可以代谢一种新的食物来源（比如一种不同类型的糖）。如果环境中存在这种糖，那么这种突变可能是有益的，并且被选择性保留。这个 DNA

序列之所以持续存在，是因为它携带了环境信息；也就是说，在其中可以找到这种类型的糖。

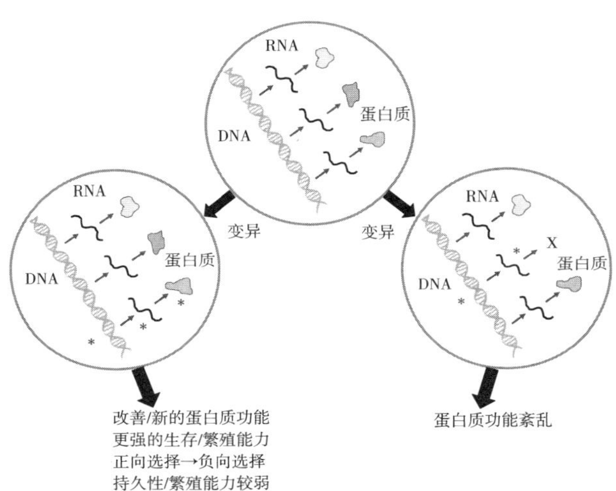

图 2.3 正向与负向选择。DNA 序列作为细胞动态设置的记录。突变可以改变该序列，自然选择则评判其后果。（左图）对蛋白质功能的改善或以某种对细胞有适应性的方式改变蛋白质的突变将被正向选择；也就是说，携带这种新遗传变异的个体将比种群中的其他个体具有更强的存活和繁衍能力，从而增加了这种变异在种群中的频率。（右图）相反，有些突变会破坏蛋白质产生或功能，降低细胞适应性或健康状况，将受到自然选择的排斥，并从种群中被淘汰。因此，DNA 序列反映了生物体谱系与其环境相互作用的历史。

同样的适应性过程也会发生在整个基因组中，反映了谱系中个体生命历程的方方面面。而那些不成功的突变——那些**未能**通过考验的突变，也通过它们的缺失而传达着某种信息。我将基因组描述为一个参考模板，它携带了细胞所有生化成分和过程的配置信息。从某种意义上说，基因组编码了细胞的抽象**模式**。通过自然选择的优化作用，基因组还反映了生物体与环境的互动模式，或者更准确地说，隐含了关于生物体与环境适应程度的模式。

这种模式使得生物体能够利用过去信息来预测和预知未来，并通过自身结构中的有用功能或反应来适应环境规律。如果我们想了解一个生物系统在某个特定时刻发生的事情，这种**历史性**便成了关键的解释因素。生物体的基因组序列和**当前的**结构反映了其祖先的配置，以及这些配置是促进生存还是加速死亡。因此，除了在各种特定时刻影响生物体的因素，还有 DNA 的序列中记录的遥远过去的因素。尤其重要的是，生物体的演化和行为也受到未来因素的影响。

第八节　意义何在?

本章描述的事件顺序可能会让某些人误认为这是一个有目的的过程——好像所有这些事件的目的就是产生生命。然而，我们没有理由假定这是有目的的。生命是自然界中一种非同寻常的物质排列和组合，生命的起源和发展轨迹是自然选择，是一种无意识算法的统计结果。尽管存在一系列导致生命出现的情况，但并没有一个明确的目的或原因来解释为什么生命存在。如果我们不问“生命是什么？”而是问“为什么有生命？”那么答案就在问题中：生命就是为什么。它之所以存在，是因为它能够存在。生命的产生和发展并没有受到宇宙中某种普遍目的的影响——生命的出现和演化只是在地球早期特定条件下发生的热力学趋势的结果（我们并不清楚还有多少其他行星具有类似的条件）。

但**一旦生命真的存在**，一切都变了。宇宙没有目的，但生命有。自然选择确保了这一点。生物体适应它们的环境，自然选择通过保留对环境有利的特征，使生物体在漫长的演化历程中逐渐发展出适应性，以延续其生存。在生命出现之前，宇宙中没有任何东西是有目的的，但生物体内部组件的功能性和排列方式是**有目的的：在此基础上**，那些提高生存性的变异被选择性保留，而降低生存性的变异则被淘汰。

整个生命系统——无论是生物体、其组成部分，还是自然选择——都不知道这个目的。事实上，你可能会说这不是**真正的**目的，只是系统表现得**好像**有目的。它的组成部分实际上没有**功能**，只具有物理和化学性质及趋势，这些性质和趋势很好地结合在一起，形成了一个能够长期存在的整体系统。

但我们可以从另一角度来探讨这个问题，并问，“一个‘真正’有目的的系统和一个只是看似有目的的系统之间在结果上会有什么不同？”假设我们暂时不考虑所有这些看似有目的的特征实际上是自然选择无意识作用的结果，即便我们忽略了这一事实，我们看到的结果仍然是生物体**适应**其生态位，每个组成部分适应整个系统。

同样重要的是，系统的各种活动是为了契合系统持久存在的目标。生物体为了维持自身而工作：所有这些活动都是以目标为导向的（因此具有了功能性）。尽管生物体的适应性和各种活动是由自然选择塑造的，但从实际效果来看，生物体的各种功能活动就好像经过有意设计一样。因为有了目标，事情才会发生。系统的行为方式促进了目标的实现。生物体的组成部分及其内部过程具有**与持久性目标相关的**功能。除了这些属性，还需要什么条件才能将某物视为目标，或者将整个系统视为具有目的性呢？

生物体与我们日常生活中具有某种功能或用途的机器和小物件不同，生物体具有自适应性，这个适应性主要是为了生物体自身的生存和延续。这给宇宙带来了一些新东西：一个参照系，一个主体。目标的存在赋予了事物以前从未存在的**与目标相关的**属性：功能、意义和价值。

在一个无生命的宇宙中，事物都能产生结果，但这些结果都不重要，没有任何标准或参照物来衡量事物的重要性，事情只是发生了，没有任何实体或力量在尝试影响或指导这些事件的发展方向。因此，在这种情况下，没有什么是有意义或有价值的，没有什么是好的或是坏的。但生命体会尝试做出行动以维持自身生存，因此对于生命体来说，事情会有重要性。正如我们将在后面的章节中看到的，意义和价值是驱动决策和行动选择机制的内部资源，会随着生命的不断进化而演变。

生命起源于地球早期的岩石和海洋中，它们是具有自主性的生物体。它们能主动维持其内部状态，并在某种程度上能够独立地与外部环境进行交互，并保持一定程度的自主性。能动性进化的下一步是这些自主生物体具备了主动作用于周围世界的能力，可以自主地产生行为。

第三章

行动

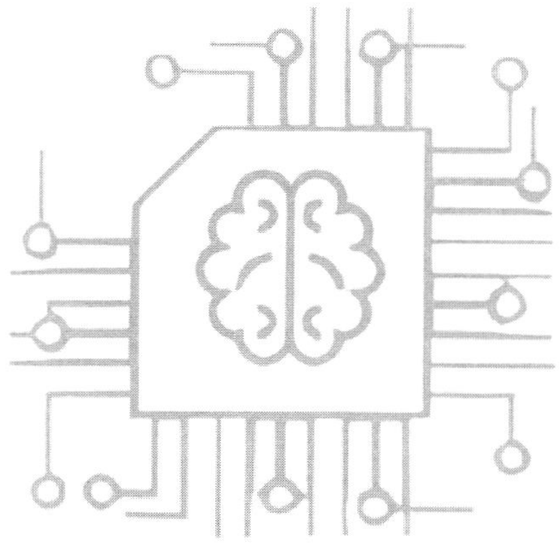

生存是一项不能间断的工作。生物体必须不断努力才能保持生存状态。这种自我维持不仅是细胞内部所有生化过程机械运作的结果，也是生物体为了生存繁衍，通过自然选择逐步形成的一种**功能**：它们只有这样精准地运转，才能维系细胞的存活和延续。在稳定的条件下，这些过程顺畅地进行，并通过相互关联的前馈和反馈回路来确保整个系统处于最佳运行状态。然而，当条件发生变化时，系统就必须做出调整来适应变化。

而条件之所以发生变化主要有两个原因。一是，地球的物理系统非常活跃，物质无时无刻不在发生变化。二是，生物体自身行为及周围环境中其他生物的行为也会导致环境条件的变化。食物链中的某种生物体可能会耗尽其周围的食物资源，尤其是当它繁殖出了更多后代时，会对相同的食物资源产生更大的需求。同时，细胞代谢过程中产生的废物排放到环境中，日积月累，可能会对生态系统中其他生物或环境有害。因此，由于生物体的行为便会引起环境变化，它们必须做好应对这些变化的准备。

有些变化是在漫长的演化过程中发生的，在此过程中生物体与其周围环境不断互动，相互适应。随着生物体的繁殖，它们的机体代谢活动会改变环境——有时是在全球范围内——从而创造出新的生态位，随后进化中的生物体会适应并利用这些新创造的生态位。事实上，我们人类之所以存在，就是因为单细胞生物对早期地球生态产生了广泛的影响，尤其是在产生大气层中的氧气方面发挥了至关重要的作用。

当然，生物体必须能够更迅速地做出调整，才能在险恶的世界中生存。要做到这一点，就必须改变生化途径的组织方式，从而根据不同的条件将系统中的代谢通量向不同的方向分流。例如，有些生物能够在有氧或者无氧条件下进行新陈代谢。这就会涉及不同的代谢途径，但同时运行两种途径并不符合生物体的生存需要。

生物体在选择代谢途径时，在一定程度上是被动的，这种被动的选择机制与新陈代谢的动态过程密切相关。在缺氧的情况下，有氧呼吸[①]途径中的最终化学反应无法完成，导致某些

① 有氧呼吸又称需氧呼吸，凡是靠大气中的氧来进行氧化作用的，称为需氧呼吸。进行需氧呼吸的生物，必须从大气中吸取游离的氧气来氧化体内的有机物质并释放能量。——译者注

代谢物堆积，从而使代谢通量流向另一条途径，即厌氧呼吸[①]途径。许多生物，包括一些酵母菌，都采用这种途径。正是通过这一途径（也被称为“发酵”），代谢的产物中出现了二氧化碳和乙醇。

但是，在不同条件下，这些单细胞酵母菌的生物化学结构和特性也会积极地进行重新配置（见图 3.1）。整套基因能够有序地“开启或关闭”；也就是说，各种蛋白质的 DNA 编码要么被主动读取，要么不被读取，因此在不同条件下会合成不同的蛋白质。然而，酵母菌是如何“知晓”氧气是否存在呢？细胞内的专用蛋白质会因氧气的存在而被生化激活或失活，从而能直接监测氧气水平。反过来，这些蛋白质又会开启有氧呼吸或厌氧呼吸所需酶的相应表达。这是一种快速重置细胞生化结构的有效方式，且避免了浪费资源合成不必要的酶。

在这种情况下，单个蛋白质会根据是否与某种化学物质（这里指氧气）结合来改变其活性，这实际上是在进行一种逻辑操作：如果 A，则执行 X；如果 B，则执行 Y。当然，它们并没有在思考，但偏偏卓有成效，这也是分子设计的一部分。这种机制在生物体中无处不在：细胞中的单个分子或分子群要不

① 厌氧呼吸指在厌氧条件下，厌氧或兼性厌氧微生物以外源无机氧化物或有机物作为末端氢（电子）受体时发生的一类产能效率较低的特殊呼吸。——译者注

停地执行成千上万次这样的操作。正如我们将在后续章节中看到的，在具有复杂神经系统的生物体中，大部分计算和调控工作仍然是由单个蛋白质分子在微观层面上完成的。

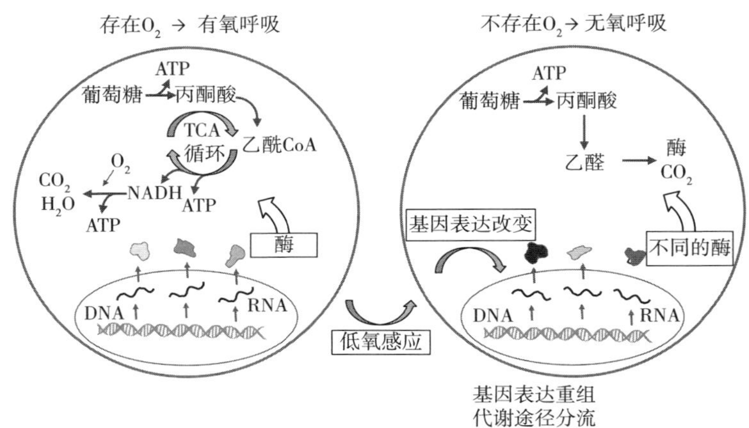

图 3.1 重组新陈代谢。生物体提高存活概率的方法之一是对不断变化的环境条件做出内部反应。许多单细胞生物可以在有氧环境（左侧）和无氧环境（右侧）之间切换新陈代谢。这种切换是由受体介导的，受体能感知氧气水平，并调节不同的基因表达模式，从而引发新陈代谢的动态变化。

另一个例子是肠道细菌**大肠杆菌**（Escherichia）（通常简称为 E.coli）。**大肠杆菌**喜欢摄取葡萄糖，葡萄糖是一种易分解的、能为细胞中 ATP 的产生提供能量的单糖。但大肠杆菌也能消化乳糖等更复杂的糖类，这种消化过程通常是通过利用一组专门的酶将其分解为葡萄糖（和半乳糖）来实现的。在缺乏乳糖的环境中，**大肠杆菌**就没有必要制造这些酶：这样做既不经济又浪费资源，而且在像**大肠杆菌**这样快速分裂的细胞群中，所有细胞都在相互竞争，自然选择也不会容忍这样低效率的行为。

因此，在大多数情况下这些基因都是关闭的：DNA 编码确实存在，但不会从中产生信使 RNA 或蛋白质。基因表达被一种**抑制**蛋白所限制，这种抑制蛋白会与这些基因的 DNA 序列结合，从而阻止 RNA 聚合酶等合成酶接触这些序列，进而有效地阻碍了基因的转录和表达。当乳糖存在时，相应的抑制蛋白会与之结合，并改变其形状。这种改变导致抑制蛋白无法再与 DNA 结合，从而解除了对基因的抑制作用，使基因得以正常表达。这一过程再次证明了单个蛋白能够根据环境的变化执行复杂的逻辑操作（见图 3.2）。

然而，整个系统还会更具复杂性。在环境中即使存在乳糖，如果同时存在葡萄糖，细菌也不需要开启这些基因，它可以继续愉快地摄取葡萄糖。只有在满足以下两个条件时，细菌才需要这些基因：葡萄糖不存在，而乳糖存在。因此，还存在另一种蛋白质（被称为“CAP”[①]），它能间接感知到葡萄糖是否存在，还能与 DNA 结合并调控这些基因的表达。这些酶的表达需要 CAP，但当葡萄糖的水平较高时，CAP 就会失活。

---

① CAP（Catabolite activator protein）代谢产物活化蛋白，也称为 cAMP 接收蛋白，CRP 为一种转录活化剂，存在于溶剂中的同型二聚体。其在与 DNA 结合时会同时弯曲 DNA 结构，促进 RNA 聚合酶的结合，加快转录速度。——译者注

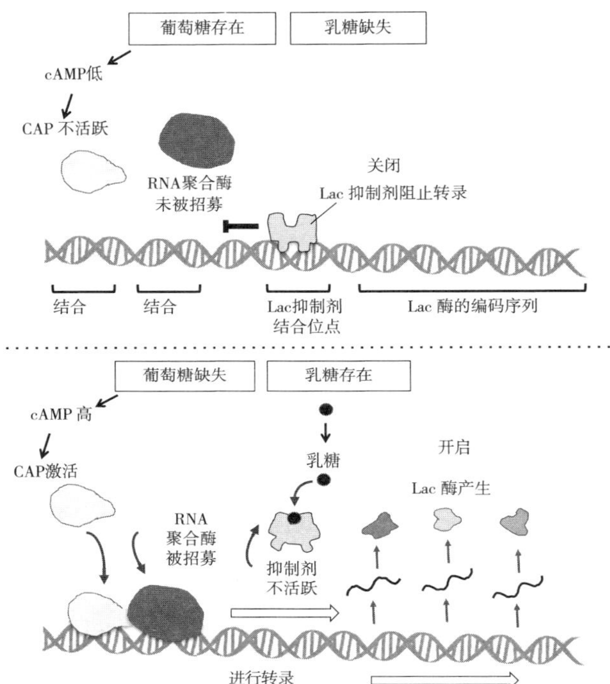

图 3.2　大肠杆菌中乳糖代谢酶编码基因的表达调控。这个系统由一个逻辑门[①]组成。在葡萄糖存在而乳糖缺失的条件下（上图），Lac 基因的表达受到抑制。只有在葡萄糖缺失而乳糖存在的情况下，基因才会表达，即信使 RNA 被转录并被翻译成蛋白质，使乳糖得以代谢。

① 逻辑门是电子工程中的基本概念，它用于执行基本的逻辑函数，如与（AND）、或（OR）、非（NOT）等。这些门是通过使用晶体管、二极管或其他电子开关构建的，可以根据一组输入信号产生一个确定的输出。逻辑门是构建更复杂的数字电路（如计算器、计算机等）的基础元件，因为它们能够根据输入信号的逻辑组合来执行决策和处理信息。在生物学中，逻辑门的概念也可以用来描述如何通过生物分子来控制细胞内的过程，例如，基因的表达可以被视为生物逻辑门，根据环境条件（如化学物质的存在或缺失）来调节输出（蛋白质的生产）。——译者注

因此，这整个系统——DNA 的调节区域和参与调控基因表达的两种蛋白质（抑制蛋白和 CAP），以及决定这些蛋白质活性的分子——都在基于两个特定条件执行高阶的计算操作：如果 A 且非 B，则执行 X。如果乳糖存在且葡萄糖不存在，则启动这些基因。

这条途径本身并没有什么特别之处——它只是碰巧得到了深入的研究和理解。在所有单细胞生物体内都存在许多类似的途径，它们控制和协调着成百上千个基因的表达，使细胞能够对其环境中化学物质的变化做出反应，并适应不断变化的环境条件。总之，细胞始终在不懈努力调整其内部经济结构以应对不断变化的环境。这种适应策略虽然有效，但最佳的办法是**预测**环境变化，并在变化发生之前重新配置内部系统，为未来的环境变化做好准备。

第一节　随世界而动

当然，环境中的许多变化都是无法预测的，但有些变化却是可预测的，例如那些与昼夜间规律性转换有关的变化。地球二十四小时自转过程中的条件变化对生物非常重要，以至于几乎所有生物都进化出了预测这些变化的能力。这种预测是通过内部分子钟[①]的作用实现的，分子钟的运行周期大约为二十四小时。

不同物种的分子构成大相径庭，但分子钟的基本设计是相同的：至少有两个环环相扣的负反馈回路来调节特定蛋白质的产生和缓慢降解，而通常这些蛋白质又通过负反馈机制，反过来调节它们自身或分子钟的其他组成成分的表达。随着特定蛋白质的产生及其在细胞中浓度的逐渐增加，它就会触发一种反馈机制，停止自身的生产。但该蛋白质会在一定时间内被降解，导致其浓度再次降低，随后它的表达又会重新启动。重要的是，尽管分子钟每天都会根据光照或温度等因素重新校准，但它仍然能保持内部二十四小时的周期，有效地独立运行许多天。

这种设计的关键在于时钟蛋白还能调节细胞中许多其他基因的表达，从而有效地重置细胞内部的生理机能，为即将到来的条件变化做好准备——这种适应性非常稳定，就像地球不断自转一样持续运作。例如，有些单细胞生物以阳光作为能量来源，它们会在太阳升起**前**的几小时内上调其光合作用所需的蛋白质编码基因；这些生物同样会调控氮代谢的相关基因来预测一天中需要氮的时间。

自然选择通过不断挑选最适应环境的个体，有效地将关于

① 分子钟是指利用氨分子中的氮原子的振荡作为等时运动的高精度计时仪器。由高稳定的石英振荡器、倍频器、波导管、错误讯号甄别器、分频器和同步电动机等组成。每日误差不到万分之一秒。——译者注

世界的知识嵌入生物体的物理结构中。其中就包括生物体为了适应外部世界的变化而不断演化。世界有时黑暗而寒冷，有时明亮而温暖，这些变化有规律地交替出现。供细胞呼吸的氧气也时有时无。有时可供细胞摄取的是葡萄糖，有时则是乳糖。要应对这些多变的情况，就必须做好准备，要么在环境条件发生变化时，生物体调整生理和行为响应，要么预见即将发生的环境变化，并在变化发生之前采取适当的措施。

然而，尽管这些细胞生理过程的调整令人印象深刻，但它们都是发生在生物体内部。它们能让生物体迅速适应其周围环境中不断变化的条件，但这种适应性的效果是有限的。如果食物来源耗尽，或者代谢废物累积达到对生物体有害的程度，抑或是温度升得过高，就算内部进行再多的重新调整也无法拯救细胞或令其自我维系。在这种情况下，就需要采取另一种策略。如果环境不再宜居（甚至仅仅不再是最佳生存条件），那么就该伺机而动了。

第二节 迈出第一步

单细胞生物已经进化出多种移动方式：漂浮、游动、爬行、滚动、伸展、滑动、拉拽、挤压、划桨、喷射等。在水生微生物中，最常见的移动方式是通过挥动细胞表面的细毛（称为“纤毛”），或者通过旋转、摆动一根又大又长的毛状结构在水中前进。其他生物，如变形虫，则通过改变自己的形状来移动：它在细胞膜上有一个长而突出的部分，通常称为“伪足”。变形虫会利用伪足抓住一些基质，然后通过基质将细胞的其余部分挤进伪足中，从而能够在其周围环境中定向移动。

这里我们已经看到一个重要区别：有些生物——尤其是那些具有坚硬细胞壁的生物，比如细菌——尽管整体能够四处移动，但内部结构或部分结构之间的相对位置关系是固定的，不能进行局部的相对运动。整个生物移动起来就像一艘带有桨或外置发动机的船一样，但它能保持自己的形状。更柔软的生物则能够改变自己的形状，在整体不动的情况下，通过伸展或扩展部分结构，与外部世界进行直接的互动。正如我们后面将看到的那样，只要控制得当，改变形状为生物提供了更多样化的行为选择，而不仅仅局限于简单的运动。

但现在，我们专注于讨论生物在周围环境中移动这件事。生物一旦拥有了自主产生能量梯度的能力，就能脱离岩石孵化器的束缚，可以漂浮、游动或爬行，在这个机遇遍布但也危机四伏的世界中自由探索，把握时机。它们不再受制于多变的环境：如果情况不妙，它们可以继续移动。不难看出，自然选择之所以使生物体具有移动的能力，是因为它是帮助生物体保持内部动态平衡，并提高其生存概率的另一种途径。

但这种移动能力立即引发了一个关键问题：你应该往哪个方向走？答案是，可以随意移动。事实上，许多生物就是这样做的，它们在海洋中漂浮，随波逐流。这实际上不失为一个相对不错的策略，尤其是当大量相似的生物集体移动时。在这种情况下，如果大量个体在某一区域停留时间过长，食物资源便可能枯竭，因此持续移动可能是这些生物克服食物短缺的唯一方法。随着时间的推移，其他任何地方都可能比它们待过的地方更为有利。

随机探索是一种有效的搜索策略，尤其是当生物体能在找到适宜地点时停止探索。这种能力依赖于生物体感知环境的机制，例如，感知环境中食物的浓度，当到达资源丰富的地方时，它们会通过粘在岩石或其他表面上来减缓移动速度。相反，在资源匮乏时，生物体可以出发去寻找资源更充沛的场所。我们从中可以初步看出，生物体面临特定情境或环境时做出了某种决策，**采取**了某种特定的**行为**：我应该留下还是立即离开？

为了能够回答这个问题，我们的小生物不可能隔绝在自己封闭的空间内。它不但需要与外界互动，运输食物和带电离子，还需要知晓其囊泡外部的情况：为了生存，它需要信息。生物体必须能够感知环境中的事物。例如，在选择移动还是停留时，生物体可能会测量外部环境中食物源的浓度，并设置行动阈值：当食物不足时，我们就走！

如果生物体具备决定**去向**的能力，情形就会更加有利。在资源和威胁分布不均的环境中，比起漫无目的地四处漂泊，趋利避害可能是更明智的选择。这种智能行为倾向肯定会提高生存概率，从而在进化过程中受到自然选择。但是，怎样才能做到这一点呢？显然，生物体需要通过某种感知器官，获取有关其周围环境的信息。它已经有了发动机——现在，它需要的是传感器。

生物体感知外界环境的一种方式是以物理方式将外界的分子通过细胞膜带入体内，并根据这些分子的浓度在体内产生相应反应。这对于摄取食物来说可能行之有效，因为它会想方设法将食物摄入体内，但对于那些应该避免的有毒物质来说，这种无差别的摄入方式则并非明智之举。解决这一问题的方法是制造一种传感器：这种传感器能伸出细胞外，探测到分子或其他刺激物，如振动或者光线，然后将信号发送到细胞内部，而无须实际上输送任何物质。这样，生物体就能对外部世界有所了解，同时又能保持自身与外部环境的隔离。

第三节　犹在镜中

生物体利用一系列传感器来感知外部环境，这些传感器通常是蛋白质分子，它们分布在细胞膜内或横跨细胞膜。蛋白质在膜外的部分通常能够与某种物质结合，比方说与某种特定的化学分子结合，引发蛋白质构造的变化，可能导致蛋白质从细胞膜外侧到细胞膜内侧的蛋白质长度发生变化。随之发生的内部构造变化可能会导致细胞内的其他分子结合，从而引发内部信号的级联。或者，蛋白质传感器也可以用作钠离子或钙离子等带电离子的通道。当它与特定分子结合时，这个通道就会打开，让离子流入细胞并充当内部信号。

这一过程的关键在于被感知的分子实际上并未被输送进细胞。在大多数情况下，根本没有发生能量或物质的转移，而只是发送了一个信号——通过发送信号，改变细胞内部生物化学的模式，将有关这种分子的信息传递给细胞，形成了一个有关外界**某些物质**的模式。换句话说，细胞当前的内部状态在物理上与其环境中某种分子的存在或缺失（或浓度）直接相关。这种方式类似于鼻子嗅觉的工作原理，也是简单生物感知它们周围化学物质的方式。

但是生物体应该感知哪些化学物质呢？它应该对哪些分子或特定分子感兴趣呢？它并不需要对环境中的所有分子都保持敏感，因为许多分子对其生存无直接影响。它只需要感知那些可能与其生存息息相关的东西，如它可能摄入的各种分子。对于不同种类的生物而言，这些食物显然各不相同，但每种生物都需要能探测到其周围环境中的特定食物来源。

然而，关于食物位置的指示信号不一定需要是食物分子本身。例如，如果你是那种以其他较小生物为食，通过消化它们来获取食物分子的生物，那么你的目标就是嗅出这些较小生物的位置。比如，你可能会进化出一种传感器，用以探测这些小生物（你的猎物）所排废泄。蚊子正是通过感知动物呼出的二氧化碳来追踪它们的。

这是另一个生物体适应环境并在某种意义上体现普遍自然规律的例子：在空气中二氧化碳浓度较高的地方，通常会存在大型动物，而蚊子可以从中获取美味的血液作为食物。自然选择将这种预期嵌入蚊子的基因组和神经系统中，通过类似的机制，单细胞生物具备了对世界与生俱来的认识。

当然，如果你恰好是这个生态体系中的猎物，那么进化出一些感知捕食者的能力将非常有益，这样你就可以采取规避行动。这可能意味着捕食者和猎物相互感知到彼此产生的化学物质，但你也可以探测到较大生物的运动所引起的振动，或者看到它投下的影子。许多单细胞生物也有针对此类刺激的传感器：它们不仅能闻，还能听和看。任何能带给它们选择性优势的特性——可靠地预测关于世界的有用信息——都可能进化并保留下来。因此，每个生物都会进化出一系列适合探测环境中资源与威胁的传感器。

因此，每个生物体的感官都会变得非常敏锐，并且只针对那些与之相关的事物（无论是直接相关还是间接相关），对其他事物则完全视而不见。自然选择在使用资源时非常节俭，而制造和运行感知分子机制的成本相对较高。因此没有必要浪费精力去感知那些无关紧要的东西，更何况你也不会对它们采取任何行动。事实上，无关紧要的信息不仅无益，甚至可能有害，因为它只会在系统中产生噪声。

我们人类所能看到的光线的波长范围，以及所能听到的声音频率范围都很窄，所能闻到的气味也十分有限（如与狗或者大象等动物相比）。从某种意义上说，我们只能体验有限的现实。同样，单细胞生物对世界的感知也受到了高度限制，而且这个感知视角也具有严格的选择性，感知到的这些信息都严格地基于“需要知道”的基础上。生物体只需要那些它能够——也**应该**——依据其采取行动的信息。

第四节　如何去做？

对于来自外部世界的信号，最简单的反应方式就是靠近它或远离它。但是你怎么知道它在哪里呢？答案并不像看起来那么简单。为了推断信号的来源并利用这些信息来决定移动的方向，生物体需要测量并比较在不同位置所探测到的刺激的**相对**程度。有几种方法可以实现这一点。生物体可以比较空间中的信号，例如，比较来自其“前端”和“后端”的信号，然后朝着信号更强的方向移动。或者，它可以比较随时间变化的信号，以此确定在朝着特定方向移动时，浓度是在增加还是在减少，从而决定是继续前进还是改变方向。

这已经比简单的阈值反应要复杂得多。信号现在已不仅仅是简单引发生物体自动做出反应的触发器。相反，生物体需要整合多个测量值，并做出有效比较，从而构建一个外部世界的模型。即使在这种最简单的感知水平上，生物体也不仅是被动地做出反应，而是积极地参与到对信息的理解之中，去推断环境中的事物——构建一种事物分布的空间地图。当然，生物体并不是真正有意识地“知道”这一点，因为意识还尚未进化。信号在生物体内部甚至还没有独立的表征形式，但其系统中仍然存在“知识”，使它们能对环境有一定的了解。生物体的内部生化构造反映了外界事物的综合图景，而生物体的后续行为也**受到**该图景的**影响**。

不同的单细胞生物使用不同的策略和机制来控制它们对外界信息的反应。例如，在**大肠杆菌**等细菌中，细胞膜上的特殊受体与糖或氨基酸等食物分子结合，并发送内部信号来控制生物体的运动。**大肠杆菌**通过旋转从杆状菌体一端伸出的一组长丝——鞭毛——来移动（见图 3.3）。当所有鞭毛都朝同一方向（逆时针）旋转时，它们就像一个大螺旋桨来推动细菌“前进”。但是当一些鞭毛按顺时针方向旋转时，它们的协同行动就会被破坏，细菌就只能四处翻滚。

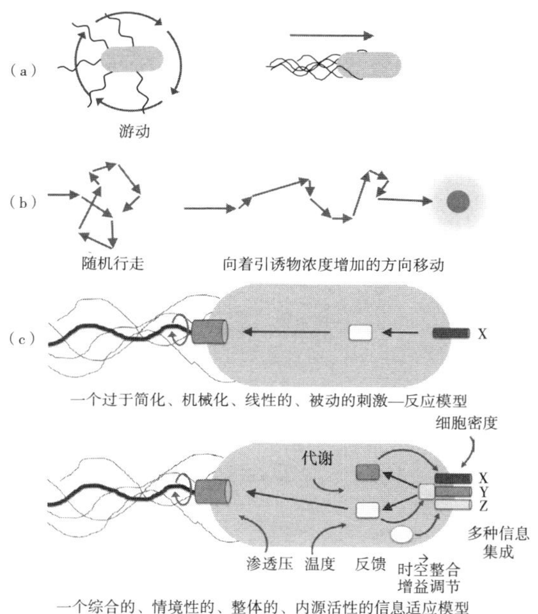

图 3.3　细菌的趋化作用。（a）大肠杆菌等细菌有两种移动方式：绕圈翻滚或直线游动。（b）当探测到食物源时，它们会通过调节鞭毛的旋转方向以及在游动和旋转上花费的时间比，从“随机行走”转向更有方向性的、沿浓度梯度的移动。（c）简单来说，趋化作用是一种控制细菌移动方向的、简单的、线性的刺激 — 反应机制。一种更现实的观点认为趋化作用是一个整体过程，活跃的细菌会在这一过程中适应多种信息源，从而作为综合体做出适应性反应。

当受体与食物分子结合时，它们会向控制鞭毛的蛋白发送信号，支持鞭毛逆时针旋转，确保细菌继续朝着当前方向移动。如果受体没有被激活，就会发送相反的信号，导致一些鞭毛顺时针旋转，细胞就会在原地翻滚。几秒钟后，细胞将切换回协同旋转的状态，并随机朝着另一个方向“前进”。

这个系统之所以能发挥作用，是因为有其他蛋白质的参与，它们能在受体被激活后迅速重新设置受体的灵敏度。这使得细菌能**随时间的变化**在移动的过程中有效地比较食物分子浓度。如果浓度增加，那么受体的激活速度就大于其失活速度，细菌继续朝这个方向前进。如果浓度降低，失活速度占据上风，则会导致其发生翻滚行为，细菌就会随机朝着其他方向移动。

这种行为的统计结果是，细菌更倾向于朝着食物源移动（沿浓度梯度上升的方向），因为它在这个方向上移动的时间比在其他方向移动的时间都要更长。该系统的另一个关键之处在于，它调节了信号通路的增益——信号相对于食物分子绝对浓度的强弱——确保即使在食物分子绝对浓度极高的情况下，细菌仍能对微小的浓度变化保持敏感。

当然，躲避威胁与获取资源同样重要，并且这一点已经在单细胞生物草履虫身上得到了深入研究。这些比**大肠杆菌**大几百倍的椭圆形生物身上覆盖着被称为纤毛的微小运动毛。这些纤毛同步跳动，就像维京船[①]上的桨手一样，推动生物前进。如果草履虫在前进的过程中遇到障碍物或有害物质，就会触发一个信号，使纤毛朝相反的方向跳动，从而产生一种**躲避反应**：生物体迅速倒退，改变方向，然后朝着另一个方向继续前进。相反，如果它的尾端被碰撞——比如被试图捕捉它的捕食者碰撞——就会引发**逃避反应**：所有纤毛跳动得更快，草履虫就会加速前进。

草履虫在遇到机械干扰时，通过细胞膜中的蛋白质介导，产生电信号，触发纤毛的反应。当草履虫遭到撞击时，这些蛋白质会打开细胞膜上的一个孔洞，让细胞外的钙离子或钾离子涌入，进而产生电脉冲；这一过程与更复杂生物中的神经细胞信号传导过程极为相似。草履虫的前部和后部分布着不同的感应器，它们控制着进入细胞的离子种类，从而影响纤毛的活动。因此，这些反应已成为草履虫物理结构的一部分。

对于某些微生物而言，在周边环境中它们最关注的事物就是同一物种的其他成员。对于**盘基网柄菌**（也称“黏菌”）这种不同寻常的社会性变形虫来说更是如此。这些生物最初是自由生活的单细胞变形虫，在土壤中爬来爬去地寻找食物。它

① 维京船是维京人在古代使用的一种船只，通常是有长长的船身和窄窄的船首，广泛用于海上贸易和探险。——译者注

们的主要猎物是我们熟知的**大肠杆菌**，盘基网柄菌通过嗅出大肠杆菌排放的叶酸来探测**大肠杆菌**。到目前为止，一切都很正常——它们只是寻找食物的生物。当食物充足时，盘基网柄菌会通过分裂来进行繁殖，从而增加某一区域内的盘基网柄菌数量。但当资源稀缺时，盘基网柄菌的行为就会变得不同寻常。

当某一区域的细菌耗尽、不足以满足盘基网柄菌的食物需求时，盘基网柄菌会释放一种化学信号，吸引其他变形虫聚集在一起。这种化学物质被称为“cAMP”①，能被细胞膜上的专门受体检测到，而这些受体会向细胞内发送一个影响运动方向的信号。细胞内的特殊蛋白质形成一种被称为“**细胞骨架**”的动态机械结构，可以在细胞的不同部位快速组装和解体。在cAMP信号高的细胞膜区域，细胞会优先组装细胞骨架，从而导致细胞先伸展，再朝着信号强的方向移动。

盘基网柄菌利用这些信号找到彼此。当它们相遇时，会表现出令人惊讶的行为（见图3.4）。首先，多达十万个盘基网柄菌聚集在一起，形成一个被称为“**蛞蝓**”②的多细胞超个体。这

① cAMP（cyclic adenosine monophosphate）环磷酸腺苷，是一种细胞内负责信息传递的小分子，被称作细胞内信使或第二信使。——译者注

② 蛞蝓，又称水蜒蚰，中国南方某些地区称蜒蚰，俗称鼻涕虫或无壳蜗牛，是一种软体动物，与部分蜗牛组成有肺目，雌雄同体，外表看起来像无壳蜗牛，体表湿润有黏液，对农作物有害，但对人体无害。——译者注

种蛞蝓本身会在化学信号、光和热的作用下四处移动，寻找合适的地方进行一种更为特殊的变化。当蛞蝓找到一个好地方后，就会竖起一端朝天空伸展。此时，它底部的细胞会形成一个柄，而顶部的细胞则分化成一个包含成千上万孢子的子实体。当这些孢子得到释放和散播后，它们可以萌发成为新的盘基网柄菌个体。

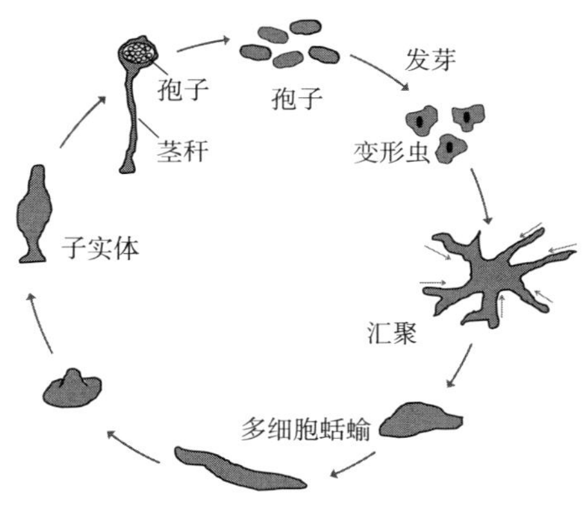

图 3.4 盘基网柄菌的生命周期。在盘基网柄菌从单细胞阶段过渡到多细胞阶段的过程中，单个盘基网柄菌寻找资源并进行分裂以增加它们的数量，在更具挑战性的条件下，它们会凝聚成一个能运动的“蛞蝓”，并最终形成子实体，释放孢子，这些孢子会萌芽成为新的单细胞变形虫。

因此，这令人着迷的黏菌成了一个绝佳模型，不仅有助于解释细胞是如何决定移动方向的，而且有助于解释多细胞体的起源，即个体细胞形成一个集体生物体并扮演不同的角色，以实现协同行动。我们将在下一章更详细地讨论这一过程，以及其中的机遇和挑战。

通过对几个物种的简要考察，我们可以了解单细胞生物或多细胞生物在环境中移动时使用的不同策略和机制。这些生物能够通过协调细胞内的机械组件，从多个可能的行动中进行选择并执行特定的动作，从而控制自身是否移动，向哪个方向移动以及以何种方式移动。它们通过感知来自环境的信号来制定目标，并据此指导自己的行为。因此，这些生物正在做出基本但具有战略意义的决策：是留下还是离开？是利用还是探索？是接近还是回避？

第五节　这一行为无需主体吗？

也许你认为我言过其实。说这些简单生物在选择某种行为真的恰当吗？生物体作为一个实体，真的是在自发**做什么**吗？还是说它只是内含某些机制，在受到外部刺激时，这些机制就会引起整个结构的运动呢？生物体是否只是一台由其内部和外部的物理力所驱动的复杂机器？还是另有一种因果关系在起作用呢？

首先，让我们扪心自问，在前文概述的情景中，我们有什么理由可以将任何一类单细胞生物描述为一名主体——一个能够产生因果关系的实体。首要条件可能是它的行为并不是完全由任意给定的物理刺激决定的。如果每次遇到某个物体，它总是以完全相同的方式做出反应，那么我们就可以认为这是一种简单的刺激—反应机制在起作用，也就几乎没有任何理由认为整个生物体应该为其行为结果承担责任。

事实上，任何给定的刺激所产生的行为结果都存在相当大的不确定性。这主要是因为生物体的机制是由生物软件，而不是硬件组成的。所有这些微小的组件在细胞中不断地颤动，结合其他分子，又将其释放，蛋白质分子的精确数量也会随着一些蛋白质的降解和新的蛋白质的产生而波动。每时每刻的细胞都不同：它是一个复杂的动态系统，即使是对于完全相同的刺激，它的反应也会受到它当时特定状态的影响。

这种变异性凸显了一个重要事实：系统并不是无所事事，被动地等待某个触发器引发特定的反应，而是一个持续进行内部活动的集合体，外部信号以一种影响活动而非引导活动的方式被纳入这个动态过程的网络中。事实上，我们所看到的许多反应都是通过统计方法实现的——例如，通过改变大肠杆菌直线游动或翻滚的相对概率。

此外，尽管我们孤立地讨论了生物体对特定信号做出反应的行为，但实际上世界并非如此运作，这也不是生物体感知环境或对环境做出反应的方式。即使是单细胞生物也能够同时整合多种信号，并相应地改变自己的行为。

我们已经从**大肠杆菌**调整其生化结构以消化乳糖的能力中看到了这一点，但这只有在同时满足两个条件的情况才能实现：葡萄糖不存在，而乳糖存在。这两个条件受到两种独立信号机制的共同调控，这些机制在编码乳糖消化酶的基因表达层面上相互作用。我们看到了细菌如何随时间变化计算食物源的相对浓度并引导移动方向；细菌有效地推断了环境中信号的分布。但是，细菌还对环境中许多代表机遇或威胁的其他因素做出反应，因此它必须整合所有信息，从而用最适应整体情况的方式指导行为。

草履虫同样会对多种刺激（食物、热、光等）做出反应并将其整合，从而以最佳方式引导自身运动。例如，它们会受到细菌释放的分子（如叶酸、谷氨酸或铵）的吸引，但也会避开其他化学物质（如ATP，濒死细胞释放出高浓度ATP，表明环境普遍不宜）。草履虫偏爱微酸性至碱性的环境，并受到其他草履虫释放的二氧化碳的吸引，因此具有群聚的倾向。这些生物拥有丰富而复杂的生态系统，包括社会生活，因而它们也需要类似的复杂行为。

此外，大肠杆菌和草履虫都会根据附近的特定食物分子、温度、环境的离子成分或pH值（酸性或碱性程度），以及其他细胞的密度调整其信号反应，这些调整能使系统保持在最佳运行状态。大肠杆菌通过改变其感官系统中蛋白质的水平或相对组成调整对各种化学物质的敏感性。草履虫也会进行类似的调整，如改变细胞膜通道传导电离子的速度，或者改变纤毛调节机制对这些内部电信号的敏感度。这些适应机制还能使生物进行简单的学习，如习惯化或致敏化，从而使生物可以根据最近的经验改变对信号的反应。

虽然从表面上看，这些单细胞生物的行为似乎很简单，但它们绝非被动的刺激－反应机器。它们对特定信号的反应不仅取决于周围存在的其他信号，还取决于细胞当时的内部状态。这些生物可以推断出其周围世界所存在的事物，位置及其变化方式。它们根据自身的内部状态和最近的经验处理这些信息，并积极做出整体决策，以调整其内部动态并选择适当的行动。

这代表了宇宙中一种前所未有的且全然不同的因果关系。生物体的行为并不纯粹是由生物体内外的物理力所驱动或决定的。虽然行为背后确实存在物理机制来解释系统的运作方式，但认为生物体行为及其原因仅由即时的物理力所决定是不正确的。在这层意义上，**因果关系**并非纯粹是物理性的——而是信息性的，即生物体在对环境中信息感知和处理的基础上做出决策，而不只是受到物理力的影响。

第六节　信息和意义

在我们继续讨论之前，让我解释一下我所说的信息是指什么，为什么拥有信息对生物体而言是有用的，以及信息如何在物理系统中具有因果力。首先，信息确实是物理的；也就是说，它必须以某种物质的物理结构为载体。其次，它不是漂浮在虚空中，而是必须被具体化于某种物理形态中，即“以形式存在”（In-form）。因此，信息在物理系统中具有因果力量的观点是合理的。这就好比说，一个系统的组织方式限制了它随时间的演变路径。

然而，“信息”一词在通用和专业层面都有多种含义，所以可能导致混淆。这个词最常用的技术含义是由克劳德·香农[①]（Claude Shannon）在新泽西贝尔实验室工作时提出的，并于1948年发表在一篇题为《通信的数学理论》（*A Mathematical*

① 克劳德·香农（Claude Shannon，1916—2001）出生于美国密歇根州佩托斯基，美国数学家、发明家、密码学家，信息论创始人，美国国家工程院院士、美国国家科学院院士、美国艺术与科学院院士，生前是麻省理工学院名誉教授。他提出了信息熵的概念，为信息论和数字通信奠定了基础。——译者注

Theory of Communication）的文章中。当时，香农正在研究一个经典的信号传输工程问题：如何以最佳方式对信号进行编码，通过嘈杂的介质发送信号，并在接收端对其进行解码。他构想了一种方法，可以用来计算任何给定消息中包含的信息量，并推导出一个公式，用来计算在给定噪声条件下的最佳信息传输速率。

香农的深刻见解——使他得以构建了一种抽象的、与消息或媒介无关的信息理论——是从不确定性或概率的角度来看待信息的。他的思路是通过计算发送一条消息（一个元素序列或“字符串”）所需信息量，即他的方法是探讨相同长度的字符串可能有多少种排列组合方式。

例如，如果字符串只是一个数字，那么从接收者的角度来看，就存在十种可能性。如果它是一个字母，那么就有二十六种可能性。对接收者而言，由字母构成的字符串的**不确定性大于**数字字符串的不确定性，因为前者包含的可能性更多。反之，相比包含一个特定数字的消息，包含一个特定字母的消息含有**更多信息**，因为它消除了更大程度的不确定性。显然，较长的字符串比较短的字符串携带的信息更多。

信息量可以用**比特**来衡量——基本等同于确定消息内容所需的是或否问题的数量。因此，信号中的信息量与其**不确定性**密切相关，而信号的不确定性与它可能具有的其他形式数量之间存在函数关系。如果这听起来类似于第二章中关于物质排列概率的讨论，那是因为这些观点之间存在数学上的等价关系。

这个理论框架中有一些非常基础的概念，对于理解信息在生命系统中的作用至关重要。要使某一事物成为具有因果力的**信息**，就必须存在这样一种可能性，即它本来可以具有多种可能性。我们将在后面的章节中进一步讨论这个概念，但值得注意的是，在一个真正决定论宇宙中，这种可能性是不存在的，因此这个意义上的信息也是不存在的。

香农的思想彻底改变了我们对信号传输的理解，并为信息技术和数字时代奠定了基础。但是，香农对信息的定义存在一些悖论，与该词的通用含义相冲突。在香农的观点中，消息中的信息量无须与其内容的实际意义相关。例如，编码和传输一串完全随机的信号（比如，“akfh stwiol fbsdy vfln ud yriqpk”），要比编码和传输类似“this little piggy went to market”（这只小猪去了市场）这样的消息需要更多的信息量。这是因为第一条消息根本无法压缩：如果要准确传达它，就必须发送全部元素。相比之下，第二条消息则基于英语中单个字母的用法及常见序列，具有大量的统计结构。例如，如果你知道“th”后面总是跟着“r”、“w”或元音字母，那么关于下一个字母的信息就仅有八种可能性，而非二十六种。因此，相较于第一条消息，传输第二条消息所需的信息量就更少。

然而，第一条字符串——更符合香农信息定义——并没有**传达任何信息**。发送这条消息虽然需要消耗信息量，但它并未包含有关任何事物的实际信息：如果你知道消息的内容，那你所能了解到的就仅限于此，而不涉及消息可能包含的意义。香农的信息理论只是衡量了消息本身编码的复杂度和冗余度。这对于思考信号压缩、信道保真度和密码学等问题很有帮助；在后面的章节中，我们将探讨信号通过噪声信道传输的原理，同时研究信息在神经系统中是如何传输的。然而，在香农的理论中，信息并不涉及消息可能携带的具体含义或意义。

正如我们将看到的，当生物体试图推断外部世界中存在什么时，它们所需要的是有意义的信息——**关于事物的信息**。在科学论述中，“**意义**”通常被视为一种神秘且难以量化的概念。但它却建立在一个普遍的、毫无争议的事实上：某些事物与其他事物之间存在物理关联，香农将其称为“相对信息”，即知道一个事物的物理结构，就能知道其他事物的物理结构。

当细胞内的物理状态与环境状态相对应，或是反映了环境状态时，细胞就具有相对信息（见图 3.5）。关键在于，这种信息传递并非通过物理力的简单传递或转移来实现的。细胞膜构成了一道物理屏障，阻止了能量和物质的自由流动。相反，对于许多受体蛋白质而言，其作用只是改变了与膜外某种物质结合相关的膜内位点构象。即使是细胞内的受体通过打开离子通道来传递信号时，起作用的也不是能量或物质的直接转移，而是电荷分布的变化。传递的则是相对信息。

然而，从相对信息到意义的转变，还涉及另一个关键因素：接收者。图 3.5 中的符号本身并没有任何意义；它们必须由读者，也就是由您来解读。同样，信号与细胞外的某种事物之间的物理关联——具有意义——也是不够的。信号的意义并不单单存在于意义符号本身，而是体现在接收者的解读行为中。在我们一直讨论的生物体中，这种解读行为体现在系统对信号做出的实际反应方式上：通过内部动态的重新配置，或通过接近或规避的行为。

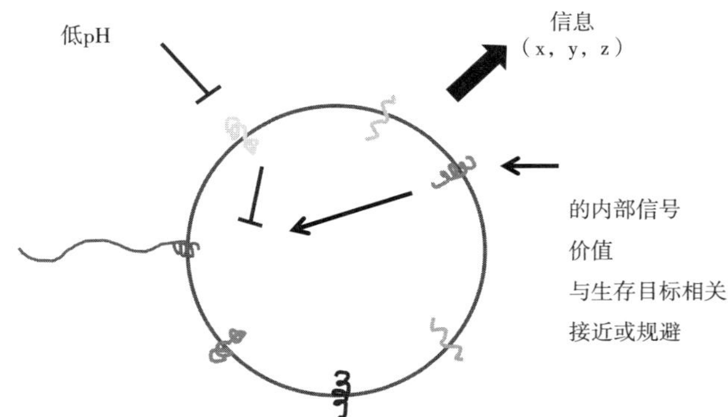

图 3.5　信息、价值和意义。单细胞生物对外界事物信息做出选择性反应的方式取决于其内部构造。这种构造是由自然选择塑造的，体现了适应性控制策略：远离有害物质，靠近有用资源。因此，与生存目的相关的价值（好 / 坏）和实用意义（接近 / 规避）就被嵌入生物体的物理组织中。

第七节　事出有因

对于生物体而言，信号的意义很少是中性的，而是与其对生存的相关性和价值密切相关。在生物体出现之前，事物并没有好坏之分。事物本身并不分好与坏：它们只有在与某个目标或目的**相关时**才具有意义和价值。对生物而言，好的事物是那些能增加生存概率的东西，而坏的事物则是那些会降低它们生存概率的东西。

但需要注意的是，世界上某事物的价值并不仅仅体现在事物体本身，也不仅仅存在于有关该事物的信号中，甚至不仅仅存在于随之而来的行动中。相反，从自然选择的反馈来看，它存在于所有这些事物之中。如果生物朝着某一特定方向移动的倾向得到了自然选择这个外部评判者的奖励——生存概率提高，那么这个方向上的事物就被认为是“好”的。而如果远离它也同样受到奖励（或者趋向它而受到惩罚），那么这个事物就是“坏”的。因此，价值存在于整个系统中：生物体与其环境的相互作用，以及这些相互作用随时间推移所产生的影响。

这种反馈循环持续运行了数百万年，其结果是生物体被塑造成**以实现特定目的或功能而执行特定行为**。如果我们想要全面理解这些行为，仅仅解释通过传导和整合感觉信号，并将其转化为行为的物理机制是不够的。这只是回答了“行为是如何被介导的”问题。然而，这并不能完全涵盖整个系统中真正的因果关系，也无法捕捉系统中最重要的因果关系类型。我们想知道的是生物体**为什么**会出现这种行为。

在科学领域里问“为什么”常常被视为缺乏科学性，因为这类问题似乎涉及对生命体的行为赋予某种目的或意图，而这可能被误解为是机械的、无生命的过程。然而，在更广泛的背景和更长的时间范围内来看，“为什么”的问题实际上是对更深层次“如何”问题的解答。如果我们观察一个生物体并发现它倾向于以某种方式对特定信号做出反应，我们则可以简单地认为这种行为是由刺激引起的。然而这种解释往往忽略了更重要的一点，刺激可能只是诱因，真正**导致信号引发这一行为的**是生物体的特定构造。这种构造是亿万年自然选择的结果，自然选择将做某件事的理由实实在在地植入了生命系统的结构中。进化为生命注入了因果潜能，这种因果潜能类似于物理学中的势能，可以用来引导和影响生物体的行为。

这些简单的生物体并不知道这些原因，但我们仍然可以说，生物之所以做某件事，**是因为**这件事情提高了它的生存概率。

或者，更精确地说，它朝着某个方向移动是**为了获取食物**或者**逃离捕食者**。我们可以认为各种成分和子系统都是功能性的，也可以认为生物体的行动是基于对外界情况的推断，而非简单地由外界刺激触发。生物体内部的各种生理和行为机制只是实现这些目标的手段。

因此，即使是这些不起眼的单细胞生物也具有真正的自主性和能动性，表现出有组织的动态活动模式，这种活动模式使它们能够在一定程度上从周围环境中隔离出来，并且具备一定的内部结构和功能，来维持它们的生存和繁衍。它们不仅仅将自己与外界隔离开来，它们还根据目标开展活动并影响世界，它们本身就是因果主体。

随着生物进化的不断发展，生物的自主性会不断提高——至少在某些谱系中是这样，比如人类谱系，感知和行动之间的紧密联系会逐渐松弛。随着多细胞体的出现，尤其是神经系统的出现，生物体发展出了额外的信息处理层次。生物逐渐演化出了能够在内部感觉信息而不直接对其采取行动的复杂控制系统，使生物可以在更长的时间范围内指导行动。生物演化出了内部评估系统，使它们摆脱了自然选择的残酷生死制约。最重要的是，这些系统全部是信息性的，具备了对信息的处理和解释能力，意义成为认知资源。

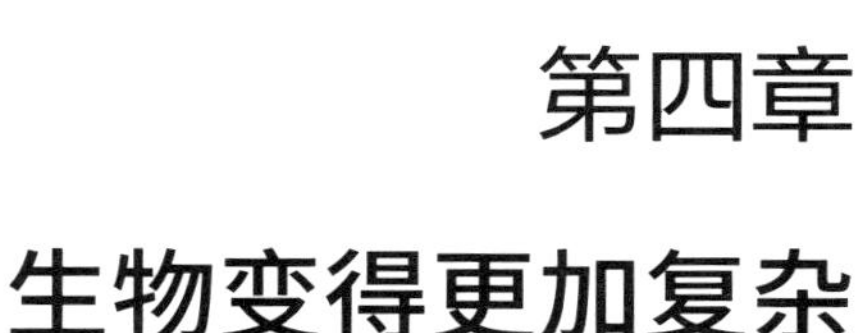

第四章

生物变得更加复杂

目前，我们已经掌握了能动性的基本要素，它们构成了独立于外部环境的自我维持系统。这些系统致力于维持其内部的动态运行，并通过整合关于内部和外部状态的信息，以及解释这些信息对生存目标的意义和价值，从而在多种可能性的行动选择中做出决策。因此，即使是那些不起眼的单细胞生物，它们的行为也是有目的的。

然而，它们的生活实际上极其简单。它们追求的目标与其生存的核心需求紧密相连：捕食其他生物并避免沦为猎物（或躲避其他毁灭方式），靠近食物源并远离危险源。资源充足时繁殖；资源匮乏时躲避捕食者。在这一进化过程中，通过代代相传，自然选择确保了个体当前的适应性行为。然而，生物体在面临当前的挑战时，需要非常迅速地做出适应性的决策和采取行动。虽然原始的学习方式有可能会实现，但其成效只能持续几分钟或几个小时。尽管生物体能够整合来自内外部的各种信号，但对信号的响应很直接，仍然与行动紧密相关。意义并不是单独表达或解读的——而是直接转化为实际行动。单细胞生物拥有机械性的认知能力和高度的目标适应能力，但它们在深度思考和对环境变化的适应性方面仍显不足。

这与我们在更复杂的动物体内观察到的复杂的认知和能动性相去甚远，而这种认知和能动性在人类中最终进化到了可以被称为“自由意志”的层次。行使自由意志需要个体具有开放式的学习能力，能够制定新的目标，并逐渐使这些目标超越基本的生存需求。同时，它需要能够做出更长远的规划，模拟可能行动的结果，并在采取行动之前进行内部评估，将思考和决策的过程与实际行为分离，最终能够反思自身思维和决策过程，并在元认知层面上对其进行审视。

然而，我们正沿着这一发展路径前进，单细胞生物的原始构件为进化奠定了基础，使其能够创造出更复杂、更具自主性的系统。这听起来似乎是一个势不可当的进程，或者说是一个目标明确的进程，似乎进化的目的就是创造更为复杂的生物体，其实不然。实际上，进化并没有目的，任何有助于生物体生存和繁殖的特征都会被保留下来。简单生物之所以能存活数十亿年，是因为它们所采取的策略非常适合它们所处的环境。但是，在某些谱系中，生物的复杂性可能会越来越高，这是因为它们的每一步都在探索以前无法进入的新领域，并在这一过程中开辟出更多新的生态空间，供其探索和利用。正如我们在有生之年见证数字经济的变迁，每一次复杂性的增加都为未来的发展创造了条件，并为进一步的创新和经济增长创造了机遇。

第一节　能量障碍

然而，在进入这个日益复杂的空间之前，还需要克服一个障碍——能量障碍。我们看到，细菌的新陈代谢过程必须极度精简。细菌仅在需要时才产生蛋白质，例如用于消化乳糖的酶。事实上，在细菌的基因组中，如果不需要某些特定蛋白质时，相关基因可能会在进化过程中逐渐消失。因为在细胞繁殖过程中复制这些基因需要耗费大量的能量、时间和资源。基因和蛋白质的成本很高，而对细菌来说，其能量来源是有限的。

细菌通过允许外部的氢离子穿过其外膜的 ATP 合酶蛋白通道来产生 ATP（细胞的内部能量媒介）。但是它们膜中可以容纳的此类蛋白质的数量是有限的，这主要是因为它们需要空间来容纳将氢离子泵回细胞外的蛋白质，从而在细胞内外形成所需的浓度梯度（以及其他相关物质，如感觉受体和鞭毛）。鉴于这些物理限制，细菌无法产生足够的 ATP 来为真正复杂的细胞代谢体系提供动力。

如果生命想要变得更庞大、更复杂，就必须克服这个能量障碍——而这无疑是一次巨大的飞跃。在“改良血统”的常规渐进式进化过程中，每一代与上一代的差别微乎其微，因此，要实现这一目标，就必须经历一些重大改变。微小的调整永远无法（至少实际上没有）使细菌超越这一限制。解决这一问题的是另一种完全不同的机制：共生[①]。

生命分为两大领域：（1）原核生物，如细菌；（2）真核生物，包括植物、动物和真菌。原核细胞体积小，结构相对简单。在地球上首个真核生命出现之前，它们已经经历了超过十亿年的进化过程。真核细胞通常具有更大的体积和更复杂的细胞结构，其显著特征是拥有一个细胞核，该细胞核内的DNA被一层内膜所包围，并且还存在多种不同类型的专用内部隔室，这些被统称为细胞器。这些细胞器包括线粒体——线粒体是真核细胞内产生ATP的亚细胞结构，每个线粒体都有自己的膜。

线粒体是一些奇怪的小东西——它们是《星球大战》中“迷地原虫”（midichlorians）的灵感来源，这个概念被用来解释超自然力量“原力”（The Force）的起源。它们通常被称为细胞

① 共生（Symbiosis）一词在英文或是希腊文中，字面意义就是“共同”和“生活”，这是两生物体之间生活在一起的交互作用，甚至包含不相似的生物体之间的吞食行为。术语“宿主”通常被用来指共生关系中较大的成员，较小者被称为“共生体”。共生依照位置可以分为外共生和内共生。——译者注

的动力室，它们的功能像小型发电厂一样，将氢离子泵入细胞的细胞质中，并利用产生的梯度为跨膜的 ATP 合酶蛋白提供动力。但它们不仅仅是较大细胞执行某些功能的结构，它们还有自己独立的基因组，负责编码线粒体内发生的生化过程所需的蛋白质。线粒体及其基因组与细胞核中的基因复制也是分开进行的，并在细胞分裂过程中单独分配到子细胞中。

事实上，在研究线粒体的生物化学、整体结构和生命周期时，早在 1905 年就有人提出，线粒体实际上是细菌的残余物，以某种方式被更大的细胞吞食，成为“内共生体”：一种生活在另一种生命体内的生命形式。20 世纪 60 年代末，进化生物学家林恩·马古利斯①（Lynn Margulis）对这一引人注目的假说进行了修正和大幅扩展，尽管在当时被认为是离经叛道，但现在却得到了大量证据的支持。

这种共生事件的宿主细胞很可能属于原核生物的另一个分支，即古细菌，它与我们之前讨论过的细菌类型截然不同（见图 4.1）。古细菌最早被发现生活在极端恶劣的环境中，如温泉或盐沼，它们主要以甲烷和硫等物质为食（或“呼吸”）。后来，人们在各种更为温和的环境中发现了这类生物，甚至在我们的

① 林恩·马古利斯（Lynn Margulis，1938—2011）是一位美国的生物学家。她推动了细胞起源的研究，还提出了共生理论，即细菌在活体细胞发展中起着主要作用的理论。此理论被人们称为同时连续内共生理论。——译者注

肠道中都可以找到这类生物。

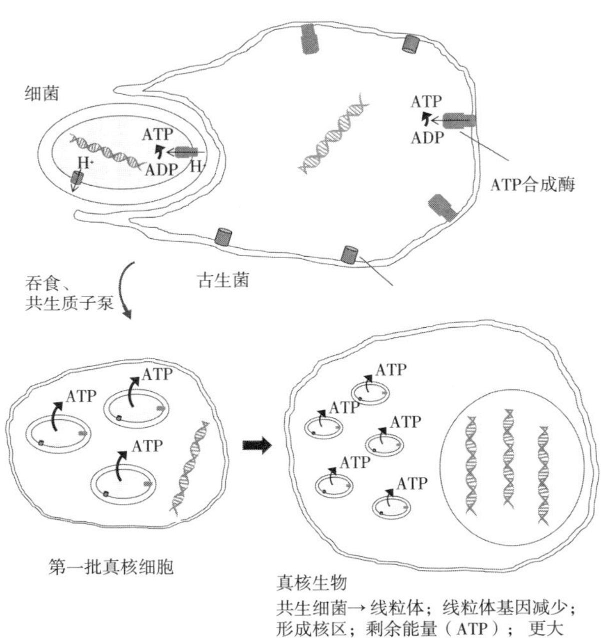

图 4.1 内共生。人们认为，最早的真核细胞是在某种古老的古单细胞生物吞食了一种细菌后产生的共生关系。随着时间的推移，许多内共生细菌的基因丢失或转移到真核细胞的细胞核中，细菌变成了线粒体，藏在大细胞中，为大细胞产生能量。这种生存方式产生的剩余能量使真核细胞能够维持更多的基因，并扩大其体积，增加复杂性。

古细菌在许多方面都与细菌相似，但它们在生物化学方面也有重大区别，特别是在生产 DNA 和 RNA 的蛋白质方面。这些蛋白质在结构上更类似真核细胞中执行相同功能的蛋白质，这就为某些古细菌充当了内共生细菌的宿主，从而导致真核生物出现提供了证据。各种不用的理论试图解释这种现象，但它们都认为一个较大的古生物吞食了一个较小的细菌，但并未将其消化掉，而是两种生命形式之间建立了互惠互利的关系，古细菌细胞为细菌提供了一个相对隐蔽和有利的生存环境，同时细菌也为宿主提供了内部资源，以使宿主细胞获得额外的能量。

在随后的进化过程中，许多原先存在于细菌内部的基因逐渐丧失了，这是因为它们要么不再重要，要么它们的功能被转移到宿主细胞核中的基因上。细菌基因组缩小到维持其自身特殊生物化学所需的最低限度，而该生物化学现在为整个细胞提供 ATP。因此，细菌无法再独立存活，宿主也受到影响，面临类似的困境：它们变得完全相互依存，并建立了一个新的生命分支（能够进行光合作用的细菌发生类似共生事件，后来促进了植物叶绿体的发育）。

这一进化事件的影响可与人类史前农业出现带来的影响相提并论。至少在植物和动物被驯化之前的数十万年里，人类就以小群体的狩猎采集方式勉强维持生计。这是一种不稳定的生活，除了寻找食物之外没有太多时间做任何事情。农业革命引发了一系列深刻的变革，它带来了人口规模和人口密度的增加，不断提高各种新型劳动力的专业化程度，对更复杂治理体系的需求也日益凸显，同时，农业革命也助推了工具和技术的创新，粮食和其他商品的过剩促使工业和商业兴起，产生了与其他社群贸易的动力。简而言之，农业革命日益推动了人类社会的演进，促成了文明的兴起，形成了更为复杂和更多样化的社会形态。

细菌的驯化以及它们向线粒体的逐步转化，同样是一个革命性的过程。它不仅为古细胞（现在的第一批真核生物）提供了即时的能量供应，而且还带来了能量盈余，它们不必再一味追求极端的节省和高效。它们可以变得更大（大得多），但更重要的是，它们不再需要那么节俭，尤其是在维护基因方面。它们可以保留更多的基因，其中一些基因可以发挥新的作用，从而产生更多新的细胞功能和结构，形成更为复杂的细胞状态。

因此，真核细胞可以对不断变化的环境做出更灵活的反应，使它们能够适应多样化的生态位。最重要的是，它们可以在细胞合作中实现分工，从而产生第一个真正意义上的多细胞生物。随着内部处理水平的提高和行动选择范围的扩大，多细胞性带来了更大的自主性和能动性——生物体自身做出选择的能力。但是，这种日益复杂的行为需要一个与之相匹配的复杂系统。

第二节　合众为一

我们已经在单个盘基网柄菌聚集形成的蛞蝓和子实体中看到

了短暂的多细胞行为。在许多其他物种中，无论是在真核生物的不同类群中，还是在被称为盘基网柄菌的细菌中，都能观察到这种聚集的多细胞性。它通常涉及在群体中具有不同功能的少数细胞类型的分化过程。这种聚集和协调分化为参与其中的个体带来了好处，使它们能够通过形成孢子，从子实体中散播出去，从而在恶劣的环境条件或食物短缺的情况下存活下来。

然而，这只是对组成集合体的**部分**个体有利，即那些成为或制造孢子的个体。整个多细胞集合体的成功有赖于分工合作；一些单细胞（在此之前都是自由生活的单个生物）必须放弃繁殖的机会，转而形成茎秆，以便其他细胞能够成功繁殖。那么，它们为什么要这样做呢？为什么进化会选择这种行为？

正如前文所述，进化会选择那些增加个体生化过程动态模式持久性的行为。当一个基因模板提供了对这种生化模式的指导时，个体可以遵循这些指导，从而实现持久性，甚至更好地通过生殖和在新细胞中重复这种模式来进一步增强持久性。然而，在单细胞生物种群中，个体之间通常会相互竞争有限的资源。任何能使个体在持久性或繁殖方面获得优势的基因变异，都会导致该基因变异频率的增加，而其他基因变异的频率则会相应减少。这种环境似乎不太可能促成多细胞聚集体中那种社会合作行为。

事实上，这听起来就像是在盘基网柄菌的多细胞集体中促进竞争，以便为形成孢子而进行繁殖的亚群做出更多贡献。这确实是会发生的情况，或者至少是在没有进化出对策的情况下会发生的情况。如果具有不同基因组的细胞聚集在一起，就会产生进化压力，使其争相对孢子的形成做出贡献，而倾向于促进这种行为的基因组在种群中的频率就会增加。反过来，这又会产生一种防止这种“作弊”的反作用力，因此进化出这种能力的基因组会表现得更好。于是，一场作弊、作弊检测和检测规避的军备竞赛就出现了——这种竞争和对抗的动态在各种社会情境中都很常见，其中合作和竞争之间需要一种平衡。

避免冲突不断升级的最简单方法是确保仅具有相同基因组的细胞才会聚集。如果所有细胞在遗传上都是相同的（因为它们都是通过同一创始个体的克隆分裂产生的），那么就不存在冲突。从进化的角度来看，重要的是基因组得到复制。因此，形成茎的细胞与形成孢子的细胞具有相同的目标。它们可以通过间接复制来确保“自己”模式的持久性；也就是说，通过其他具有相同模式的细胞繁殖来实现，因为它们拥有相同的基因组。

因此，自然而然，许多这些物种都进化出了确保只有基因相同的细胞才能聚集在一起的机制。例如，在盘基网柄菌中，一对跨越细胞膜的蛋白质介导了单个细胞的黏附。然而，编码这些蛋白质的基因变化很大，因此在一个种群中，不同个体表达的蛋白质版本略有不同。只有表达相同蛋白的细胞才会聚集在一起。如果两个克隆种群最初是混合的，两种类型的细胞都分散分布，那么在有利于聚集的条件下，这两个种群将在很大程度上分离成两个独立的聚集体。类似的系统也存在于其他聚合生物体中，它们利用不同的蛋白质来实现基因相同的细胞之间的聚集。这种不同种系中的趋同进化说明了拥有这种聚集调控机制的重要性。

因此，这些生物个体和由此产生的集合体能够区分“自我”（与我拥有相同的基因组）和“非我”。这种特性并不是聚集发生的绝对必要条件；在许多生物形成的集体中，所有个体都能获得某种利益，例如鸟群或鱼群，甚至细菌生物膜的复杂生态系统。集体的好处可能为每个个体带来一些共同的利益，但每个个体的适应度可能有所不同。而具有克隆关系的个体生物在形成集体时，情况就会截然不同。它们有着共同的目标，并乐意为实现目标而分工合作，为整个集体的利益做出贡献。

就像《**星际迷航**》[①] 中的博格人一样，这些个体被同化为一个集体。抵抗不仅是徒劳的，而且毫无意义。我为什么要反抗与我连接程度更强的联合力量？当基因相同的细胞以这种方式聚集在一起时，它们就形成了一个真正的新个体—— 一个处于

---

① 《星际迷航》（*Star Trek*，又译作《星际旅行》等）是由美国派拉蒙影视制作的科幻影视系列，最初由编剧吉恩·罗登贝瑞（Gene Roddenberry）于 20 世纪 60 年代提出，它描述了一个乐观的未来世界，人类同众多外星种族一道战胜疾病、种族差异、贫穷、偏执与战争，建立起一个星际联邦。随后一代又一代的舰长们又把目光投向更遥远的宇宙，探索银河系，寻找新的世界，发现新的文明，勇敢地涉足前人未至之地。——译者注

更高组织层次的新的、统一的自我。多细胞生物的整体适应度不仅取决于单个细胞的表现，还取决于组成它的所有细胞的表现。一些细胞可能专注于繁殖，而其他细胞可能在生长、运动和防御等生存方面发挥更大的作用。在形成多细胞生物的过程中，任何有助于整个生物体适应度的特征都会受到选择。即使某个特征在单独考虑时可能对个体细胞的适应度产生负面影响，但如果它有利于整个生物体的繁殖和生存，那么它仍然会在进化中被保留和强化。

多细胞生物和孤立的单细胞生物在调整生理机能和选择行动方面存在明显的差异。孤立的单细胞生物通过调整其内部生理和选择特定的行动来维持自身生存和繁殖，而多细胞生物则在整个多细胞集体的层面上进行这些过程。因此，这种新的生物体不仅能体现适应性，也能体现能动性。

第三节　大型饿兽

聚集在一起是实现多细胞性的一种方法，但更简单的方法，也是确保遗传特性的方法，是保持**紧密相连**。如果细胞复制但不分离，而是保持相互连接，那么就能产生多细胞生物。当然，大多数动物物种正是如此，它们都是从单细胞（受精卵或合子）开始的。单个细胞通过连续的细胞分裂逐渐形成一个胚胎，胚胎中的细胞数目从最初的两个，增加到四个、八个，最后形成数以千计、百万计甚至十亿计的细胞，构成一个多细胞的生物体。

多细胞生活方式有许多好处。首先，组织成一个大的群体可以为内部的细胞提供庇护，使其免受变幻莫测的环境影响，而外部的细胞通常会专门形成一个保护屏障。与单细胞生物的聚合体一样，一小部分细胞（即生殖系）专门负责繁殖，而其他所有细胞构成了躯体，也称为体细胞系，其主要任务是确保整个生物体能够存活足够长的时间，以便进行繁殖。

其次，体型变大后，更容易捕食较小的生物，同时也不会轻易遭到其他生物捕食。随着多细胞生物的进化，捕食者和猎物之间的相互关系变化会产生各种新的生态压力，以及对感知和行动的要求。一方面你试图捕食的生物正在尽力避免被吃掉，另一方面你也必须同样尽力避免成为别人的午餐，还要让自己也能吃上一顿，那么用于捕食以及防御和反防御的各种工具、策略和技能就会出现。

当然，这些专业化的成本很高，但多细胞性带来了规模经济，进一步增加了与线粒体共生所产生的能量剩余。这个剩余能量反过来又为增加基因复杂性提供了更大的空间，有了更多的基因，就能分化出更多的细胞类型、组织、器官、肢体、感官结构等。这就开辟了全新的生活方式和生存空间，以及多样化和精细化发展的新机会，每一次进化都会创造更多的可能性，并带来利用这些可能性的压力。

多细胞生物在保持生存、维持生命活力和繁殖方面面临着与单细胞生物相同的挑战。为了有效地执行这些功能，它们必须能够感知世界上的相关事物，并通过改变它们的生理或行为来做出适当的反应。但多细胞生物面临着额外的挑战：在做出这些生理或行为反应时，需要确保整个身体内各个部分的细胞之间协调一致。无论这些行为反应是移动整个身体还是仅移动身体的一部分（例如，其中一个专门的肢体），捕食的压力迫使生物体迅速完成这些行动！

实现这种控制需要创造新型细胞和组织：肌肉和神经元。为了了解这些创新出现的时间和原因，我们需要回顾进化史，深入生物谱系的根源，推断不同阶段存在的生物类型。

第四节　家族

主要有两大信息来源帮助我们推断祖先的情况。第一种来源是化石记录，它记录了不同地质时期存在的生命形式。这一记录非常有用，它可以追踪进化过程中新生物种类的出现。但它也并不完整。

由于软体动物的身体往往很难变成化石，化石更好地保留了那些具有贝壳或骨骼等坚硬部分的生物的特征。而且动物化石的形成过程需要考虑环境因素，因此，它只能片面地反映出某些物种的丰富程度。

不过，我们还可以利用第二种记录方式，那就是现存生物的 DNA。正如基因组数据库可以帮助你找到远亲，并通过比较你的 DNA 与他们的 DNA，然后告诉你，他们是你的嫡亲还是庶亲，所有生物的序列都带有同样的亲缘记录，而且时间跨度更大。例如，人类与黑猩猩的亲缘关系最密切，之后是大猩猩，然后是猩猩，再然后是其他类人猿，接着是猴子，等等。这并不意味着我们是黑猩猩的后裔——这仅仅说明黑猩猩是我们的表亲，我们与它们有着共同的祖先。

这个共同祖先可能更像黑猩猩，而不是人类。我们之所以坚信这一点，是因为直到最近我们才在化石记录中看到一些类似人类的残骸。因此，如果把遗传亲缘关系的证据与化石记录结合起来，我们就可以推断出当前生物的远祖在不同的分支点的样貌。在这些分支点，物种发生了分化，出现了新的形式。当这些分化发生时，有时其中一个物种在形态和习性上仍与祖先十分相似，继续成功地利用其生态位，而另一个物种则沿着一条新的路径进化到一个新的生态位（事实上，一些个体进入新的生态位往往是造成分化的原因）。

如果比较所有现存动物的基因组，并将其与化石记录进行校准，我们就可以构建一棵展示新形态出现的进化树。因为较简单的生命形态会继续在自己的生态位中繁衍生息，把进化看作一种进步是不正确的。尽管如此，我们仍有可能追踪到那些随着时间推移而增加某些谱系复杂性的创新，而且更重要的是，这些创新使生物体具有了更为复杂和精细的行为能力。为了了解动物行为能力的进化方式，我们可以从追踪协调身体运动的能力入手研究。

第五节　利用电信号协调运动

如果细胞仍然像独立的生物体一样移动，特别是如果它们试图单独移动，那么一个拥有大量细胞的巨大身体就没有意义了，因为这会导致身体四分五裂。多细胞生物必须作为一个整体运动，或者能够协调身体各个部分来运动，才能对外界产生影响。我们看到，在变形虫（如盘基网柄菌个体）等简单生物中，运动依赖于构成内部细胞骨架的特化蛋白质，这些长纤维可以相对移动，产生运动支点和推动力。在动物的进化过程中，同样类型的蛋白质在一种专门用于运动的新细胞——肌肉细胞中得到了应用。

在肌肉中，这些细胞骨架蛋白在每个细胞内平行排列，许多单个的肌肉细胞平行排列成大的肌肉纤维。这些肌肉纤维可以收缩，产生与所有肌肉纤维排列方向一致的拉力，其力量足以移动身体的其他部分。但如何让它们同步收缩呢？这个过程依赖于一种信号，也就是我们之前在草履虫体内看到的信号：电脉冲会打开肌肉细胞膜上的离子通道，在这种情况下，钙离子会涌入，从而引发细胞骨架蛋白相互之间的运动，导致整个肌肉收缩。

但美中仍有不足。为了有效地移动身体，动物必须能够有选择地收缩一些肌肉，同时放松另一些肌肉（就像伸展手臂需要收缩肱三头肌，同时放松肱二头肌一样）。这种协调需要进行远距离的快速沟通。细胞之间的许多信号传递都是通过释放蛋白质或其他分子，并被其他细胞表面的受体检测到来实现。这种化学信号传递能量成本相对较低，同时对于某些生物过程非常有效。但这种依赖于分子被动扩散的化学信号传递速度较慢，而且很难将信号传递到特定部位或靶向特定细胞。多细胞生物仍在使用这种信号传递方式，尤其是在调节生理过程时，其耗时可从几分钟到几小时不等。但是，行为的协调需要更有针对性、更快、以毫秒为单位的信号。这就有了神经元的用武之地。

神经元高度专业化，能够将快速电信号传导到距离很远的特定目标。它们并没有发明这种生物电信号传递方式，而是利用我们先前讨论过的成分：离子通道和泵。这些蛋白质使细胞能够管理细胞内外离子的浓度，如钠、钾、钙和氯（从而调节细胞所受的**渗透压**——水分进出细胞的调节）。同时，它们还能让细胞来调节这些离子携带的电荷分布。

由此产生的带电离子浓度梯度会产生电势，当受到某种外部刺激时，就会把细胞膜上的离子通道打开，让带电离子顺着电位梯度流下，并作为内部信号触发某种适应性细胞反应。许多离子通道以这种方式充当各种外部刺激的传感器或受体，如化学物质、光线、机械位移等（见图 4.2）。这是单细胞生物感知周围环境的方式之一，也是我们自身许多感官的基础。

但还有一种离子通道是由跨膜电压变化触发的。这种通道可以迅速增强和形成细胞对受体型通道初始刺激的电响应，使其做出更强烈和更全面的电反应。一旦一些离子流入细胞，它们就会改变膜上的电压（这取决于两侧离子的相对浓度）。这会导致一些电压门控通道打开，从而进一步改变电压，打开更多通道，如此循环。这就会产生我们在草履虫体内看到的电脉冲：对突如其来的刺激做出快速、全面的反应。

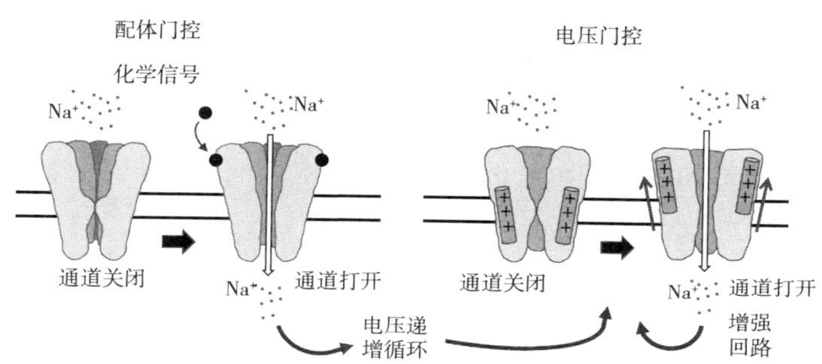

图 4.2　离子通道。离子通道通常是跨越细胞膜的多蛋白复合物，形成一个孔隙，某些化学离子（如钠离子、钾离子或氯离子）可以通过该孔隙。这种孔隙的开闭可通过与神经递质等特定化学物质结合（配体门控，左图）或响应膜上的电压变化（电压门控，右图）来调节。这些类型的离子通道共同作用，促成了突触传递和电动作电位或脉冲的产生。

为什么发生这种情况时细胞不会直接爆炸，那是因为驱动脉冲的力量被迅速抵消了。首先，浓度的变化削弱了驱动离子进入细胞的电势。其次，离子通道有一个内在机制，可以迅速关闭，之后进入一个**折返期**，在此期间，离子通道无法再次打开。因此，一些被动机制往往会使脉冲减弱。但更重要的是，其他离子通道会对脉冲期间发生的电压变化做出反应，参与离子传导，并使其向相反方向移动。这就主动恢复了细胞的**静息电位**（即膜两侧不同离子的正常浓度），这意味着脉冲的结束速度几乎和它开始的速度一样快。

许多不同类型的细胞都会利用电信号，或以这种快速脉冲的方式，或以更温和、渐变的方式来触发肌肉纤维收缩或激发激素或其他化学物质的分泌。许多细胞甚至可以通过称为“**间隙连接**”的特殊通道直接向邻近细胞传导或传输电信号。不过，神经元才是利用这种机制的真正高手。

第六节　神经元

神经元具有高度专门化的功能，主要用于产生和传导电信号，它们通过释放和检测**神经递质**（一种特殊化学物质）来相互沟通。这一过程是在**突触**这一专门结构上进行。当上游神经元释放神经递质时，下游神经元突触膜上的受体蛋白就会检测到它。其中一些受体蛋白是离子通道，它们会打开以响应这一信号。如果有足够多的离子在足够短的时间内进入神经元（整合所有突触），就会产生如前所述的电信号（其他类型的受体蛋白会在突触内启动化学信号，从而调节电活动的阈值）。当电脉冲沿轴突向下发送时，又会诱导下游神经元释放神经递质。

然而，神经元的真正新颖之处并不在于每个神经元内部使用电信号，也不在于神经元之间传递化学信号。神经元之所以独特且适应远距离通信、协调和信息处理的角色，是因为它们的形态结构。

细胞有各种形状和大小，但无论它们是球状还是像小砖块一样堆叠在一起，大多数细胞都倾向于将它们的组成部分或功能限制在局部区域。不同的是神经元从细胞体中伸出细长的细胞突起，形成奇妙的树状结构，使它们能够与许多其他神经元或感觉和肌肉细胞相连接。重要的是，它们可以沿途绕过许多细胞，专门进行长距离连接——在人体内可长达一米！

这些细胞突起分为两种类型：一种是专门接收信号的**树突**；另一种是专门发送信号的**轴突**。因此，神经元是两极分化的：它有一个“输入”端和一个“输出”端，而细胞核所在的细胞体则位于中间。事实上，我们很容易把神经元想象成输入 / 输出设备，类似电子电路中的元件，可以接收信号，对信号进行某种操作或转换，然后输出不同的信号。

神经元的确可以做到这一点，例如，从感觉细胞接收信号并将其传递给肌肉细胞。但它们可不仅仅是简单的线性连接器。

神经元的真正强大之处在于它们的连接方式。神经元很少只从一个细胞接收输入信号，然后再发送给另一个细胞：老实说，那样做毫无意义。相反，神经元的分支树突会收集来自多个细胞的信号，使神经元能够执行各种整合操作，从输入信息中提取相关意义（见图 4.3）。同样，神经元还能向多个细胞发送输出信号，从而在相互连接的细胞网络中有序传递信息。我们将在下一章看到神经元网络中的这些活动是如何支持复杂的感知和认知的。

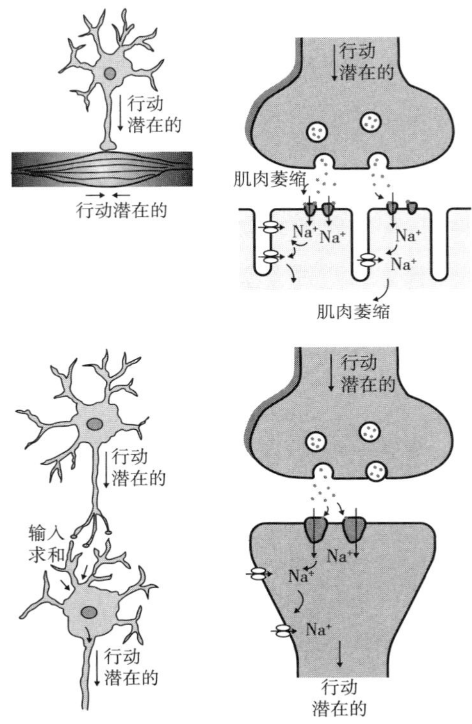

图 4.3　突触传递。当动作电位沿着神经纤维到达突触末端时，会导致钙离子释放，从而增加囊泡与细胞外膜融合的概率，进而释放出神经递质分子。这些分子会被突触后肌肉（上图）或神经元（下图）膜上的离子通道检测到，导致通道打开的概率增加，钠离子（Na^+）涌入。电压门控通道的打开放大了这一信号，导致肌肉收缩或突触后神经元动作电位的激发。

然而，从进化的意义来说，神经元最初的功能可能只是协调肌肉群的活动。如果纵观我们的进化谱系树，就会发现在多细胞动物中我们最远的亲戚是简单的海绵动物。海绵动物的生活方式相当单调，生存环境要求不高。它们是简单的滤食动物：它们附着在某些表面上，并通过挥舞内腔细胞上的鞭毛，从经过它们杯状体的海水中过滤食物。它们的一些细胞能够进行简单的收缩，并通过相邻细胞之间的直接电耦合来协调收缩。但它们没有任何肌肉，也没有任何神经元——在海绵动物与其他动物分化时，肌肉和神经元等结构还没有形成。

但是，当我们沿着这棵进化谱系树的枝丫再往前走几步，就会看到珊瑚、海葵和水母等生物，它们确实有肌肉，也确实有神经元。这类生物被称为**刺胞动物**（Cnidaria）（c 不发音），其命名源自希腊语 cnida，意思是“荨麻”，这些生物都有专门的刺细胞，用于捕食或防御。它们能够协调运动，既可以像水母一样在水中移动，也可以像珊瑚一样伸出肉质触手，协调身体的一部分进行移动。水螅就是一个典型的例子，它展示了多细胞生物如何协调行为。

第七节　了不起的水螅！

水螅是一种简单的淡水珊瑚虫，形状像一根空心粗雪茄，长约一厘米，一端有一圈触手环绕着嘴巴，另一端有一个脚垫。它们没有肛门，因为那时肛门还没有进化出来。食物和其他微粒从口中进入，无法消化的东西也通过口排出体外。水螅的名字来源于这样一个事实：如果被切成两段，每一段都能再生出一个全新的身体，有些水螅甚至能长出多个头，就像希腊神话中的九头蛇一样。它们经常用脚垫附着在岩石或植被上，但它们绝非不活动：它们用触手进食或自卫，进行各种身体收缩和伸展，还能有目的地分离和移动。

虽然水螅有神经元，但它们没有大脑——大脑尚未进化出来。它们的神经元组织成一个弥散的神经网络，与构成其身体的两层细胞接触：一层在内部消化腔的内壁，另一层在其身体的外部（见图 4.4）。这两层细胞有点类似于我们的肌肉：它们能够在电刺激下收缩，同时还能执行多种任务。内侧的细胞还具有消化功能，外侧的细胞还具有保护功能和感应外部刺激的皮肤功能。

三百多年来，人们一直在研究水螅的行为，但直到最近才发现其神经控制的一些基本原理。哥伦比亚大学拉斐尔·尤斯特（Rafael Yuste）实验室的工作人员在这方面进行了开创性的研究，他们将水螅的所有肌肉和所有神经元的活动进行了成像，详细记录了水螅的全部行为表现。

原来，水螅只能进行少量的基本运动：纵向收缩、纵向伸展、径向收缩、弯曲、松开脚垫、伸出触手、缩回触手、张开和闭合嘴巴。这些身体动作是通过特定神经元子集的活动来协调的。虽然神经网络看起来非常统一，但最近的成像研究和分子特征描述发现了三个不同的子网络，它们相互交错，支配着不同的体壁肌肉细胞，在触手基部的嘴巴周围还有一个较小的网络。当其中一个子网络激活时，它会引发一个特定的身体动作，同时抑制其他动作。

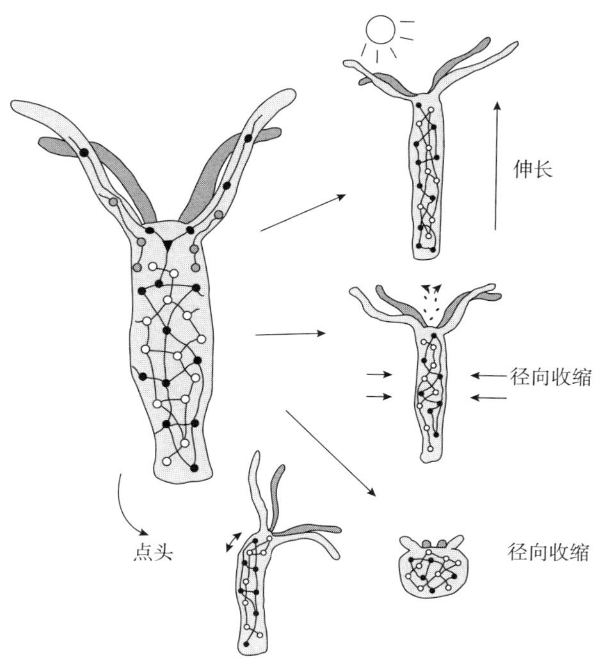

图 4.4 水螅神经网络。水螅的弥散神经网络由三到四个嵌入的子网络组成，控制着它的小动作。

这些基本动作可以单独执行，也可以按照固定的模式或序列组合，形成不同的行为模式。例如，在进食时，水螅会伸出触手，当其中一个触手触及某物时，就会从触手上的螫刺细胞中发射出一个带刺的小鱼叉。如果这个鱼叉刺穿了什么东西，刺上的张力就会引起毒素的释放，从而使猎物（如果这确实是个猎物的话）麻痹不动。然后，水螅会收回触手，张开嘴巴，吞下这个倒霉的猎物。

水螅的移动也有各种固定的身体动作顺序。在一种移动模式中，水螅弯曲身体，用触手抓住它一直“站立”的表面，松开脚垫，然后再次弯曲身体，将脚垫重新附着在一个新的位置上，并松开触手。它可以把这种“翻筋斗”的动作反复做几次（不过我认为“侧手翻”更贴切）。在另一种模式中，它还可以弯曲身体，松开脚垫，用触手倒立行走一段距离。最后，它还可以完全脱离水面，吹出一个小气泡，然后随水流漂走。

请注意，这里提及的生物行为可用“狩猎”、“进食”或“从一个地方移动到另一个地方”进行准确描述。这些词语描述了**生物体正在做的事情**。它所采用的一系列动作，如收缩、弯曲、分离和缩回身体各个部位等，只是它实现这些行为目标的方式而已。神经系统和肌肉组织的结构和连接方式决定了身体可能进行的动作种类和范围，并使生物体能够协调部署这些身体动作，来实现特定的行为目标。

当然，如果没有任何信息作为选择的依据，那么能够在不同的行为中做出选择也就没有什么意义了。神经系统的另一个重要功能是通过外部或内部信号来选择行为，这些信号反映了外部世界或生物体内部的状态。水螅对外部信号的反应包括向光移动，对机械触觉做出反应，根据检测到的化学物质（只有受伤的生物才会分泌的物质）来决定是否摄取其触手捕获的东西，远离温度不适宜的水域，等等。这些行为的频率也会依据水螅的进食情况、是否长期处于黑暗中以及其他反映其近期经历和当前状态的参数而变化。

必须强调的是，生物体并非只是被动地坐等某种外部刺激。水螅会有自发行为，即使在没有任何外部刺激的情况下，它们的神经系统也会显示出内生的活动模式和周期性波动。水螅不仅仅是一个被动的刺激反应机器，它还是一个固有的、持续发展的动态系统，是一个自主的行为主体，它能够适应传入的信号，并利用这些信号不断选择可能进行的行为。

尽管如此，水螅的生活却很简单，而且似乎并没有（据人们所知）利用神经系统提供的另一种神奇能力——学习能力。或者说，至少从它相当简单的感知能力来看，它没有太多需要学习的东西。生物需要进一步进化，才能展现这种神经系统的学习能力，我们故事中的下一种生物——微小的线虫——**秀丽隐杆线虫**（Caenorhabditis elegans）就是很好的例子。

第八节　新的转折点

不起眼的**秀丽隐杆线虫**是遗传学和神经科学领域备受喜爱的模式生物，也是迄今为止神经系统特征最明显的生物。这些小蠕虫比水螅小得多：事实上，它们非常微小，只有一毫米长。尽管它们的运动范围同样有限，但它们却拥有更复杂的神经系统，可以支持更复杂的“认知”操作和行为。

秀丽隐杆线虫有两种性别，雄性和雌雄同体（雌雄同体既能产生卵子又能产生精子，在周围没有合适的单身汉时，还能自我受精）。它们在土壤中爬行，以蛇形正弦曲线的方式移动，寻找食物（比如可怜的大肠杆菌，似乎所有生物都会把它吃掉）或交配，同时躲避不断变化的各种威胁。因此，它们不断寻找最佳条件，平衡开发与探索的矛盾，管理自己的社会生活，并对自己行为引起的环境变化做出反应。

这些线虫的惊人之处在于它们的发育过程高度程式化，导致线虫个体之间在细胞数量、细胞类型以及细胞在身体中的位置都完全相同。成年雌雄同体有959个细胞（即不包括生殖细胞），成年雄性有 1 033 个细胞。在这些细胞中，雌雄同体线虫和雄性线虫分别有 302 个和 387 个神经元（雄性多出的神经元主要用于控制生殖器官）。

与水螅的简单神经网相比，**秀丽隐杆线虫**的神经元亚型更加多样化，而且布局更有层次感（见图 4.5）。这些亚型包括感觉神经元（对触觉或化学物质做出反应）、运动神经元（连接并激活肌肉）以及中间神经元（顾名思义，连接一个神经元与另一个神经元）。中间神经元既可以是兴奋性的，也可以是抑制性的；也就是说，当它们向另一个神经元发送信号时，会分别使目标神经元变得更活跃或更不活跃。这使得不同类型的信号得以整合，许多输入信号的兴奋—抑制平衡机制决定了下游神经元的电活动。这也为负反馈和交叉抑制提供了控制手段。

与水螅一样，神经元和肌肉的基本布局决定了线虫的身体运动方式。例如，它们的蛇形运动模式是由沿身体分布的运动神经元被介导的，这些神经元支配着两侧的肌肉。当一侧的运动神经元激活时，一个中间神经元会确保另一侧与之匹配的运动神经元受到抑制，这样一侧的肌肉就可以收缩，而另一侧的肌肉则可以放松。然后，一系列神经元依次被激活，沿着线虫的身体长度传播肌肉收缩波，最终导致蛇形运动的产生。当线虫需要后退时，另一组神经元会控制反方向的运动。

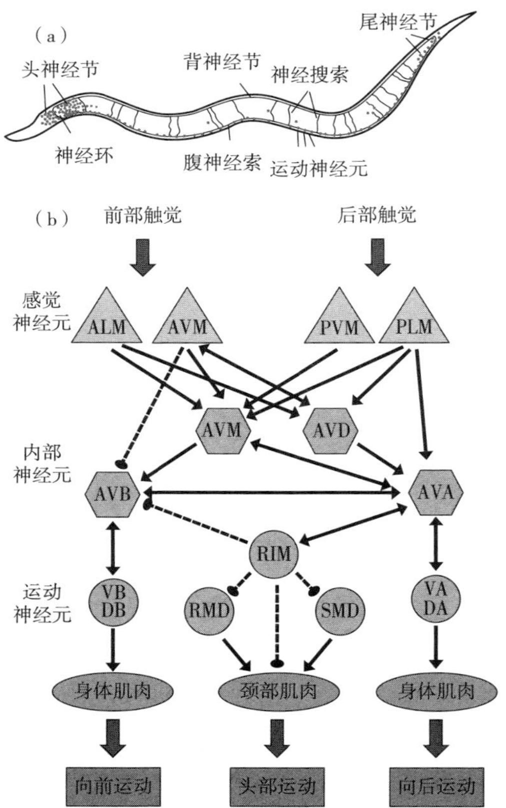

图 4.5　秀丽隐杆线虫的神经系统。（图 a）雌雄同体的秀丽隐杆线虫有 302 个神经元，包括多种类型的感觉神经元、控制肌肉的运动神经元和许多中间神经元，这些神经元集中在我们将其称为“大脑”的地方。（图 b）来自不同感觉神经元的信号由中间神经元网络整合，最终命令神经元被激活，用以驱动一种行为，同时抑制所有其他行为选择。

特定的命令神经元协调每次的动作执行过程，这些神经元一旦被激活，就会启动其中一个可能的动作。重要的是，一旦命令神经元被激活，特定的运动模式（如向前移动）就会自行发生。它不需要中央指令，因为它已经被连接到神经肌肉回路中：只需释放（同时抑制所有其他可能的动作）即可。线虫的大脑（头部中间神经元的集合体）只需要求运动系统做某事，而不必告诉它如何去做。

但线虫必须根据外部世界的情况和自身的内部状态来决定采取哪种行动。与许多生物一样，**秀丽隐杆线虫**天生会发现某些化学物质具有吸引力，例如与食物来源有关的化学物质，而对其他一些化学物质则表现出厌恶和避让，包括各种有毒化学物质或与不利环境条件相关的信号。因此，它们会接近或避开这些分子，使用与细菌类似的策略，沿着感知到的物质浓度梯度向上或向下移动。

如前所述，这些信号的效价——无论对动物来说是积极的还是消极的——天生就配置在它们的神经回路中。当感觉神经元检测到各种有毒或有害化学物质（或令人厌恶的刺激物，如鼻子上的碰撞）时，就会连接到命令神经元，导致动物改变方向去往其他地方。相反，当感觉神经元检测到与食物或潜在伴侣相关的化学物质，就会连接到促进其接近该物质的命令神经元。请注意，对于线虫来说，这些信号的意义和价值仍然是实用的，与其响应相关，尚未以独立的、分离的形式表达出来。线虫远离某物并不是因为它**感觉到**其令人厌恶，而是因为线虫的祖先远离了它，而自然选择也认为远离它是对的。

但感知与行动之间的耦合至少松动了一些。现在感知和动作之间有一些中间处理阶段，主要由中间神经元执行。在这些阶段，多个信号被整合到一起，使动物能够对整体情况做出反应，而不是对单一的刺激做出反应。特定的中间神经元收集来自多个感觉神经元的信号，并对各种厌恶刺激做出反应，而其他中间神经元则整合不同的感觉神经元的活动，对不同的吸引性刺激做出反应。这些中间神经元的相对活跃性将在后续阶段进行融合，以判断吸引力的总和是否超过了厌恶感的总和。所有这一切都取决于环境：动物对这些整体外部感觉信号的反应会因动物当前的内部状态而不同。

内部状态的各种参数由专门的神经元进行传递，这些神经元主要使用 5- 羟色胺或多巴胺（源自简单氨基酸）等化学物质与其他神经元进行通信。这些神经元发出诸如“我吃饱了”或“我饿了”之类的信号，或者发出诸如“内部条件良好”或“它们不好”等更为笼统的信号。这些信号会影响生物体对各种外部刺激的关注或重视程度，从而相应地调整行为；例如，饥饿的动物比吃饱的动物更有可能通过有毒化学物质来获取食物。这些类型的信号还为生物体决定继续利用当前环境还是继续探索其他地方提供信息。通过这种方式，生物体**作为一个统一的整体**，根据对当前情况和目标的全面理解，调整其行为选择。

但这还不是全部。这种更复杂的结构还为生物个体提供了一生中学习和适应的机会，使其能利用过去预测未来并指导行为。**秀丽隐杆线虫**能够进行多种不同类型的学习，其中一些学习效果只能在短时间内显现，而另一些则非常持久。在我们迄今为止遇到的一些其他生物中，也存在着简单的学习形式——例如对单一刺激的习惯和敏感。这些形式使得动物能够根据最近对环境中某些物质的接触情况、其浓度的变化情况等来改变对其反应。这些学习形式很有用但并不高级。

更高级的学习能力是将不同事物联系在一起的能力——当你检测到 A 时，就意味着 B 也可能存在或很快将会出现。例如，线虫可以通过训练来形成气味偏好或避开某种气味。如果某种气味与食物相关联，线虫可能更喜欢这种气味；反之，如果某些气味与令人不愉快的刺激相关联，即使线虫本能地被这些气味吸引，它们也可能选择避开。这种学习和由此产生的记忆（不是我们经历过的那种有意识的心理记忆，而是反映这种经历的持久的细胞变化）可以通过许多不同细胞参数的变化来调节，从而有效地改变神经回路的运作方式。这些变化包括增加受体蛋白对特定信号的数量或敏感性，上调或下调感觉神经元或中间神经元的电兴奋性，以及改变特定神经元之间的连接强度，从而使下游神经元上调某些信号的权重，而减弱对其他信号的响应。人工神经网络的设计者们都知道，可以改变单个连接权重的分层结构来学习各种关联。我们稍后会看到，神经网络越深（即层次越多），它能学习的概念和类别也就越抽象。

线虫通过这些机制可以根据其终身积累的经验和对世界的认知来调整其神经回路，并根据这些经验和知识做出决策。有关动物内部状态的信号对于指导这些改造至关重要。例如，在特定温度下饲养的线虫，由于一直得到充足的食物，随后在测试环境中会表现出一种对于之前特定温度的长期偏好，即它们更倾向于寻找并停留在那个特定温度下。而在相同温度下饲养但处于饥饿条件下的线虫则没有这种偏好。有关其内部状态的信号以前用于指导每时每刻的行为，后来也成为指导**未来行为**的**学习信号**。这些信号让个体学会判断某些环境条件对于维持其身体内部健康状态是否有利。

在漫长的进化过程中，我们会观察到生物以更加复杂、高级的方式利用这些相同的信号来评估行动的结果。当动物在特定情况下采取某种行动时，这些有关内部状态变化的信号会反馈到决策系统，当动物再次遇到类似情况时，这些信号会强化或抑制动物去选择该行动。这已经超越了联想学习（“这一外部信号预示着对我有利的条件”）的范畴，而是强化学习，即对主体自身行为的反馈（“在这种情况下，这一行为产生了良好的结果——如果我再次遇到这种情况，我应该再次这样做”）。

秀丽隐杆线虫能够根据自己的经验积累有关环境的知识，

凸显了生物能动性是不断进化的观点。单细胞生物会在生化结构上采取有利于自身生存的行为，并不断适应外部环境的变化。简单的多细胞生物也表现出同样的适应能力，这种适应性是通过神经回路在整个生物体内实现提前设置和协调一致。这些生物体具有各种行为的可能性，并**出于某种原因**在它们之间进行选择。

但有人或许会认为，这些原因可能是出于自然选择而非生物体自身的决定。这些行为倾向在前几代中已经通过自然选择的生死反馈进行了提前设置，而不是由生物体在当下做出的选择。但我们在**秀丽隐杆线虫**身上看到了一个重要的进步——单个线虫可以从自己的经验中学习，并在任何特定情况下形成**自己**选择一种行动而非另一种行动的**理由**。单个线虫不再只是进化过程中的一个实例—— 一个从工厂传送带上滚落的预编程无人机。它进入了外部世界，开始与环境互动，通过自己的经历和经验，逐渐形成并展现出独立的**能动性**。

第九节　小结

生命变得庞大，也变得复杂了。获得线粒体为新的真核生命形式提供了一种有利的条件，使它们能够在演化过程中增加复杂性。这为多细胞生物的出现打开了大门，不同类型的细胞之间进行分工协作。协调这种新型生物体需要肌肉和神经元的控制。神经元已被证实是将感官信息与行动联系起来的完美载体，分层结构的进化使生物体能更加有效地整合内外部信号，从而为行为提供了指导；反过来，这又使人类能够在更加复杂多变的环境中生存。最后，联想学习和持久记忆的出现让个体超越了预设的本能，能够根据自己的理由做出决定。生命进化的下一步就是赋予生物更多的**认知和推理能力**。

第五章

感知自我

迄今为止，我们观察到的生物体都具有令人印象深刻的行为控制能力，甚至可以称为认知能力。它们能够同时整合来自环境的多重信号，并根据自身的内部状态和不断变化的目标来调整反应，这些生物甚至能够从经验中学习，以此指导未来的行动。然而，它们的认知**深度**相对有限。即使说它们具备思考能力，但思考的内容和范围也是**有限**的。这一局限性源于它们的感知能力太过简单粗糙。它们主要通过嗅觉和触觉来感知世界，这意味着它们的神经系统所处理的信息通常是简单的、局部的且即时的。随着动物听觉和视觉的发展，尤其是当它们踏上陆地后，它们的感知范围得到极大的拓展，这不仅为它们的行动提供了更丰富的信息，而且还促进了更复杂的认知能力的发展，是进化过程中一项非常有益的选择。

嗅觉和触觉为行走中的生物体提供了关键信息，但这些信息仅限于它们直接接触到的事物。触觉的这一特性是显而易见的，而嗅觉也是如此，因为受体蛋白需要通过直接与它们检测的分子结合才能激活。换言之，只有在生物体拦截到气味分子时，受体才会发出信号。为了指导行为，生物体需要对这些分子在环境中的分布情况做出推断。为此，生物体可以比较身体两端的受体信号，也可以在生物体移动的过程中对信号进行整合，从而驱动生物体沿着所感知分子的浓度梯度向上或向下移动。

生物体利用这些方法在其内部建立了一种关于外部世界的模型或地图。或者更准确地说，它们的内部组织结构能够真实地反映外部世界的情况并与之相关联。假设有人（比如科学家）能够观察到生物体内部的这些过程，他 / 她也许就能根据观察到的内部模式推断出许多甚至大量有关环境条件的信息。但实际上，生物体自身并不会查看内部地图然后决定行动。相反，它们对各种信号的反应是基于实际的需求，并通过相关的生化或神经过程来实现。这些过程的组织直接反映了外部世界的信息，并形成了所谓**表征**的雏形。

为了理解表征，我们可以想象一下温控器和温度计之间的区别。温控器的物理状态反映了环境温度，但它并**不代表**温度，也并不能将温度信息传递给其他事物。相反，温度直接影响温控器本身的组件。例如，两种不同金属薄片熔合在一起时，由于温度的变化，它们会产生不均匀膨胀，导致了整个复合结构弯曲，最终使得电触点在接通或断开的状态之间切换，进而控制温控器的功能（如打开或关闭暖气或空调）。

而温度计的工作原理则与此不同。它的物理组件（如水银柱）也与环境温度相关，因此能够反映环境温度。然而，温度计的功能不是直接根据环境温度变化，而是将温度信息表示出来，呈现温度，供他人或其他系统使用。这些信息可能被读取或转换为数字信号，传输到机器或技术系统的其他部分，并与其他事物的信息相结合。尽管收集温度信息仍然是为了指导行动，但这不再是通过直接耦合来实现。这种系统可以提高反应的灵活度，例如，在决定打开空调之前，你可能还想知道湿度。

在靠嗅觉和触觉移动的简单生物体中，这种内部表征虽然存在，但处理这些信息表征的认知操作却相当简单。例如，在**秀丽隐杆线虫**中，各种感觉神经元发出的信号代表了有害化学物质、过热或危险触觉的存在；也就是说，它们向神经系统的其余部分**报告**了这些刺激的**可操作信息**。整合枢纽神经元的活动代表了这些有害刺激信号的简单总和，但并不包含这些刺激的具体细节。然后，生物体将有害刺激的活动水平与其他神经元中吸引性刺激的信号进行比较，从而建立起有关其周围环境好坏事物的更完整图像。最终这幅图像通过激活命令神经元转化为决策，直接驱动生物体采取适当的行动。

秀丽隐杆线虫需要处理的信息并不复杂，因此它们不需要多层次的内部处理机制。它们确实构建了一张关于外部环境的内部地图，这张地图包括环境中事物的相对位置以及这些事物随时间的变化情况。然而，这张地图具有高度选择性，只包括生物体直接接触的事物和能够被其受体蛋白直接结合的分子，因此它的感知在空间和时间上受到限制。**秀丽隐杆线虫**依赖主动探索来获取信息，因此其行为受到移动速度和检测到的化学物质时效性的限制。这种限制导致了它们对于空间和时间的感知和认知主要集中在当前的瞬间和周围短距离范围内。

第一节　拓宽视野

听觉和视觉的进化为拥有这些能力的生物体提供了更丰富的思考内容，不仅为生物体开辟了新视野，也对我们的故事至关重要。听觉实际上是一种改良的触觉或者说**机械感觉**。但它不对物体的直接接触做出反应，而是对周围介质（如空气或水）的振动做出反应。这种感知方式极为有效，因为生物体可能感兴趣的对象——如潜在的猎物或捕食者——经常会四处移动并产生振动，即使距离很远，这些生物仍能靠听觉检测到振动。

类似地，视觉系统的进化也是为了检测和解析环境中物体对周围的电磁辐射场的干扰，并用此信息指导其行为。这包括识别视野中不同位置、不同类型的物体反射的不同频率和强度的光（电磁辐射的可见光范围）以及这些光的渐变和不连续性。

听觉和视觉的进化使生物体能够**推断**刺激的**来源**以及它们在外部世界中的位置，从而构建起对周围环境的映射。从一开始，这些物体的特征（如性质、位置）就与刺激物的性质推断（应该靠近还是避开）、应该或可以采取的措施等信息紧密联系在一起。与嗅觉和触觉一样，这些感官最初也是与行动直接相关的。但是，我们将会看到，这些感官为进一步发展和内部处理机制的深化提供了更广阔的进化空间。鉴于视觉系统的研究更为详尽，我们接下来将重点讨论视觉系统。

第二节 探寻光明

许多生物体，包括某些类型的细菌和单细胞生物，都能探测到光并对光做出反应。这些系统都依赖于特定的**感光**蛋白，即所谓的**视蛋白**，它们能够吸收光子，并以某种方式改变蛋白质的构型，从而激活细胞反应，这通常是通过触发内部化学信号级联反应或直接打开细胞膜上的离子通道来实现的。这些视蛋白分子的工作方式与气味受体非常相似。它们不会直接对光做出反应，而是与一种称为“**视黄醛**”的小分子结合，其化学构型在吸收光子能量后会发生改变。经过这种光转换后，**视黄醛**就会被视蛋白释放出来（至少我们眼睛中的视蛋白是这样工作的），从而导致视蛋白构型发生连锁改变，并引发化学级联反应。因此，这些光感受器实际上是化学感受器，就像气味受体一样，只针对自身对光敏感的分子。从某种意义上说，这些蛋白质间接地“嗅”到了光的存在。

在最简单的生物体中，这些感光系统并不产生我们所说的视觉，即形成有关外界物体分布的某种图像。相反，最早进化出来的系统，仍然存在于许多生物体内，它们仅用于监测和响应环境光的绝对水平。例如，这种机制可以用来调节生物体内部的生物钟，使其与外部环境协调一致（人类仍在这样做）。

某些海洋浮游生物（专指随洋流漂流的各种微小生物）会根据太阳光的强弱来调节它们在海洋中所处位置的深度。由于许多此类生物体能够通过光合作用将太阳能转化为细胞能量，它们必须移动到阳光充足的深度才能生存，而这一最佳深度会随着大气和海洋条件、季节、昼夜等因素的变化而变化。同时，它们也需要避免过强的太阳辐射以防受到伤害。由于这些浮游生物是许多其他生物的食物来源，所以它们的捕食者也以类似的方式进化出了追踪环境光照度的机制，这使它们能够有效地预测到猎物的所在位置。

更好的办法是创造一种器官，使其能够感知光线射来的**方向**。在各种单细胞生物中出现了最简单的光感受器官**眼点**：这是一种位于细胞表面的光感受器分子簇。其中一个侧面被吸收光线的色素斑遮蔽。在这种设计中，色素是至关重要的，因为当光感受器被激活时，必须有来自非遮光方向的光线。随着生物体的移动，光强度随色素位置的变化可以用来识别光线的方向。通过将这一过程产生的信号与运动系统（该系统还能整合内部状态的信息）相连，生物体就能调节其向光或避光的运动方向（见图 5.1）。

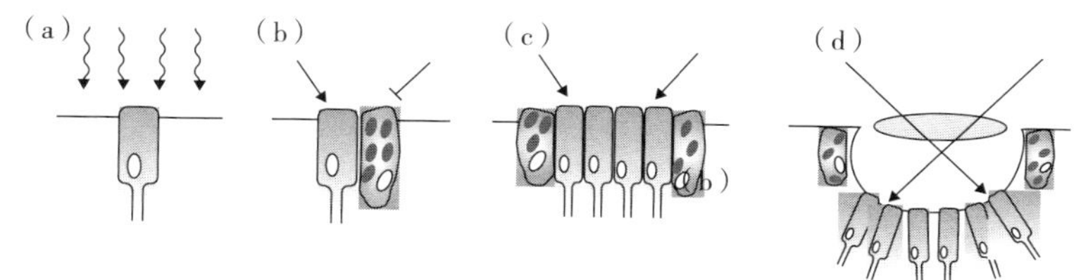

图 5.1　视觉的进化。（a）简单的感光细胞使生物体能够响应环境光照水平。（b）带色素的细胞可以遮挡光线，实现定向光感受。（c）感光细胞阵列提供了低分辨率的视觉，不同的感光细胞检测来自外界不同部分的光线。（d）聚焦透镜的进化和感光细胞排列成视网膜阵列，使高分辨率图像得以形成，并通过随后的神经回路层进行处理。这一进化轨迹的每一步都与执行更复杂行为任务的能力和需求密切相关。

到目前为止，这些反应类似于在细菌和草履虫中看到的趋化性（即靠近或远离环境中的各种化学物质）。但光信号也可以用来触发更快的反应。这些反应包括快速、自发地逃避反射以及在鱼类、昆虫和哺乳动物等多种动物中进化出的更复杂的图像处理机制。为了理解这些进化过程，我们必须回头来看我们的进化树。

第三节　新生活方式

我们沿着进化树上水螅和水母等软体动物的分支继续前进，就来到了一个关键节点。在这个阶段，很可能出现了包括昆虫、章鱼和人类在内更复杂生物的共同祖先。虽然我们无法确切地知道这个假定生物的外形，但通过分析不同后代所具有的共同特征，我们可以进行一些合理的猜测。

它的体形可能像扁虫一样非常简单，但有一个重要的创新点，即两侧对称。也就是说，这种扁形生物与海绵、水母以及我们迄今为止讨论过的其他早期进化的辐射对称生物不同，它有左右两侧、头部和尾部、背部和腹部。事实上，进化树上这一分支的生物群统称为“两侧对称动物”。这一群体包含多个分支，如线虫（如**秀丽隐杆线虫**）、节肢动物（如昆虫和甲壳动物）、环节虫（如蚯蚓）、软体动物（包括章鱼、乌贼、蜗牛、蛞蝓和各种贝类）以及脊索动物（包括脊椎动物，如鱼类、鸟类、两栖类、爬行类和哺乳类动物）。

尽管这些生物体在外观上千差万别，但它们都有一个共同的基本身体结构：身体呈圆柱形，有一个贯通整个身体的消化道系统，一端是口腔，另一端是肛门。肌肉沿着圆柱形身体的体壁分布，而神经系统在中央的管状组织中运行，并在头部区域形成了集中的神经组织，我们将之称为“大脑”。从这个基本的身体结构中演变出了各种特化形态：不同的移动方式、感知世界的方式以及与外部世界的互动方式。

与我们所述相关的地质时期是寒武纪[①]（从5.4亿年前到4.85亿年前）。这一时期见证了许多海洋生物新形态的爆炸式增长，各种奇异生物突然出现在化石记录中（如果将5 500万年的时间跨度定义为“突然”）。虽然这些生物中的大多数如今已经灭绝，但寒武纪确实是所有更复杂的两侧对称动物共同祖先的起源时期。关于为何在这一时期会出现如此显著的动物形态爆炸式增长，科学家们仍有争议；部分原因可能在于这一地质时期形成了大量特殊类型的沉积岩石，非常有利于化石的形成。然

① 寒武纪（Cambrian，符号Є）始于埃迪卡拉纪末期灭绝事件，终于寒武纪–奥陶纪灭绝事件。寒武纪是生物化石开始在地层中被大量发现的地质时期，几乎所有的现生动物门都出现在被称为“寒武纪大爆发”的演化辐射事件中。——译者注

而，在这里要提醒大家记住一个普遍性原则：一个创新往往会激发出更多的创新。

进化本质上是一个具有创造性和不可预测性的过程，但它不仅仅是一系列“冷冻事故”。自然选择会在新的变体中筛选出比同类生存和繁殖得更好的变种。有时是通过改进同样的事情来实现，其他时候则是通过创新来实现。每当这种情况发生时，每当一个物种的某些成员朝着新方向迈出一步时，就会带来新的可能性，并创造出可供其他生物体利用的新生态位。复杂系统理论家斯图尔特·考夫曼（Stuart Kaufmann）将之称为探索“相邻可能”，并将这种动态与经济体对技术创新的响应进行了比较。每项新技术——蒸汽机、计算机、智能手机——都创造了崭新的且常常是意想不到的机会，这些机会往往很快就会被创业者所利用。大自然也同样利用这些机会使生物能够找到新的生存方式或开辟新的生态位。

在这种生物形态和生活方式的大规模多样化过程中，感知与行动手段共同进化，以适应这些新生物体开发生态位的需求和机会。这些新机会很可能始于海底，生物体从游泳变为爬行，从食腐过渡到主动捕猎。双侧对称身体构造非常适合这种生活方式，我们假想的扁形虫状祖先（称为“原双胚动物”）很可能是依靠原始的眼睛等器官提供的感官信息，四处爬行寻找美味的食物。

我们在现代动物中看到的眼睛拥有各种专门的部件和精美

的外观设计，解释它们的进化方式被视为自然选择理论的一个难题，就连查尔斯·达尔文也承认这一点。人们并不清楚在整个眼睛结构组装完成之前，这些部件是如何逐渐发展演化的以及它们各自有何用途。但正如我们所见，即使简单的感光分子簇也极为有用，并且可以根据不同的需求逐步发展。

另一个问题是关于不同谱系动物的眼睛经历了多次独立进化的假设存在一定的争议。昆虫、甲壳类、软体动物和脊椎动物的眼睛在细节设计上多种多样，许多其他动物则完全没有眼睛。但是，这种多样性并不意味着独立起源。遗传数据表明，原双胚动物拥有某种原始形式的眼睛，并在不同的谱系中以不同的方式进化，包括视力变得可有可无时丧失眼睛的情况。所有这些类群的动物都使用相同基因来构建眼睛，这表明这种发育系统存在于共同祖先中。显然，发展出眼睛是一个成功的进化策略，它带来了各种生活方式的创新。

第四节　邪恶来袭

眼睛的其中一个功能是早期预警。当生物四处游荡寻找食物时，其他生物可能也在寻找它们。一闪而过的影子可能预示着捕食者的靠近，而我们的早期祖先进化出了能够检测到这种刺激并做出反应的系统。单个眼睛就可以将来自眼睛的神经信号与控制简单、迅速逃避反应的神经元耦合来发出警告信号。例如，有些昆虫利用头顶专门的眼状器官——称为**眼点**，来实现这一目的，当头顶上方有黑影掠过时，它们就会启动快速跳跃反射（这也解释了拍苍蝇为何如此困难）。

但拥有两只眼睛的优势在于它们使生物体可以**定向**移动，远离威胁。这种最简单的逃生神经回路在许多鱼类中仍然存在，其原理是每只眼睛的神经穿过神经系统的中线，并在另一侧的中脑中刺激一个双侧对称的行为控制中心，称为“中脑顶盖”（tectum）。该侧的中脑顶盖神经沿着脊髓向下投射，启动身体同侧的肌肉收缩。例如，从左侧接近的阴影会使鱼收缩身体右侧的肌肉，从而远离威胁。

斯滕·格里尔纳（Sten Grillner）及其同事对推动七鳃鳗（一种简单的无颌鱼）基本动作的神经回路进行了深入研究。他们用电刺激七鳃鳗中脑顶盖的不同部分，发现这不仅能诱发翻转，还能诱发其快速游动或扭动。此外，刺激特定子区域会激活靠近行为而非逃避行为。这一区域由眼神经支配，这些神经集中于七鳃鳗正前方的区域，与其在捕食中的作用一致。因此，七鳃鳗中脑顶盖包含了一张类似我们在**秀丽隐杆线虫**中看到的命令神经元的行动地图。与**秀丽隐杆线虫类**似，这些不同的神经元组直接与不同的感官输入相耦合。

我们将在下一章进一步探讨如何选择行动。现在，重要的一点是，这些信号的含义是以行动和自然选择的裁决为基础的。进化赋予了生物一个光荣的目标：通过维持自身生存或通过繁衍来延续生命。为了实现这一总目标，动物进化出了子目标，如寻找食物、避免威胁和交配。世界上不同的刺激物都具有**与这些目标相关的**价值和意义。

感知指导行为，必须回答两个问题：外界有什么，以及生物体应该如何应对。令人惊讶的是，进化似乎首先回答了第二个问题。生物体不必单独理解影子是什么。它不必启动一个信号来表示“这里有一个影子”，而需要发出一个意味着“危险！”的信号，并促使生物体做出反应来摆脱这种不利情景。如果动物成功逃脱，那么自然选择就会做出肯定性裁决，奖励它再活一天，并最终提高其繁殖的成功率。总体效果是，选择逃离影子作为一种**控制策略**会得到自然选择：导致一些个体倾向于采取这种行为应对环境中真实威胁的基因变异将胜过其他变异，甚至可能在物种中固定下来。

尽管这些是实用的，与动作直接相关，并且尚未形成独立的内部表征。但是，在所有感官中，视觉提供了最佳机会，使生物体能够超越这些实用的耦合，实现真正的内部表征：其信号携带有关外界的解耦信息。

第五节 外界有什么

随着生命向陆地移动，视觉能力变得越来越重要。最早登陆的生物可能是节肢动物，即昆虫的祖先。但紧随其后的是一些古老的硬骨鱼类，这些鱼类可能已经拥有简单形式的肺和肢体。这些生物进化成了能够在空气和水中呼吸的两栖动物。它们曾一度独占陆地，但却不能离水太远，因为它们必须在水中产卵。最终，爬行动物这一新物种出现了，它们主要的创新是卵带有保护壳，可以防止胚胎变干。这种新型的卵使这些生物能够远离水域，探索新的生态位，从而促进了多样化的进一步发展。

这些早期爬行动物产生了几个分支，其中一个分支进化成现在的鳄鱼和蛇等爬行动物，另一个分支先是进化成恐龙，然后是鸟类，还有一个分支进化成最早的哺乳动物。哺乳动物的一个主要特征是它们是温血动物：它们主动消耗能量来使身体保持或非常接近特定温度。这使它们能够在很大程度上抵御外部环境的变化，例如它们可以在夜间活动。但这一特性也使它们付出了巨大的代价：哺乳动物仅为了保持体温恒定就消耗了大量的能量。这意味着它们需要成为高效捕食者，这对其感官能力的要求也更高，特别是对那些主要猎食敏捷而微小昆虫的动物而言。

早期哺乳动物的身体非常小（像鼩鼱那样的大小），而且是夜行性动物，可能主要靠嗅觉捕食。但当恐龙灭绝后，它们留下了一些生态位和资源空缺，哺乳动物迅速填补了这些空缺。许多哺乳动物变成了晓行夜宿（白天活动），体型变大，开始捕食更大的动物，甚至包括其他哺乳动物。视觉再次成为一项有益的“进化投资”。

大多数动物拥有的视觉系统不仅对光照强度变化做出简单的反应。生物体利用环境中不同物体反射光的不同强度和波长来推断外部环境中物体的存在、物体的性质、物体之间以及物体与生物体之间的相对位置，以及物体的移动方式，这些信息都是生物体行动所不可或缺的信息。

视觉系统的首要任务是检测这些光线模式，但其目的远不止像相机那样简单地捕获图像。为了指导行动，视觉系统需要对物体进行解析、分割、彩色编码、标记和识别，并在空间和时间上进行精确追踪。这个过程比你使用智能手机抓拍要复杂得多；这实际上与自动驾驶汽车为了安全行驶所执行的操作更为相似。这些复杂过程始于眼睛视网膜中的神经回路，并通过脑区中专门负责视觉的复杂层级结构持续开展活动。

视觉处理的第一步是将感光细胞排列成一个或多个阵列，通常紧密地排列成一个二维薄片。最原始的眼睛可能只是凹陷的眼杯，其内表面覆盖着这样的感光细胞阵列，周围是吸光色素，具有类似于单细胞生物中眼点的遮蔽功能。然后，眼杯中的不同细胞就会受到环境中不同光线的影响。随后进化出的晶状体，既能捕获更多的光线又可以将其聚焦到感光细胞上，从而提高单个光感受器对视野中不同部分光线的局部敏感性（见图 5.1）。

感光细胞二维阵列使每个细胞都能对视野中邻近光点的光线做出反应，从而提出了一种通过比较邻近细胞活动的图像解析方法。这一功能可以通过第二层细胞来实现，每个细胞都接收来自多个邻近感光细胞的输入。为了区分不同的物体，最好的办法是通过增强对比度，将图像解析为恒定光照的区域与光照突变的线条和边缘。这正是视网膜中多层神经元的作用。

为了增强对比度，光接收器的活动需要转换为兴奋信号和抑制信号。这种转换由一层“双极细胞”来完成，它们分为“开”和“关”两种类型。双极细胞的活动由另一层神经元监控，称为**“视网膜神经节细胞”**（RGC）。每个 RGC 接收来自多个“开”双极细胞的输入，这些细胞收集来自上覆感光器中心集合的信息。因此，当这些光接收器被激活时，RGC 也会被激活。但 RGC 还接收来自多个“关”双极细胞的抑制性输入，这些细胞对邻近光接收器的信号做出反应，并将这些信号转换为对 RGC 的抑制性影响。因此，这种类型的 RGC 在视野中的特定位置受到光照刺激，而周围的区域**光线相对较暗**时，其活动最为强烈（也有一些 RGC 的反应模式与此相反：它们对周围的光线比中心的光线更敏感）（见图 5.2）。

因此，RGC 充当光强度对比探测器的作用。当 RGC 感知到一个广泛区域的光照保持相对恒定时，它的活动较弱。相反，当 RGC 感知到光的特性在边缘处发生变化，即存在对比的区域，它的活动较强。视网膜中其他类型的 RGC 也用于检测来自不同区域光线波长差异。在人类视网膜中，有两种类型的感光细胞：一种是**视杆细胞**，它们对各种波长的光线都非常敏感；另一种是**视锥细胞**，它们则会对特定波长的光线做出反应（因为它们表达不同的视蛋白）。视锥细胞有三种类型，分别对红光、绿光和蓝光的不同峰值波长敏感。类似结构的双极细胞和 RGC 对视网膜中相邻视锥细胞的光波长进行比较，比较红光与绿光通道的强度，或将蓝光通道的强度与红绿光通道强度之和进行比较，从而形成蓝光 – 黄光对比。

这一过程为增强附近物体之间对比度提供了另一种方法，这些物体通常会反射不同波长的光线。事实上，世界上并不存在离散的颜色。它们完全是我们感知系统的产物，实际上是感知系统在为我们遇到的各种物体进行颜色编码（例如，增强成熟果实与绿叶之间的**感知对比**）。不同的物种以不同的方式做到这一点，它们能检测到不同的波长范围（有些波长是我们所说的红外线或紫外线），并对不同波长的通道进行选择性比较。色盲症患者（通常是由于基因突变影响了对不同波长敏感的视蛋白）进行这些颜色分辨的能力要有限得多。

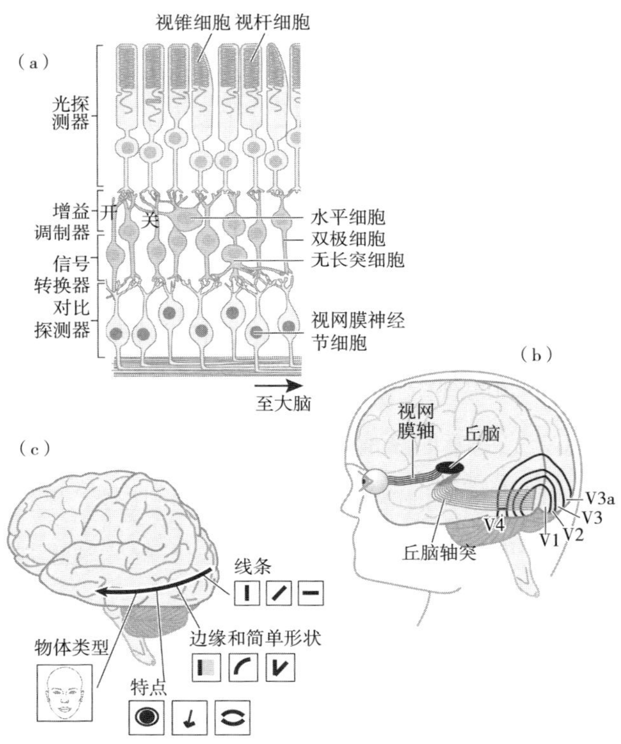

图 5.2　视觉处理过程。（a）视网膜通过对信号进行多层级处理，提取出了视觉场景中最有意义的元素。（b）视网膜轴突（即 RGC 的输出神经纤维）将信号投射到丘脑，丘脑轴突又投射到初级视觉皮层（V1），依次经过 30 个不同的视觉区域（V2、V3、V3a、V4 等）。（c）从线条到简单形状，再到物体的特征，直到特定类型的物体（如人脸），更高阶的视觉特性都是通过这种层级结构提取的。

视网膜包含数十种不同类型的 RGC，它们专门负责解析不同类型的视觉信息，包括高或低分辨率、颜色、运动、闪烁等。在人类视网膜中，大约有 120 万个 RGC，而有 1.25 亿个视杆细胞和视锥细胞。因此，每个 RGC 可以整合来自约 100 个光感受器的信息。RGC 还是视网膜的输出神经元：它们沿着视神经发出长信号，将结果信号传递到大脑。值得注意的是，在这一阶段，视网膜进行了大量的信息处理，提取出重要的信息，同时去除不重要的信息，进行平均和过滤，有效地忽略不相关的内容。这样，视网膜就能从照射到光感受器的大量光线中提取出具有生态意义的信息，并只将这些相关信号传递到大脑。

第六节　感知与行动脱钩

在鱼类、鸟类、两栖类和爬行类动物中，视网膜主要将视觉信号投射到中脑顶盖——这是我们在七鳃鳗中看到的中脑区域，该区域整合输入的感官信号以指导行动选择。中脑顶盖还接收其他感官信息，如触觉和听觉。这些信息与视觉信号结合起来，形成了动物当前所处环境的整体图像。在哺乳动物中，这个区域被称为“上丘”（superior colliculus），它仍然发挥着类似的功能，如引导动物自动将视线转向视野外围的运动。然而，随着新皮层（neocortex）的进化，上丘在行为控制方面的主导地位已被取代。

新皮层是位于前脑前部和顶部的区域，随着哺乳动物的进化，特别是在人类谱系中，新皮层的体积大大增加，占据了大脑体积的四分之三。新皮层如此庞大，以至于必须把它折叠起来才能装进头骨。从进化的角度来看，新皮层是更古老的结构——**下丘脑**（hypothalamus）的一部分（见图 5.3）。

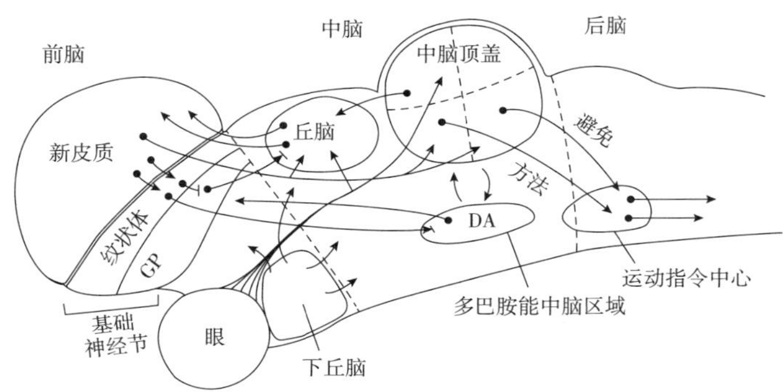

图 5.3　描述了新皮层的进化。前脑的主要结构［包括新皮层和基底节（纹状体和苍白球）］作为下丘区域的外生长部分而进化。这些区域与中脑和后脑中涉及行为控制的现有结构整合，包括丘脑、背侧中脑、多巴胺能中脑区域和运动指令中心，以提供对行为的额外认知控制层次。

下丘脑是前脑中的一个重要控制中心。事实上，在最早的脊索动物中，下丘脑可能几乎占据了整个前脑的空间。它的古老功能（在我们身上仍然活跃）主要涉及调节身体生理机能，以应对不断变化的外部环境或内部条件。这种调节是通过电信号和释放各种激素来实现的，从而影响食欲、血压、生殖生理以及其他**自主**功能：所有这些生理变化都是由大脑在无意识的情况下调节的。在原始脊索动物中，下丘脑很可能还控制着一个关键决策，即是利用现有资源还是探索新资源。

多巴胺等信号为这一决策提供了信息，它显示了动物当前的内部营养状态。但在脊索动物的早期进化中，嗅觉开始成为一种额外的信息源，用来提供有关**体外**可用营养物的信息。与此同时，下丘脑的功能开始扩展进化，开始处理这些信息，并将其整合到决策神经回路中，形成了早期的**端脑**（即大脑的末端）。在哺乳动物中，端脑最终会扩展成为新皮层和其他结构，我们将在下一章中详细探讨。它的基本功能与下丘脑相同：整合外部世界事物和内部生物体状态的信号来指导决策。然而相较于下丘脑，端脑（尤其是新皮层）的结构能以更为细致和复杂的方式实现这些功能。

新皮层的结构特别适合扮演这一角色，因为它具有易扩展、模块化、重复的柱状结构。新皮层的神经元分为 6 层，由这些柱状结构组成，其中的神经回路专门负责各种计算（见图 5.4）。简单来说，在特定的细胞柱中，第 4 层接收来自大脑其他部分的输入，包括来自丘脑区域的感官信息的输入——稍后将详细讨论。第 2 层和第 3 层的神经元收集这些信息，并将其与邻近柱或其他皮层区域的信息输入进行整合。第 5 层的神经元接收由此产生的信号以及来自其他皮层区域的背景信息，并向皮层的其他部分发送输出信号，包括发送到大脑的另一半球和其他部分，特别是中脑顶盖和脊髓。第 6 层的神经元主要将关键的反馈信号发送回丘脑。所有这些兴奋性神经元之间还穿插着各种类别的抑制性中间神经元，它们在神经回路中发挥重要的调节作用，帮助塑造信息在大脑中的传递方式。

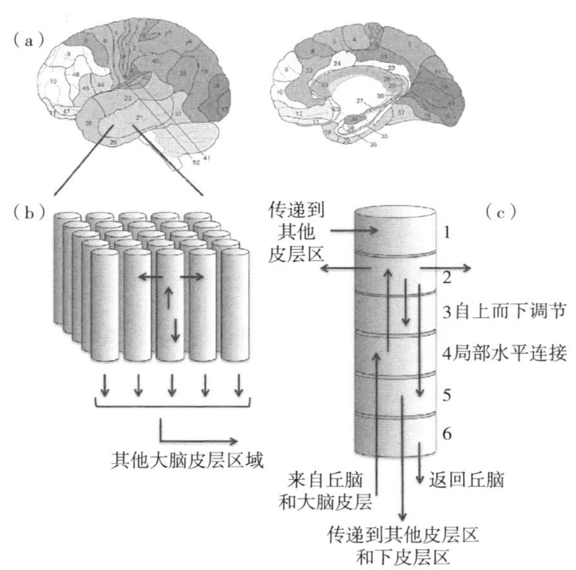

图 5.4 大脑皮层的结构。（a）大脑皮层由多个区域拼凑而成，这些区域可根据细胞结构（区域内不同类型神经元的微观组织）和连通性（它们从哪些区域接收信号输入以及向哪些区域传递信号）加以区分。（b）每个区域由密集排列的皮层柱组成，每根皮层柱都包含成千上万个按典型层次排列的神经元。（c）不同层的神经元扮演着不同的功能角色，接收不同类型的信号输入，在同一柱的神经元层之间或与邻近柱的神经元之间形成连接，或者进一步将信号传递到皮层的其他区域或大脑的其余部分。

因此，每根皮层柱都是大脑的一个功能单元，旨在接收各种输入，并以某种方式处理这些信息，还与邻近柱进行交流以调整自身活动，并向大脑皮层的其他部分和其他大脑区域传递信号。数亿个这样的皮层柱垂直并行排列，构成了整个大脑皮层，可以把它们看作一个二维的多层薄片。或许它更像是一床拼布被子，因为大脑皮层在水平方向上也被划分为许多具有特定功能的独立区域。

在哺乳动物中，这些大脑皮层区域专门负责处理视觉信息。视网膜神经节细胞通过视神经将轴突传递到大脑中枢，这些轴突分支将信号分配到大脑**内室的**中脑顶盖和丘脑。丘脑通常被认为是一个用于传递视觉、听觉和触觉等感官信息的简单中继站，但实际上它对这些输入信息要进行重要的处理，包括整合来自邻近感觉细胞的输入信息，压缩其中的冗余信号，然后发送到大脑皮层。丘脑神经元非常精确地向大脑皮层的不同区域**传递信号**。

通过这种传递机制，来自视网膜的信息就会通过丘脑的视觉分支传递到位于大脑后部的初级视觉皮层（或 V1）（见图 5.2）。这一高度结构化的传递方式保持了邻近细胞的关系；也就是说，视网膜中的邻近细胞对视野中邻近点的光线做出反应，并投射到丘脑中的邻近细胞，然后又投射到 V1 区域中的邻近细胞。其结果是，视网膜接收到的视觉信息在 V1 区域内形成了一个反映视觉世界的二维映像。事实上，V1 区域包含了多个此类地图，因为从视网膜传递不同信息的神经元回路（如形状、运动和颜色等）在丘脑中仍然保持分离，但随后在 V1 区域中交错在一起。

其结果是，V1 中的单个神经元接收来自多个丘脑神经元的信号输入，这些输入传递来自视野邻近点的信息。使用与视网膜中类似的机制，这些输入可以通过相加和或相减的方式进行组合，从而推断出更复杂的关系。例如，许多 V1 中的细胞只有在沿某个方向排列的多个相邻丘脑输入激活时才会做出反应，从而有效地充当**线检测器**；事实上，许多 V1 细胞仅选择性地对特定方向的线条做出反应。V1 细胞之所以对这些线条表现出较大的兴趣，是因为它们往往与物体的轮廓相对应，而物体则是生物体所关注的重要元素。

与此同时，颜色和运动信息也经历着类似的处理过程，以此提取更复杂的视觉特征。此外，来自两只眼睛的信息输入在 V1 中得到整合，利用两只眼睛略微不同的视觉角度，动物获得了深度感知的重要信息。所有这些信息对于区分图形与视觉背景至关重要。然而，每个 V1 神经元所负责的视野部分仍然相当小，需要进行更多的处理才能有效地分割视网膜检测到的全部图像。这就是大脑皮层扩展性设计真正发挥作用的地方。

事实证明，扩大大脑皮层是一个非常简单的过程。大脑皮层中的神经元是由干细胞群产生的，这些干细胞反复分裂，不断生成新的神经元。一些简单的基因变化就能改变它们的分裂方式，从而产生更多的神经元。由此形成新的细胞柱，扩大了皮层的整体大小。由于各种原因（其中一些与布线效率有关），皮层的分离功能区只能变得越来越大，然后就分裂成两个独立的单元。随着皮层整体的扩大，新的功能区也会随之产生。

在早期哺乳动物中，大部分皮层可能主要由初级视觉区域（V1）和类似的听觉区域（A1）以及体感或触觉区域（S1）所组成。随着皮层的扩大，这些初级感官区域之间又增加了新的区域，它们根据每个物种的生态需求，专门处理各种感觉信息。对于依赖视觉的动物来说，这最终导致了视觉皮层区域数量的显著增加，以及为提取最相关特征而形成了完整的层级结构。

这一功能是通过在皮层的其他区域进行更多类似计算来实现的，从而使其能够从视觉世界中提取更多的特征。例如，V1中的神经元会将信息传递到相邻的皮层区域V2，V2又将信息传递到V3和V4，以此类推。在每个阶段，神经元都会提取更高阶的特征：神经元先是对形状做出反应，然后对更大的物体做出反应，甚至专门针对特定类型的物体做出反应。在人类中，这些较大的物体包括对我们生存最为重要的对象：其他人的脸（见图5.2）。这条信息处理流程负责揭示外界存在何种物体以及它们的位置，与此同时，另一条平行的信息处理流程则负责分析物体的运动，并理解它们的行为和动态变化。

所有这些信息最终与我们的记忆系统（稍后再详细介绍）整合到一起，这样我们不仅能将图像分割成独立的视觉对象，还能识别它们的本质。因此，我们不仅能识别眼前的物体，还能根据我们对其属性的了解来决定我们应该采取的行动。

我们不妨在此处暂停一下，思考一下生物体的感知系统已经发展到了何种程度。早期的简单系统可以直接或者至少相对直接地将特定的感官信号与具体的行动相联系，例如，检测到影子直接触发躲避行动。而目前我们讨论的所有视觉信息处理过程都是在与行动脱钩的状态下进行的。现在的内部处理层层递进，信息被处理、解析和转换，并从一个皮层区域传递到下一个皮层区域。当然，所有这些信息处理结果最终是为了**指导**行动，但前提是生物体已经理解了传入信号的含义。

第七节　眼见为实

此时，生物体面临一个严峻的挑战。它所接收的仅仅是不同强度和不同波长的光线穿过视网膜上的感光器阵列所形成的图案。各个层次视觉处理的任务是理解和推断这些光图案背后的原因。但对于这个问题并没有唯一答案。世界上任何特定的物体排列都会产生一个独特的图案。但反之则不然：许多不同的物体排列可以产生相同的光线图案。一个物体可能很小，也可能很远。一条视觉线可能是一个物体的连续边缘，也可能是两个恰好对齐的物体。相邻区域的连续激活可能源于同一个物体的移动，也可能源于一个物体从视野中消失而另一个物体出现了。

因此，生物体必须通过对检测到的光图案成因进行**推断**，来解决这个“逆问题”。所有各种类型的信息——光强度、波长、运动、深度、轮廓、阴影——都被整合起来，逐步用于分割视觉图像。至关重要的是，生物体在这一过程中并不是被动的，它可以移动眼睛、头部或整个身体，以不同方式改变不同物体的视觉图像，从而获得更多关于这些物体的属性和位置的线索。它还可以利用其他感官信息来调整这些推断，并在必要时加以纠正。

因此，实际上最后得到的结果并非像照片那样是经过处理的图像，而是一组信念。在任何层级上由神经活动模式所**反映**的内容，即向系统的另一部分报告或提供的内容，不是视野中某个特定位置上的一条线、一个形状或一张面孔，而是**认为**在那个位置存在一条线、一个形状或一张面孔的**信念**。将它们视为信念，而不是与外部事物相关的传播和处理信号，原因之一是它们可能包含有关外界的错误信息。

这一点在幻觉患者身上体现得尤为明显，这也通过各种视觉错觉清楚地显示出来。一个多世纪以来，心理学家和认知科学家一直在研究各种视觉错觉，试图揭示视觉系统的运作原理。其中一些错觉效应，例如**卡尼萨三角**（Kanizsa triangle）（见图 5.5），表明我们的视觉系统极其希望将图像分割为不同的物体。当对物体的性质存在一些歧义时，例如在观看**纳克立方体**（Necker cube）时，表明我们的视觉系统会交替地相信其中一个对象存在，然后又相信另一个对象存在。我们接收的同一视觉信息，在不同时间对其有迥然不同的解释。

视觉错觉还揭示了我们的感知是如何受到先前预期的强烈影响。当图形被移到走廊尽头时，它们似乎变得很大，或者当我们知道国际象棋棋盘上的方块处于阴影中时，它们会看起来比实际更亮，在这些情况下我们显然都是根据背景信息（这些例子中的深度和光照）以及过去的视觉经验来调整我们的推断。在听觉领域中，自上而下期望的效应也非常明显，受其影响，模棱两可的声音可以被解释为（即使非常清楚地听到）完全不同的单词（如“brainstorm”与“green needle”），这取决于听者想到的是哪个短语。著名的**麦格克错觉**（McGurk illusion）也说明了同样的道理：我们从一个人说话的视频中听到的声音（“da”或“ga”）会因为我们同时看到他们嘴形而改变（即使音频保持不变）。

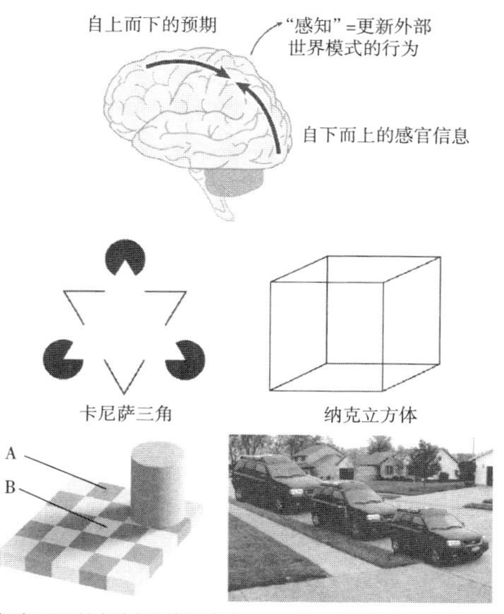

图 5.5　感知即推断。感知涉及基于输入感官信息与自上而下预期的比较，建立起一个关于世界的内部模型。卡尼萨三角的例子说明视觉系统倾向于根据先前的经验和期望，推断出不存在的白色三角形，而纳克立方体的例子说明了我们的视觉系统可能会交替地认为立方体的一个角朝前，然后又认为它朝后，这两个例子阐释了视觉系统试图理解世界的方式。此图下方展示了两个错觉，说明了自上而下效应的强度。

这些并非特殊案例或奇闻逸事——这些例子说明了感知并不是一个单向流动的系统。我们感官的信号并不仅仅是从低层传递到更高层次中进行处理。这将何去何从？这些层次是如何"看到"东西的？它们当然没有"看到"任何东西：生物体是在看东西，而对我们来说，我们所看到的是我们根据推断所形成的观点。这些推断并不完全受我们感官信号指引，还受到我们对事物预期的影响和制约。

人类的基本预期是世界万物应时刻保持不变。但这并不意味着一种静态的观点，因为它还包含了对正在运动的事物应该继续保持运动的预期。我们对当前世界中的事物及其运动方向认知的模型，可以有效地帮助我们预测世界的未来状态。尤其是我们积累了关于世界万物运行规律的知识时（这些知识不一定能够有意识地获取，但已嵌入我们的神经网络中），这种模型的预测能力就更强大了。

关于感知方式的一个重要假说是将大脑内部的认知模型与外部输入的信息进行比较。这个假说认为，层级结构中的高层通过反馈投射将对世界中事物未来状态的预测（以各个层级关心的事物类型为框架）向下层传递；例如，从 V4 区域到 V3，从 V3 到 V2，再从 V2 到 V1。每个阶段都会进行一项神经操作，将输入的感觉信号与自上而下的预测进行比较。如果发现两者之间存在差异，便会向上传递，从而更新每个层级的模型。在这个理论框架中，感知的本质在于通过不断地更新我们的内部模型来理解和解释外部世界。

当感知系统以这种方式配置时，它不仅是在处理信息，而且是在**提取意义**。视觉层级结构中不同区域的神经活动模式代表了系统对外部事物的最佳猜测，而这些猜测集中在对生物体生存至关重要的事物上。这些猜测不仅是通过信息的层层处理和传递被动生成的，还是生物体将其先前的经验和期望带入其中，积极地、主观地对这些信息进行的解释。事实上，它还通过这些系统在进化中选择的基因预配置，将其祖先先前的经验带入其中，以适应生态环境变化的规律。

第八节　我动，故我在

这种预测性、互动性、推理性的感知观点还有一个最后的重要含义。所有这些感知工作是为了建立一个关于外部世界的内部模型，特别是追踪物体的运动、移动的速度和移动的方向，这样生物体就能预测事物的行为，而不仅仅是对它们被动地做出反应。但问题在于，有时候正在移动的不仅仅是外界的事物，还有可能是生物体本身。这就为我们提供了一个通过主动探索来推断外部环境的机会。但这也带来了一个问题：如何判断视网膜上视觉图像的变化是因为外界某物在移动还是你自己在移动？当你坐在火车上，旁边的列车开始相对于你移动时，你可能在一瞬间会产生“到底是自己在移动还是火车在移动”的错觉。然而，这种错觉对于试图追踪猎物或躲避捕食者的生物来说是绝对不能接受的。

解决这个问题的方法很多。第一种方法是在解释视觉图像时，将世界随你的移动而发生变化的预期考虑进去。例如，如果你在向前走或向前跑，视野中的一切事物都应该朝你快速靠近，距离较近的事物会以更快的速度靠近你。任何与这一整体模式不同的移动都可能是外界物体的移动。

更复杂的方法是，每当你有采取行动的意图时，行动系统会向视觉系统发送信息——一种行动命令的内部副本。然后，即使是低层级的感官区域也会主动减去这一动作的预期感觉后果。这种情况一直都在发生，这也解释了为什么当你移动头部或转移视线时，即使视网膜上的图像发生巨大变化，你也不会感觉到世界在**移动**。事实上，我们的眼睛每秒都会做几次无意识的快速眼动（称为**“眼跳”**，saccades），而不会感觉到周围环境的移动。这是因为视觉系统已经预知即将发生的运动，并将其纳入预测中。相反，如果你用手指（轻轻地！）从侧面按压眼球使其稍微移动一下，你会看到世界以令人不安的方式发生了变化。你可能会认为我们的视觉系统也能预测这一点，但显然它还没有准备好处理这种不同寻常动作的后果。

生物体必须将**自身**纳入其世界模型中，才能以这种方式区分自我引起的运动和外界引起的运动。要想有效地理解周围的事物，生物体必须推断出自己的存在。弗雷德·凯泽（Fred Keijzer）、彼得·戈弗雷-史密斯（Peter Godfrey-Smith）等人认为这就是主观性的起源：生物体不仅拥有观点，而且拥有体验自我存在、感受世界的经验。在此，我们可以开始看到自我意识的雏形，这对于理解人类的自由意志具有重要的意义，我们将在后续章节中继续探讨。

但是，我们接下来要探讨的是所有这些主观提取的意义如何与规划和评估系统整合起来，在进化中以越来越精细的方式影响着行为选择。

第六章

选择

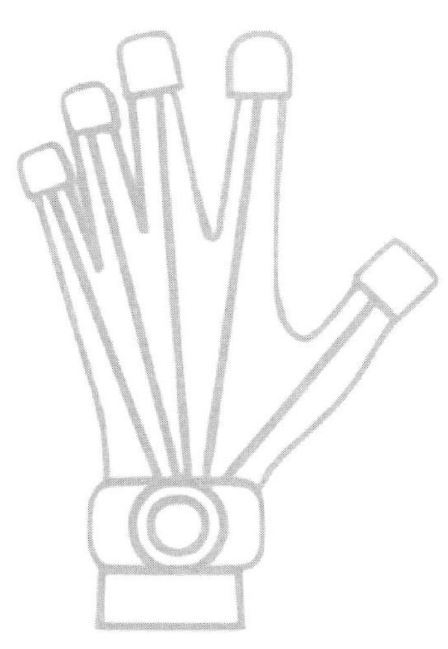

新皮层的进化使感知变得更加精细和敏锐，使感知便于从环境中提取有意义的信息，包括识别外部世界的目标物体，并构建一张关于物体位置和移动方式的内部地图，所有这些信息都与生物体自身密切相关。随着更多皮层区域的进化，感知也变得更加内化，用来获取更加抽象复杂和深层次的信息。同时，感知也变得更加主观，即生物体根据先前的经验和自上而下的预期来调整对环境的感知，从而在内部形成对外界事物的信念。所有这些神经机制的构建和运作成本都是高昂的。然而，这种投资是值得的，只因为这些信息有助于指导生物体做出适当的行为。

因此，行动选择系统的复杂性与感知系统的复杂性相辅相成，任何一方的改进都有助于另一方的进一步发展。视觉和听觉都可以用来绘制远处物体之间的相互关系图，从而创建这些物体的空间关系及其随时间变化的内部模型。这使得生物体能够衡量其面临的多重威胁和机遇，并对整体环境进行综合评价。因此，理解不同物体之间或物体与生物体本身之间的**因果关系**变得尤为关键。在这个与各种其他生物共存的世界里，了解哪些生物可以食用、知道哪些生物是适合交配的伴侣或是需要避开的威胁，这对生物体来说具有生死攸关的意义。

这就解释了为什么记忆系统对生物体来说是一项非常宝贵的投资，它使生物体能够保留过去的经验和知识，以便在当前情境中做出明智的行动决策。与此同时，视觉和听觉的远距离特性，例如，能看到约1.6千米以外的物体，也使**规划**成为一种有价值的新型认知活动。对远处的威胁和机会的预知帮助生物体设定更长远的目标，并制定实现这些目标的多步策略。行动选择不再局限于对局部刺激做出即时反应，而是转变为制定更长远的规划。与感知的进化相似，这种能力的发展需要更多的内部处理层级，而这些层级不只是对当前环境的即时反应。因此，与过去的记忆一样，未来的预想也为决策提供了关键信息。进化出这些能力的生物体不再只是活在当下。

这些新的行动选择神经系统并没有取代旧的系统，而是与它们结合在一起，形成了额外的控制层。为了了解这些新的神经系统的进化，我们应该回顾简单生物体中的控制系统，从上一章介绍的中脑顶盖开始讨论。

第一节　协调感知与行动

中脑顶盖位于中脑顶部，当生物体接收到来自外部环境的感觉信息时，中脑顶盖会负责将这些信息映射到生物体可能采取的不同行动或动作上。我们已经了解了它是如何将特定类型的视觉信号与特定行为联系起来的。例如，它将逼近的大型刺激（可能是捕食者）与逃避行为联系起来，而将小型刺激（可能是猎物）与定位反应和靠近行为联系起来（可以通过图 6.1 中七鳃鳗的例子来理解这种联系）。但要适应更复杂的环境，中脑顶盖需要具备更多的功能。

首先，它整合了来自多种感官的信息，最常见的是视觉和听觉信息，但像电鱼或响尾蛇这样的特殊生物还能通过电感和热感来探测物体。所有这些感官信息都传递到了中脑顶盖，形成了一张功能一致的综合地图，从而使生物体对外部的认知更准确、更全面。中脑顶盖的神经回路可以执行各种神经操作，利用来自不同感官刺激生成的综合地图来确定最佳行动方案。威胁和机遇很少孤立存在，这意味着正确的决策必须考虑到整体情况。

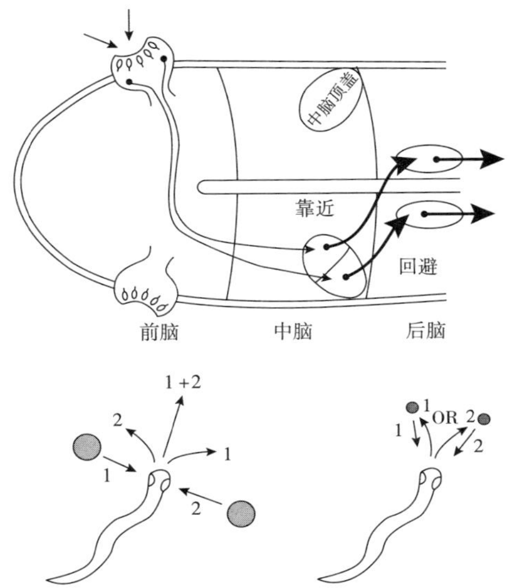

图 6.1 七鳃鳗的行动控制。（上图）七鳃鳗的视觉系统相对简单，它与中脑顶盖中介导靠近或回避的回路相连。从侧面逼近的巨大阴影（可能是捕食者）会促使动物做出回避行为，而动物正前方快速移动的小型物体（可能是猎物）则会促使动物定向和靠近。（左下）如果面对多个大型视觉刺激物，一种适应性反应是平均这些信号，并在它们之间规划出一条路线（1+2）。（右下）如果视野中有两个机会，平均信号就不会产生适应性反应，因为这样两个机会都会错过。相反，中脑顶盖中的竞争动态会被用来在选项之间做出选择（1 或 2）。

例如，当生物体面对多个逃避性刺激信号时，最佳反应可能是采取这些信号单独出现时的平均反应。如果左右两侧同时出现威胁，不转弯直接向前走（或快速移动）可能是最恰当的反应。然而，面对多个吸引性刺激时，情况则不同，它可能想要接近所有这些刺激源。在这些可能带来益处的对象之间来回摇摆、毫无益处，它应该选择一个方向。为了实现这一目标，中脑顶盖中处理这类吸引性信号的神经回路采用了一种赢者通吃的竞争机制：两个吸引性刺激的输入信号可能会激活两组神经元，从而驱动不同方向的运动。在这些信号传递到后脑和脊髓之前，这两组神经元之间发生相互抑制，确保最终只有一个方向的模式被强化，而另一个受到抑制。

大脑皮层和前脑进化出的新结构也执行类似的操作，但其处理的数据更多，信息背景更丰富，时间跨度也更长。这些操作的最终结果仍然是选择执行一种行动，同时抑制其他竞争性行动。这些大脑的更高级区域在处理许多不同类型的行为时，仍会通过中脑顶盖和后脑的运动指挥中枢传递这一决定。

第二节 前脑结构的演变

我们已经了解到，在哺乳动物进化过程中，大脑皮层逐步扩展并在感知中扮演理解感官刺激的关键角色。前脑的其他结构和神经回路也在同步进化，将这些感知信息与更复杂的行动规划和选择联系起来。这些结构包括**海马体**（因其海马形状而得名），它位于大脑颞叶内侧。海马体对学习和记忆至关重要，是生物体理解世界的基础。

前脑还包括我们在上一章讨论过的丘脑：它充当信息流的管道或交换机，控制着皮层区域以及跨皮层区域的信息流。此外，皮层下方还有一组被统称为“**基底节**”的结构。（“神经节”一词意味着神经细胞群，它们之所以被称为“基底”，是因为它们位于前脑的底部）这些结构介于皮层和丘脑之间，构成了一个扩展的回路（实际上是一组嵌套的回路），用以评估不同的行为选项，选择最优的行为，并从这些行为结果中学习。它们在调节和优化行为决策过程中发挥着至关重要的作用。这些决策受到多巴胺和血清素等化学物质传递的信号的影响。这些信号源自中脑区域，向前脑的结构传递有关某种行为带来的奖励、惩罚、意外等信息。

总体而言，这些结构和回路在决策过程中发挥着调节作用：评估形势，包括外部事物和生物体的内部状态；确定当前需求并调整目标；探索实现这些目标的可能行动；模拟并评估这些行动可能带来的结果；根据这些评估结果来指导并处理多个行动之间的竞争；执行选择的行动并抑制其他行动；监控执行表现并根据反馈进行调整；评估结果并更新外界及生物体自身状态的内部模型；评估行动的实际结果价值；最后，调整系统内的神经连接权重，以便在未来遇到类似情况时强化或弱化该行动模式。接下来，我们将详细探讨这些复杂过程的实现细节。

第三节　充满可能性的世界

在上一章中，我们了解到感知既不是被动的，也不是中立的。实际上恰恰相反：感知具有实际用途和明确目标，其核心意义在于指导行动。这就需要对场景进行**解读**：场景中有哪些物体，它们的功能是什么，它们会对生物体造成哪些影响，威胁和机遇分别是什么以及生物体所处环境如何？要回答这些问题，仅靠对感官数据的分析是不够的。这需要知识：生物体必须知道它观察的是什么（见图 6.2）。

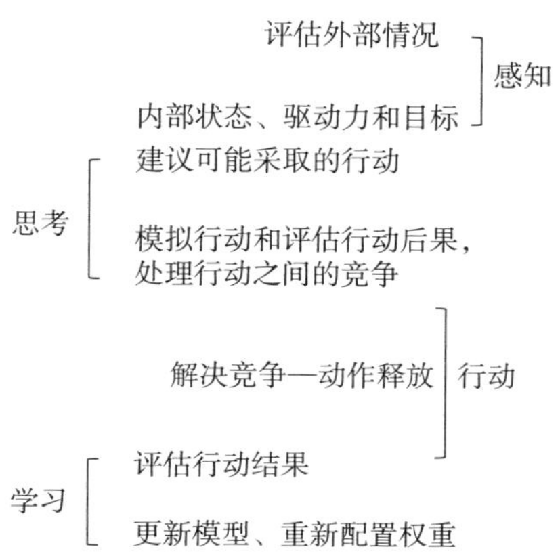

图 6.2　行动选择。行为控制涉及感知、思考、行动和学习的持续循环。

大脑皮层和海马体的神经回路是专门负责通过学习和记忆积累知识。在最基本的层面，包括学习物体的特征属性或注意经常与之共同出现的刺激物，但这些学习和记忆机制也同样适用于学习识别更复杂的场景和记忆过去的事件。这些过程依赖于**突触可塑性**，即在细胞层面上改变神经元之间连接强度的过程。

当相互连接的神经元同时或接连被迅速激活时，这些连接强度往往会增加。也就是说，“同时被刺激的神经元会连接在一起”。这就是我们学习外界事物之间联系的方式。比如用著名的伊万·P. 巴甫洛夫[①]（Ivan. P. Pavlov）例子来说，铃声可以与其他事物（如食物）相关联。在这个特定例子中，学习是由食物奖励主动触发的，但更普遍的情况是，大脑皮层的神经回路连接在一起，被动地接收和学习环境中事物的规律。

我们就是这样学习物体属性的。我们会把草莓的颜色和形状与其独特的味道联系起来，或者将石头的大小和视觉纹理与预期的手感或重量联系起来，或者将母亲的面孔与对她这个人的印象联系起来，比如她的个性、她可能说的话或对某

---

① 伊万·彼特诺维奇·巴甫洛夫（Ivan Petrovich Pavlov，1849—1936）俄国生理学家、心理学家、医师，高级神经活动学说的创始人和高级神经活动生理学的奠基人。条件反射理论的建构者，也是传统心理学领域之外而对心理学发展影响最大的人物之一。——译者注

事做出的反应等。大脑皮层神经回路的分层结构也使它们有效地学习**物体类型**，而这些类型本身也可以归到更广泛的类别中，形成复杂的概念和认知层次。例如，我们可以把邻居家的狗力士（Rex）看作个体，但我们也可以将它看作某个特定类别的一员，如犬类、哺乳动物或动物的一员。如果我们遇到一种具有相似特征的新动物，我们也可以通过将当前的感官知觉与我们已有的高层次的"狗"的概念联系起来，将其看作狗。

感知回路不仅将传入的感官信息分割成离散的物体，而且通过我们的记忆来**识别**这些物体，并激活关于它们属性的记忆**图式**或构象。在前几章中，我们了解了大脑根据环境实际情况通过配置控制策略处理传入的信号，这些策略不仅包括理解传入的信息，还包括"如何处理这些信息"。随着大脑处理层级的发展，传入数据可以根据存储的知识进行语义解释。这就将感知与概念联系起来，从而识别和**理解**外界的事物。

反过来，对物体的记忆属性或推断属性也会影响感知行为本身。比如，我们不仅能感知物体当前的视觉特征，还能感知它的三维形状，即使我们无法看到它的全貌，仍然能感知到它的背面或内部，这是因为我们考虑到了我们自身观察的角度和位置。我们下意识地预测，如果我们采取某些行动会发生什么，以及我们的感知会发生怎样的变化；例如，绕物体走动、触摸或拿起物体时的感觉变化。这些期望依赖于我们对特定物体和物体类型的了解，以及对基本物理规律的认识。即使在最简单的感知行为中，我们也在感知过程中主动地构建了一种结构，其中包含我们对可能行动的设想以及这些行动可能产生的感知后果。

同时，我们也在评估其他可能的行动及其后果，这不是为了获得我们对物体的感知，而是相对于我们的目标而言的。我能用这个物体做什么？它对我有什么作用？心理学家詹姆斯·吉布森[①]（James Gibson）将这种属性称为“可供性”，即这个物体或那个物体为我提供了哪些可能性？其中一些可供性被植入简单生物的神经回路中。比如，我们通常**应该躲避**一个迅速逼近的巨大阴影，而眼前的这个小物体是**可食用的**。但在大脑皮层扩展的动物中，这些可供性依赖其过去与不同物体或物种互动的经验。松鼠可能知道细枝无法支撑它的体重。猴子可能学会了用棍子把蚂蚁从蚁丘中抓出来。老鼠可能会将一片比萨从纽约地铁的台阶上拖下来。

对生物体来说，将特定场景中所有个体的可供性整合成一

---

① 詹姆斯·吉布森（James Gibson）美国实验心理学家，创立了生态光学理论。他反对知觉的认知加工理论，认为知觉是一种直接经验，它的一切信息都由外界物体的光学特性所提供。1961 年获美国心理学会颁发的杰出科学贡献奖，1967 年当选为国家科学院院士。——译者注

幅图景至关重要，这样它才能将自身置于核心位置，并以实际效果和实用性为导向来评估整个情境：这个场景**给我**带来了哪些机会或威胁？这需要构建一幅更加全面的图景，将感知对象与周围环境的关系考虑在内，并将这幅图景与个体从经验中积累的知识联系起来，而海马体在这一过程中发挥着至关重要的作用。

这种前脑结构主要由几个亚区组成，每个亚区具有独特的层状结构，能够接收来自大部分皮层以及其他区域的信息输入。在功能上，它专门负责从不同信息流中提取结构关系和条件关系（见图 6.3）。海马体中的神经元连接稀疏，通常以小型、短暂的群体（称为**集合**或**集合体**）形式活动。即使动物处于静息状态，海马体也会像大脑的其他区域一样，保持电活动状态。同时激活的神经元集合体一直处于动态变化中，不断形成新的组合，然后又解体，从一个活动模式切换到下一个模式，单个神经元会短暂地参与不同的神经元集合体。重要的是，这些集合并不需要外部输入的驱动。相反，在实际经历中，神经元集合的活动模式会与外界输入的刺激同时发生，并与之产生联系，从而产生特定含义。当海马体整合来自大脑皮层不同部分的信息时，恰好在某一时刻活跃的特定集合体就能编码对共时刺激的记忆。

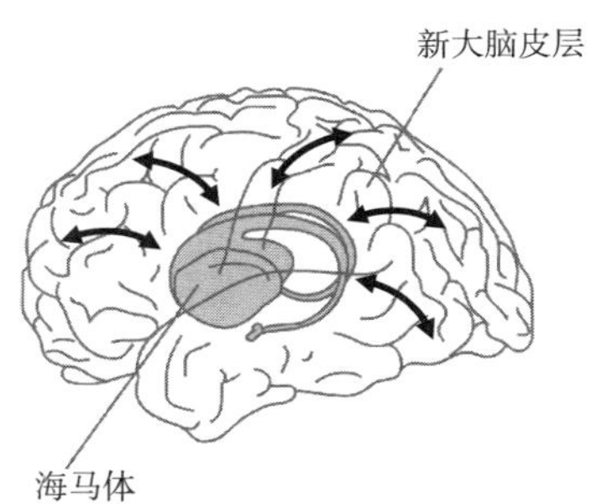

图 6.3　海马体和大脑皮层。海马位于大脑深处，紧靠大脑皮层的内侧边缘（每侧各有一个）。它通过内嗅皮层和其他区域与所有皮层区域建立了广泛的联系。

这种编码方式依赖于集合内部以及同时活跃的多个集合之间连接的增强。这意味着，当一部分神经元在未来某个时刻再次出现电活动时，其余神经元也会再次被激活，重新建立先前与某个记忆相关的神经元活动模式，从而激活**记忆**。这一过程起始于相关神经元内的短期生化变化，这些变化导致细胞表面的神经递质受体蛋白的数量发生改变，从而使神经元对其他神经元的信号更敏感。在强刺激或反复刺激下，会产生更稳定的变化，尤其会导致特定神经元对之前的突触连接增强。这些变化促进了长期记忆的稳定和巩固，这也需要海马体与大脑皮层之间的相互作用。

这样一来，海马体和大脑皮层中的神经回路的物理结构实际上成了**知识的承载者**。这个过程类似人工神经网络中深度学习所依赖的连接权重变化机制，实际上也正是为后者提供了灵感。这种机制搭建了从感知表征到知识表征的桥梁。我们在上一章中讨论过的感知表征是指反映大脑对当下外界事物做出响应的神经活动模式。在这个机制下，感知表征转化为关于这些物体属性的知识表征，这些知识表征存在于神经回路网络的突触权重模式中。因此，神经活动模式的**意义**在任何时候都是通过对这些存储的突触权重模式的解释来确定的：数据的输入通过参照存储的知识而获得意义。因此，感知不仅仅是外部信息输入大脑的过程，也是生物体与外部世界交互的方式。

海马体专门负责在刺激之间建立联系，并按时间顺序组织这些信息，从而形成对**事件**的记忆。这些记忆不仅是单个时间的记录，而是根据更长时间段内发生的事件顺序编码，形成了一种层次化的背景结构。这些记忆与动物自身的情况密切相关，比如它在哪里，它在做什么，接下来会发生什么。在任何时刻，海马体都会对环境进行空间映射，构建环境空间图，记录动物在其中的位置、移动方向和面朝方向。随着动物的移动，这幅图及环境中物体的所有信息都会相应更新。海马体神经回路结构的设计目的是将某一时刻活跃的神经元集合与下一时刻活跃的集合连接起来，依此类推，便形成了对事件发生时间顺序的结构化记录，即所谓的**情景记忆**。

这种记忆的结构非常适合推断**因果关系**。例如，如果在某一事件中，A 发生了，然后 B 也随之发生，那么可能会推断 A

导致了 B。如果这种关系在多个事件中反复出现，那么这种因果推断就显得更加合理。此外，记忆元素的层次化关系结构使生物体能够通过将项目和事件整合到一个情境框架中来构建复杂的因果关系。例如，A 可能导致了 B，但只有在 C 的背景下才成立，这也是海马体和大脑皮层能够识别的一种常规关系。

当然，我们不希望记住发生在我们身上的所有事情。因为构建和维护这些新突触需要大量资源，记忆的形成需要耗费大量的能量。此外，许多事件的发生都是偶然的，并不代表世界中的稳定规律，或者它们可能与我们关系不大，因此最好忽略不计。考虑到这一点，突触可塑性的细胞过程并非自动发生，而是受到注意力、觉醒状态、显著性、奖励或惊喜等因素的影响，并由多巴胺、血清素和乙酰胆碱等神经调节剂信号进行调节。

整个系统经过精心设计，使生物体能够学习它所需要的知识，并创建一个知识库，供其评估新情况时使用（见图 6.4）。这包括对过去事件的理解，尤其是生物体自身采取的行动及其结果。随着视觉感知的进化，我们认识到生物体需要考虑到自身的运动。这一点也适用于对世界因果关系的理解：要理解所有这些关系就需要**将自身看作一个因果主体**。生物体必须了解到，无论是有意识的，还是无意识的，自己的行动可引发特定事件，带来可预测的行动结果。生物体也在干预世界并观察其结果的过程中逐渐获得因果知识。

因此，任何动物的感知都涉及想象多种可能出现的场景或采取的行为，以及这些场景和行为所带来的感觉和后果。这实际上是**一个充满可能性的世界**。即使在最简单的感知行为中，我们也在思考并构建可能的行动选择，以回答“**我在这里能做什么？**”的问题。但为了真正采取行动，从所有可能的选项中做出选择，生物体还需要回答另一个问题：“我应该在这里做什么？”

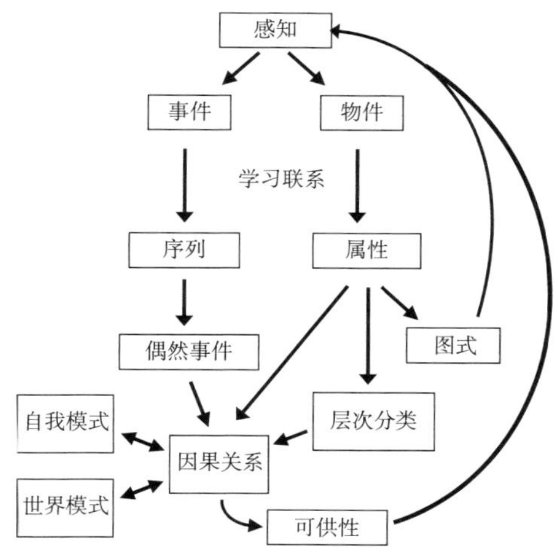

图 6.4　获取知识。海马体和大脑皮层神经回路适用于学习联想，包括物体的属性和事件的序列，以及抽象出分类关系、图式、偶然事件和因果关系。这些关系体现在神经回路的配置中，从而构成了支持适应行为的知识网络。感知本身是一个主动的、以自我为中心的过程，旨在推断生物体在任何特定情况下可以做什么。

第四节　我的动力是什么？

动物的行为不仅取决于外部环境，还取决于其当前的需求，而当前的需求又取决于动物的内部状态。例如，为了确保生存，动物的能量平衡和营养状况、体液平衡、睡眠需求和体温等身体参数都必须保持在一定的范围内。在大多数脊椎动物中，这些参数由下丘脑和中脑的相关区域共同监控。一旦生物体的生理参数偏离了最适宜的设定值时，就会触发一系列对抗性的生理或行为反应。

下丘脑是身体和大脑之间的关键枢纽，监测血液中的信号和来自身体各部位的神经信号。它还具有相反方向的双重作用模式，它既控制多种荷尔蒙释放回血液，也引导自主神经系统发出信号。这些过程协同作用，调节身体机能，如血压、心率、酶水平、消化、肠蠕动、出汗、发抖、睡眠、唤醒等，将关键参数恢复到正常范围内。

出于同样的目的，有关当前需求的信息也会影响某些行为的优先次序。下丘脑与其他脑区广泛连接，这些脑区共同发出信号，以不同的紧迫程度激发不同类型的行为。由此产生的需求信号可能表现为饥饿、口渴、疲倦、寒冷、疼痛、恐惧等基本状态。这些状态自然会促使动物进食、喝水、睡觉、寻找栖息地、躲避会带来疼痛或恐惧的事物或做出防御或攻击性行为。这些行为显然对动物的生存至关重要。

这些都是动物最直接和最迫切的需求，它们对动物的行为有很大的影响。但在更长时间范围内，其他需求同样重要。例如，繁殖需求以及相关的交配和抚育行为动机，也受到下丘脑神经回路的控制。就人类这样的社会动物而言，保持群体或家庭联系、维持社交关系、占据更高的统治地位等社交行为，对生存和繁殖同样重要。因此，就许多物种而言，孤独感、嫉妒和愤怒等更复杂的情感也可能成为驱动行为的强大力量。在许多情况下，等待或主动寻求更多信息也是一种行为目标。

下丘脑及其连接区域将当前需求的总体情况传递给负责行动选择的大脑部分。在七鳃鳗这样的低等脊椎动物中，负责选择行为的部分主要包括中脑顶盖和中脑区域，其行为选择有限，认知相对浅薄。而在哺乳动物中，由于它们拥有更多的行为选择和更高的认知深度，这些信息也传递到皮层和前脑的其他部位，帮助动物决定应该采取哪些行动，但因为具体的动作需要根据特定的环境或情境来确定，这些信息并不直接提供执行特定动作的具体指导。

例如，营养不良的动物会向决策区域发送饥饿信号，但如何行动取决于具体情况。如果有食物，动物就应该吃；如果没有食物，动物就应该寻找食物。为了达成这个目标，它可能会采取哭泣、乞求、交易、偷窃、放牧、觅食、捡拾或狩猎等多种行为方式。而每种行为方式都可能涉及多种行动选择，其他行为也是同样的原理。这些行为可以分为**消耗性**和**食欲性**：如果已经获得了所需资源，那么就完成了该行为（进食、饮水、交配、睡觉）；如果还没有得到所需资源（食物、水、配偶、安全的睡觉场所），那么就去寻找。从根本上说，动物会根据当前可直接获得的资源，做出利用当前资源或继续探索的决定。总体而言，下丘脑发出的信号主要向大脑决策区域传达了这些需求的相对紧迫性，指导动物应该采取什么行为，而并不涉及具体的执行方式。

这些信号会影响动物的整体决策过程，提供必要的驱动力，使其为完成各种行动投入合理的精力和时间以面对必要的风险。极度饥饿的动物会优先寻找食物，相较于已经饱食的动物，它愿意为此付出更多努力和承担更多风险。当然，动物为寻找食物所付出的努力必须与其他当前甚至预期的需求和机会成本相平衡。因此，各种需求信号的相对水平决定了动物的追求目标。

在大多数哺乳动物中，这些目标通常相当简单直接，与其基本需求密切相关。我们将在后面的章节中了解到，人类能够将目标按照不同的层次组织起来，形成一个层层嵌套的结构。

这些目标的时间跨度更长，并且需要更复杂的行为才能实现。目标在大脑皮层中可能是分层表达的，直接的、短期的目标（或行动计划）在运动皮层表达，长期目标则更多依赖于前端区域，即前运动皮层和前额叶皮层。我们将在后续章节中详细讨论前额叶皮层。

第五节　模拟可能的未来

讨论到现在为止，我们了解到动物已经对场景进行了观察，可将其与存储的记忆进行比较，辨识出环境中的物体，然后将它们映射到存储的记忆中，对整个情境进行了表征和评估，并根据自身的内部状态对目标进行了排序。接下来的任务是整合所有这些信息，以便可以决定采取哪些具体行动。虽然在某些情况下，可能只有一个明确的目标，只需采取一个行动，但在大多数情况下，可能同时存在多个目标，而且可能彼此冲突，至少在追求其中一个目标时，有可能会失去追求其他目标的机会。此外，可采取的行动太多了，导致无法有效地在这些行动之间进行权衡。由于存在过多的可能性，就难以一一考虑在内。

想象一下，一只猴子过着群体生活，处于相对安全的环境中，既不饿，也不渴，也没有面临任何迫在眉睫的威胁。它可以做很多事情，如爬树、抓虫子、挠痒、梳理同伴的毛发、寻找配偶、睡觉、敲打石头、上蹿下跳、戳自己的眼睛、撒尿、打架、挥舞手臂、往鼻子里塞小石子、吃土、尖叫等。但它实际上不需要在所有这些行动之间犹豫不决，因为大多数行动并不会“浮现在脑海中”：那一刻它们可能根本就没有进入猴子的选择范围内。

是什么在控制着猴子意识中可能浮现哪些行为选项，这还是个谜。这可能基于过去的经验，但这种经验很笼统，与具体环境没有太大关系。猴子可能知道抓虫子、为同伴梳理毛发和睡觉**通常**都是消磨时间的有效方式，因此，它可能更容易想到这些选项，而不会考虑采取其他各种行动。你可能已经注意到，上述罗列的一些行动选项，如尖叫、吃土或把小石子塞进鼻子，实际上都是幼崽（猴子和人类都一样）会做的事情。它们似乎在探索各种选择时并没有进行太多的区分，但随着时间的推移，它们通过经验知道了哪些选择通常是有益的，哪些是无益的。

换句话说，动物通过经验养成了**思维习惯**。当我们在后续章节中讨论人类的自由意志时，会更详细地探讨这种习惯，尤其是这种观点：如果这些想法只是突然浮现在脑海中，那么我们并不能真正控制它们。但目前重要的是这种思维捷径大大缩小了动物可能采取行动的考虑范围。

下一步就是从这些可能采取的行动中做出选择。理论上，动物可以尝试不同的行动，观察它们的结果。但在现实世界中，这种“试错”的方式可能会带来严重的问题，因为“错误”往往意味着死亡。至少，在一个竞争激烈的世界中，在低回报的行动上花费时间和精力，可能导致在收益和机会上输给对手。更好的策略是在内部模拟各种可能采取的行动，并预测和评估其可能带来的结果。然后，根据这些预测权衡不同的行动选择，选出最能满足当前目标的行动。这种内部评估的好处在于无须与世界互动即可对行动进行评估，但需要高效地执行，以免陷入犹豫不决的境地。

这个过程与下国际象棋的过程相似。在棋局的任何一个阶段，我们可能都会有十个或更多的棋子可以移动。在选择挪动这些棋子时，我们会在脑海中思考一下，如果我们把皇后移动到这个位置或那个位置会发生什么，或者如果移动主教、骑士、这个兵或其他棋子，会是什么情况。我们在脑海中模拟走每一步可能带来的结果，并评估它们的好坏。在某些情况下，无须深入思考，就能走对棋步；而在另一些情况下，则需要把目光放得更长远，深入考虑后面可能采取的多步走法，考虑各种可能出现的局面和对手的应对走法。有些棋步短期来看可能会带来损失，但长期来看会带来更多的机会。有些棋步可能会让我们付出昂贵的代价，即使不是立即输掉，也会在短时间内输掉比赛。

在脑海中模拟所有这些选项的意义在于，我们不必在真实生活中亲自尝试并承担风险。在高风险的生活情景中，这种方法的好处是不言而喻的。正如哲学家卡尔·波普尔（Karl Popper）所说，这种心理模拟的能力让"'预见'代替我们去死"。当然，我们在生活中（就像在国际象棋中）获得的经验越多，我们就越善于做出这些决定、识别局势、缩小选择范围、预测结果，并在未来更长的时间内对其进行准确评估。

在脊椎动物中，这些模拟、评估和最终选择的过程由大脑皮层、基底神经节和丘脑之间的一个复杂的、多层次的神经回路系统介导，接收来自中脑中枢的效用信号输入，并输出到中脑顶盖的运动指挥中枢和中脑其他部分。尽管目前所有这些元素的确切功能和细节仍存在争论，尚处于研究之中，但我们目前已经对它们有了大致的了解，如下所述。

首先，大脑皮层中形成了某些行动计划。这需要激活不同的神经元集合，每个特定神经元活动模式对应一个特定的行动计划。此时，这些神经活动模式代表某项行动的**想法**，而非最终决定。这些大脑皮层的活动模式通过大量平行神经纤维传递到基底节的输入区域，即**纹状体**（因输入纤维的扇形结构使纹状体呈现条纹状而得名）。这一区域的神经元很难被激活。相比之下，基底神经节的输出区（称为 GPi 和 SNr）包含的抑制性神经元始终处于活跃状态。它们将抑制信号发送到中脑的运动指挥中枢，从而抑制这些区域的所有运动指令神经元。因此，基底神经节的基本功能就是**抑制所有行动**。

纹状体可以发出信号解除这种抑制作用，允许某些活动发生，但这一过程非常复杂。纹状体有两种类型的神经元，它们都具有抑制作用，并通过两种不同的途径投射到 GPi。其中，一组神经元直接投射到 GPi，以特定的模式抑制 GPi 神经元，从而**解除**对运动命令中枢的抑制，促使它执行预期动作。另一组纹状体神经元的作用正好相反。它们通过基底神经胶质细胞的另一个分支 GPe 间接投射到 GPi。GPe 神经元也是抑制性的，因此最终形成一个三重负反馈环路（抑制抑制器的抑制器），它能有效激活 GPi 神经元，加强对运动中枢的抑制。

这个复杂的神经回路有什么意义呢？我们可以把这两条路径看作每项行动计划的预期**成本和收益**（当然这也是有争议的）。如果成本高，间接路径（“不行动”路径）就会非常活跃；如果收益高，直接途径（“行动”路径）就会更活跃。然后，通过比较每个计划的相对优势，选出最佳计划。从某种意义上说，各种行动计划在任何特定时刻都在相互争夺控制权。基底神经节在这一回路中的功能是对大脑皮层中代表各种行动计划的活动模式之间的竞争施加影响，增加其中一些计划的相对优势。这一功能依赖于从基底神经节到丘脑和大脑皮层的循环回路

（见图 6.5）。因此，此处似乎存在一个内部回路，用以**思考该做什么**，以及一个输出回路，用于在完成所有思考后实际释放所选择的行动信号，同时继续抑制其他行动［使问题更加复杂的是，还有一种路径叫作超直接通路（hyperdirect pathway），可以完全绕过纹状体，使大脑皮层非常迅速地否决或终止行动］。

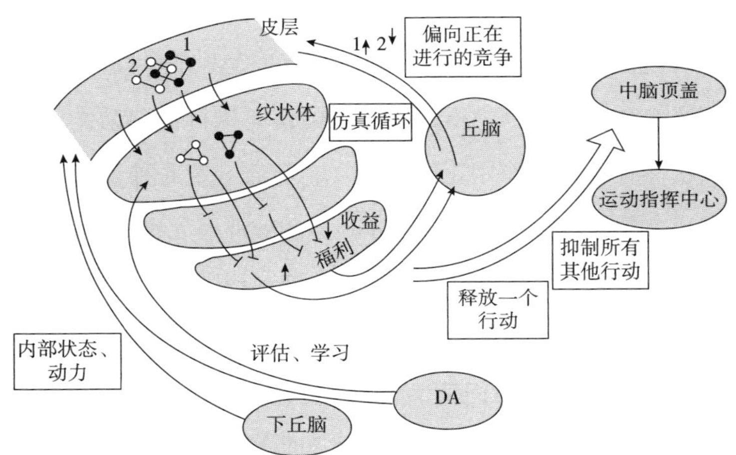

图 6.5　基底神经节—皮层环路。在任何特定情况下，多个可能的目标或行动都可能在不同的皮层区域以神经模式的形式出现。在行为控制（目标、计划、行动或动作）嵌套层级的任何一级，这些模式实际上都在相互竞争，以控制实际的运动机制。这些模式通过基底神经节的传递，可以根据先前的学习和当前的状态，并根据中脑多巴胺核发出的信号，对这些模式的优劣进行内部评估。通过丘脑传回大脑皮层的信号，通过苍白球的平行抑制和激活（实际上是解除抑制）回路，可以有效地评估每个动作的成本与收益。这一模拟循环中的活动一直持续到某一行动计划明显胜出为止，此时传递到中脑顶盖和中脑指挥中心的信号会释放并激活该行动计划，同时抑制其他行动计划。对随后结果的监测通过改变纹状体和大脑皮层中代表行动和结果关联的突触权重来指导学习，从而使生物体从经验中学习。

在这一过程中，基底神经节的功能之一是将当前的动机和情境信息与感觉运动行动计划结合起来。神经调节回路将前文讨论过的动机信号传递到纹状体，并调节不同通道的**增益**，从而有效地激励某些行动的选择。这些回路使用多巴胺等神经调节剂，使受体神经元对传入的皮层轴突激活更敏感，而不会导致其自行激活。如果动物感到饥饿，神经调节回路就会增强代表寻找食物计划的神经活动模式，反映出在饥饿状态下寻找食物的收益更大（或者说付出的成本更值得承受）。这些信号还可以调节所选行动的执行力。

多巴胺和其他神经调节信号（包括血清素、乙酰胆碱、去甲肾上腺素和组胺）也参与了基于预测结果选择行动的过程。预测是在大脑皮层和海马体中进行的，其依据是所学到的世界规律以及从经验中获得的知识，这包括对事件顺序和因果关系的认知。从某种意义上说，这些知识就是对未来的记忆。在这些过程中生成了关于不同行动结果的预测，包括对奖励或惩罚的估计，以及对各种行动总体主观效用的预期，动物会利用这些预测结果来确定行动的优先次序，并在行动执行过程中不断监测这些预测结果。当动物的行为与它们的预期结果偏离时，中脑会产生多巴胺信号，引起动物行为上的显著变化；实际上，多巴胺告诉动物事情并不像预测的那样顺利，可能需要改变行动。

值得注意的是，这些神经调节化学物质本身并没有什么特别之处。例如，多巴胺本身并非天生具有什么奖励或惊喜的性质。它释放的效果完全取决于环境，即多巴胺的作用取决于释放多巴胺的神经元所代表的刺激性质，以及接收信息的神经回路解读信息的方式。在这些情况下，这些神经调节剂并不会在大脑中广泛分布，也不像全身性激素那样起作用：大脑并不是“浸泡”在特定水平的多巴胺或血清素中。这些物质是在这些回路中的特定突触处进行局部释放，并受到严格的控制。在选择行动时，多巴胺信号传达了行为结果与内部预测的差异，无论结果是好是坏（你可以将这些反应称为惊喜、失望或高兴）。多巴胺是由那些比较行为结果和内部预测的神经元中释放的，多巴胺信号是在纹状体和其他部位被解释为调节各种通道的增益，从而帮助动物指导正在进行的行动。

然而，或许这些神经回路最重要的功能是使系统能够从经验中学习，以便将来做出更好的决策。

第六节　学习机会

行为控制的过程不是一系列静态的、不相关的事件。生物体不必每次都从头开始进行决策。相反，它会利用从过去经验中学到的知识，使其在每一个新的决策时刻发挥作用。它通过记录过去选择的结果并强化那些结果良好的选择来实现这一点。

重申一下，多巴胺在这一过程中发挥着核心作用，尤其是在评估行为结果方面。其主要运作模式是这样的：当某个行为结果良好时，多巴胺信号通过基底节的反馈，导致从大脑皮层到纹状体的突触连接处的突触可塑性增强。这些过程往往会加强结果良好的行为连接，削弱那些结果不佳的行为连接。这种工具性学习或强化学习的效果是，当动物下一次遇到这种情况或类似情况时，强化的行为就会自动在竞争中占据优势。传入的大脑皮层信号将向纹状体神经元传达更强的信号，自动增强具有收益的活动，使其在与其他行为的竞争中处于优势地位。

这种强化学习是一些人工神经网络深度学习的关键过程。它通过反馈上一次的表现来调整网络中的连接权重，这些权重代表了处理输入数据的不同方式，从而训练它们完成特定任务。人工网络和大脑的关键在于，过去的表现记录并非存储在一个单独的区域中，每次做决策时都必须查阅这些记录；相反，学习直接融入了决策机制本身（这并不是说我们对许多事件没有进行明确的情景记忆，但这一过程并不是这种强化学习发生的必要条件）。

生物体每选择一次行为，就获得一次强化学习的机会；每次行为选择都是一个学习机会。

行为结果越显著，神经连接的变化就越强，对后续行为的影响也就越大。随着时间的推移，如果某种行为被证明是一种可靠的积极行为，那么它就会得到增强，甚至发展成为一种思考习惯或者行为习惯。事实上，它可能会变成自发行为，仅仅是对情境的认知就足以触发相应的行为，而无须有意识地根据目标斟酌行为或考虑该情境下的其他行为选择。

我们往往认为习惯是坏事，但实际上习惯是极其有用的捷径，它使包括人类在内的动物能够以最少的思考力和时间适应和应对环境，在熟悉的环境和场景中得心应手。我们已经完成了所有的艰苦思考，所以为什么还要再做一次呢？总的来说，如果我们在大多数日常情况下都以屡试不爽的方式行事，我们的大脑就知道事情的发展趋向。人们有时会被问道："如果你能回到过去，你会给年轻时的自己提一些什么样的建议呢？"实际上，情况恰恰相反：我们过去的自己一直在给现在的自己提建议，以确保拥有最美好的未来。

总而言之，这些复杂的大脑系统包括大脑皮层、海马体、下丘脑、丘脑、基底节、中脑核、运动指挥中枢和其他区域内的神经回路，它们在行为控制过程中共同发挥作用。这些过程使动物能够识别和评估情境，监测当前需求并确定不同目标的优先顺序，构想可能采取的行动，从中进行选择，并从结果中学习，为今后的行动提供参考。这些能力使动物能够进一步将感知与强制性行动分离开，在实际采取行动之前，在大脑中模拟和评估各种可能的行动方案，并利用个体历史和经验，做出最佳决策。

在人类自身的进化过程中，前脑的逐渐扩展尤其是大脑皮层的扩展，促使像人类这样的动物能够越来越多地内化这些过程，在更长的时间范围内产生更多的学习和规划层级。正如我们将在后面的章节中看到的，这最终发展成为内省和元认知的能力。通过这些能力，我们的目标、动力和想法不仅成为认知的要素，还成为认知的对象。通过这种方式，哺乳动物、灵长类动物以及人类，最终发展出了多层次能力，使它们能够更独立地处理内部和外部环境的需求，成为具有更大自主性的因果主体。

第七节　既不是幽灵也不是机器

本章介绍的内容有几个要点需要强调。首先，生物体不是被动地等待有外部刺激后才做出反应。它们的大脑在清醒的状态下，会不断重复思考可能采取的行动，并随着新信息的涌入和不断变化的环境调整可能采取的行动方案。其次，环境和生物体之间不是单向关系，而是一个相互影响的递归循环。生物体的活动改变了环境，也改变了生物体与环境的关系。看似线性的因果链实际上是一个循环或一系列循环，你可以将其视为在时间中延伸的螺旋。如果我们忽略这些相互作用，我们就只研究了整个系统的一半。最后，决策和行动选择的**过程也是**一个持续的动态过程，而不是神经系统从一种物理状态瞬间转变到另一种状态。在我们应对“人们是否真正有能力做出选择”的哲学质疑时，这一点至关重要。

此外，对行动选择过程的描述有可能给人一种印象，即它是一种不停运行的机制或计算机运行线性算法。当然，确实有机制在起作用：当大脑的某些部分受损或受药物影响，决策出现失误时，我们就可以清楚地看到这一点。这些机制的某些操作的确可以被视为计算。然而，算法的概念，即一系列有条不紊、按部就班的步骤，并不能准确地描述正在发生的事情。行动选择过程所涉及的各个子系统之间不断进行对话，来自所有相互关联区域的信息处于动态变化中，在此背景下，每个子系统都在努力满足自己的特定限制或要求，进行调整和适应。最终，通过这些动态的、分布式和递归的相互作用，整个系统会进入一种新状态，在这个状态下，系统会选择执行其中一种行为，并同时抑制所有其他行为。

从整体上看，生物体的神经回路并没有做决定，而是**生物体**在做决定。它不是一个通过计算输入输出的机器。它是一个整体性的实体，基于自己的理由做出行为决策。这些理由来自生物体所掌握的各种信息的意义，这些信息植根于过去的经验并用于想象未来的情景。这个过程依赖物理机制，但并不能将其**简化为**这些机制。系统在做什么不应该等同于系统如何做。这些机制共同构成了一个自我，正是这个自我决定了一切。如果我们把它们割裂开，即使是在概念上分割开，我们也会无法对其进行恰当的理解。

然而，尽管我们可以否定还原论、纯机械论的方法，但我们也不应该转向另一个极端，将心智看作某种模糊、神秘、非物理的“主宰”或“幽灵”。我们的思维不是居于物理大脑之上的额外存在，以某种神秘方式指导电活动的进行。相反，分布在各个神经回路中的活动产生或**引发了**我们的心理体验（其他动物的心理体验也是如此）。神经系统的物理配置决定了特定神经活动模式在心理层面上的意义和影响。因此，我们可以构建一个关于能动性的完整物理概念，既无须将其简化，也无须将其神秘化。

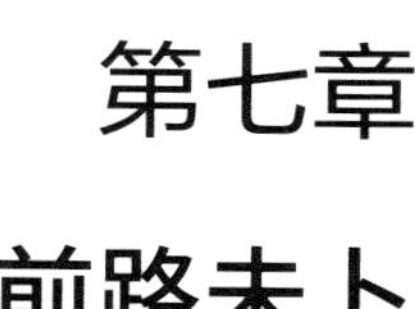

第七章

前路未卜

到目前为止，我给大家讲述了宇宙中因果主体逐步出现的历程，从海底岩石缝隙中的生命起源，到行为的产生，以及越来越复杂的感知、行动和决策系统的进化。生物的因果力在数千年自然选择和个体终身学习的累积效应下得到不断增强。虽然生物是由物理成分构成，但它们并**不只是**由低级因素驱动的物理系统。生物体出于某种目的组织起来，而这种组织反过来又对物理成分施加约束，使其能够实现具体的功能，并促成目标导向的行动。它们的物理结构经过精心配置，使其能够理解抽象的意义，并采用**代表**各种事物和抽象概念的活动模式，如理解感知、形成抽象概念和信念、处理需求、设定目标、规划行动、理解因果关系和世界规律、比对记忆、识别场景、按时间顺序组织信息以及预见未来可能发生的事情等。

然而，如果这一切都是幻觉呢？如果生物（包括我们自己在内）其实根本没有真正做出任何选择呢？如果从一开始就不存在任何可能性呢？

第一节 未来是否早已注定？

在第一章中，我介绍了两种对人类自由意志的哲学思想提出质疑的决定论（强决定论和弱决定论），它们之间互有交集但又不完全相同。为了避免概念上的混淆，我分别将它们称为**物理预定论**（认为只存在一条可能的时间线）和**因果决定论**（认为每个事件都必然是由之前的事件所导致，虽常被等同于物理预定论，实则存在细微差别）。我接下来补充需要讨论的第三种决定论：**生物决定论**（该观点认为生物体表面上所作的选择实际上是由自身生理构造，如生化状态或神经系统的连接方式所决定，存在一种内在必然性）。

接下来我会应对这些质疑，在本章中详细讨论前两种。这些观点不仅挑战了人类自由意志存在的问题，同样也对"是否真的可以说任何生物体都具有能动性"的问题提出质疑。我们将看到，真正的问题不仅源于决定论本身，还与某种**还原论**观点有关，尤其是那种认为所有的因果关系都源于物质现实的最基本层次（即亚原子粒子和基本的物理力）的观点。

物理预定论的思想历史悠久，传播广泛。古希腊哲学家德谟克利特最早提出了原子的概念，将其定义为构成物质的最微小、不可再分的单位。他还认为，原子随时间的推移不会偏离其预设路径。两千年后，牛顿的运动定律似乎为这一观点提供了坚实的科学基础。这些在现在被称为“经典”力学的定律（据说）是完全确定的。如果你知道一个系统（至少是简单系统）中所有成分的位置和动量，就可以用这些定律高度准确地预测系统的下一个状态，甚至可以预测数百年后的日食事件。

几个世纪后，爱因斯坦的相对论研究似乎与物理预定论的思想最契合。他认为时间与空间并无区别，而是时空的第四维度，并建立了一个静态的块状宇宙图景。在这个图景中，所有的空间点和时间点基本上都是预先设定的，未来和过去均被确定。我们只是在特定的时空位置体验宇宙的一个瞬间，而宇宙的发展轨迹是固定不变的。值得注意的是，在这个模型中，并不清楚是什么决定了我们主观上正在经历的**时刻**，因为客观上无法区分现在、过去与未来。但重要的是，无论我们“此刻”所处的状态何时出现，它都必然从先前的状态中产生，并必然预示着下一个状态。事实上，在区块宇宙中，时间并没有固有的方向性：这一表述并没有指明是时间流向未来的可能性更大，还是流向过去的可能性更大。

1814 年，法国学者皮埃尔－西蒙·拉普拉斯[①]（Pierre-Simon Laplace）在一个著名的思想实验中描述了类似的决定论情景。他构想了一位无所不知的智者（现在被称为拉普拉斯妖），这位智者能在一瞬间掌握宇宙的全状，并在此过程中立即掌握宇宙发展的全部轨迹，包括过去和未来。

我们可以将宇宙的现状视为其过去的结果和未来的起因。在某一时刻，如若一位智者知晓所有自然运动的驱动力，以及所有自然构成要素的位置，并且具有广博的知识，能够对这一切加以分析，那么它就可以用一个公式囊括宇宙中大到天体、小到原子的一切运动；对于这样一位智者来说，没有什么是不确定的，未来和过去都一目了然。[②]

在 2021 年出版的一本探讨自由意志和道德责任的书中，哲学家格雷格·卡鲁索（Gregg Caruso）和丹尼尔·丹尼特在决定论的定义中也概括了这一观点："决定论：该论点认为通过考察宇宙遥远过去的确切状态，结合遵循的自然定律，就可以推断出未来唯一确定的状态。"值得注意的是，尽管两人在其含义上

---

① 皮埃尔·西蒙·拉普拉斯（Pierre-Simon marquis de Laplace，1749—1827），法国著名的天文学家和数学家，也是法国科学院院士。他是天体力学的主要奠基人、天体演化学的创立者之一。此外，他还是分析概率论的创始人，因此可以说拉普拉斯是应用数学的先驱。——译者注

② Pierre-Simon Laplace, A philosophical essay on probabilities（New York: Wiley & Sons, 1902）, 4.

存在明显分歧，但他们似乎都认同这一论断是正确的。

第二节　物质现实的最基本层次

这一立场与现代物理学中所谓**核心理论**的一种解释相符合。该理论在一定范围内涵盖了所谓的粒子物理学标准模型和广义相对论。物理学家肖恩·卡罗尔阐述了该核心理论如何有效地涵盖了人类正常经验中出现的所有物理相互作用。（尽管在极端情况下，如在极高能量或黑洞附近，这一理论可能会失效。但这并不影响其在我们日常生活中的适用性。）

核心理论涉及宇宙中最小的元素和最基本的物理力，它是关于**量子场**以及量子场如何随时间推移而相互作用的理论。我们习惯性地认为物质是由原子这样的粒子构成，而原子由更小的亚原子粒子组成，主要包括质子、中子和电子。这些各具特性的粒子以不同的数量组合，形成各种化学元素。事实证明，质子和中子本身甚至是由更小的粒子组成的，这些粒子被称为上夸克和下夸克。电子，上、下夸克及中微子（该粒子很少与其他物质相互作用）构成了物质的基本成分。

此外，还有四种基本力，即日常生活中非常熟悉的电磁力和万有引力，以及作用于这些亚原子粒子的强核力和弱核力，它们与电磁力一起解释了质子、中子和原子是如何结合在一起的。这些力也都是由各种粒子介导的（例如电磁力的光子）。这些**力粒子**（技术上称为玻色子）不同于**物质粒子**（称为费米子），因为它们没有质量，占据空间的方式也不同，虽然不可能将两个电子放在同一空间点，但你可以在同一空间中任意堆放光子。

然而，这种对物质和力粒子的理解并不全面。量子物理学发现，这些粒子也具有波状特性，就好像它们能够以某种方式在空间中传播。事实上，把它们看成一个分布式量子场更加合适，有时这个量子场会出现不连续性，类似于凝结成粒子的现象。量子力学的一个重要发现是，这些凝结只发生在不连续的能量下。因此，就粒子的位置或特性而言，这个场并不是连续的；相反，粒子被量化为特定的可能状态，它们有时可以在这些状态之间进行“跃迁”。

在当前讨论的话题下，重要的是现代物理学已经在我们日常经验范围内建立了关于基本粒子和场行为的相当完备的定律和方程。但这并不是说，理解整个宇宙层面上或极高能量场中的事物就不需要其他物理学了。事实上，我们必须借助其他物理学理论来理解和解释新的现象。但是，在我们日常生活的层面上，基于目前已知的物理定律和方程，能够高度精确预测和解释各种现象（例如，关于各种粒子的能量等），在某些情况下，预测参数的测量结果可以精确到小数点后十二位或十三位。而且，理论上可以说这些方程能够涵盖**所有可能的因果关系**：它们不仅解释了量子场的行为及其随时间演变的过程，还排除了其他因果因素存在的可能性。即，不需要其他因素，也**没有其他因素存在的余地**。

至少该理论的论点就是这样的。其含义是，对于研究中的任何系统，如果你掌握了粒子和场在"时间 *t*"上的所有细节，理论上就可以将它们代入方程，从而知道在"时间 *t*+1"时系统会是什么样子。下一个时间也是同样道理，下一个，下下个……如此可以无限循环下去。这一论点显然给主观能动性和自由意志的观点带来了难题。如果大脑是一个物理系统，与宇宙中的其他事物一样由相同的基本物质元素构成，那么物理定律就应该且确定地控制大脑随时间的演变。如果在任意时刻，大脑的物理状态都能够涵盖个体的意识经验和行为，那么个体的一切行为和心理经验也都会是由这些最低层次的物理相互作用决定的。那么，宇宙中一切事物的行为从一开始就已经**注定**，包括我会写下这句话，而你会读到它。

我认为这种说法看起来比较荒谬。这么说并不是为了论证其真伪，而是基于观察，认识到这种说法与我们的真实体验格格不入，因此，我们有充分的理由对其产生强烈的怀疑（事实上，我们稍后会看到，量子物理学本身也没有充分考虑到这一点）。然而，如果我们将这种观点作为出发点，它显然不仅挑战了人类自由意志的问题，还质疑了更基本的主观能动性概念本身的问题。如果发生的一切只是生物体内部物理粒子相互作用的必然表现，那我们如何能说某个生物体**在做什么**，或者它**本身**就是一个原因？这种说法肯定不会给生物体留出**选择**的余地。在那种预定论情景下，没有什么可供选择。未来只有一个，没有可能性，没有决策或行动，没有目的性，没有重要性，没有尝试，没有目标或功能——这简直就是一个毫无意义的宇宙。

第三节　摆脱道德上的威胁

前文我所描述的情形相当严峻，即在物理预定论的背景下，似乎很难解释自由意志的存在。但有观点认为，某种自由意志可以与这种物理预定论相兼容。事实上，这种兼容论的某一版本可能是科学家和哲学家在这个问题上最普遍接受的观点。丹尼尔·丹尼特是这种思维方式最杰出的支持者之一，他在多篇哲学论文和通俗读物（包括刚才提到的那本书）中提出了一个详尽的框架，论证了他所谓的“值得追求的自由意志”的存在。

在这里保留一定程度的自由意志的动机是为道德责任的概念提供某种哲学基础。如果未来固定不变，且所有事件都只是遵循基础物理定律，那么个人对其行为负责任似乎就无从谈起。特别是，我们因为某人在某种情况下没有做出本可以做的选择而追究其责任，那么这一前提就被物理预定论否定了。在这样的宇宙中“否则”并不适用，因为除了原本会发生的事情之外，没有其他事情会发生。

丹尼特反而认为，对于道德责任而言，重要的是个体本身是其行为决定性原因的**源头**——他们之所以做出某种行为（我们姑且将之称为 A），是**因为他们想那么做**。如果他们想做 B，他们就会做 B。事实上，丹尼特认为，“将时间倒退”让个体回到完全相同的物理条件下，以重新观察他们是否会做其他事情的质疑既无意义，也不具相关性。他表示个体当然不可能做出其他选择：任一瞬间的物理环境都决定了系统（事实上是整个宇宙）的下一个状态，而这个状态必然包含这些个体将要采取的行动。对他来说，更重要的是在条件稍有不同的情况下做不同事情的能力。他认为，“灵活应对的一般能力……根本不要求个体在……任何特定情况下做出其他选择，而只要求在某些重要情况发生时，一个人才会做出其他选择”[①]。

丹尼特描绘的情形与我在前几章中描述的并无二致，即描述了自然选择进化如何创造出具有这种因果自主性的生物，并赋予它们行为**合理性**。这种因果潜能是通过进化中的反馈过程不断积累的，这种反馈过程使生物体能够将环境信息融入自身物理结构中，并利用这些信息适应环境，指导行动。丹尼特进一步指出，在数十亿年的进化过程中，随着不断地适应发展，最终生物体结构变得非常复杂，以至于尽管所有内部机制仍都受制于确定的物理定律，但它们在实际中仍然表现出不可预测性。这种不可预测性支持了一种实用主义观点，即因果关系是**生物体本身**固有的，而并非生物体的内部机制。

物理学家肖恩·卡罗尔提出的“诗意自然主义”[②]与之相似。他认为，在处理自然界不同事物时，合理且恰当的做法是根据它们所处的层次或水平来进行处理。因此，我们可以在化学、生物学、心理学或社会学中发展出有效的理论，来处理这些层面上呈现的各种实体和过程。举例来说，我们无须深入更小的电子、夸克以及作用于它们的力的层面来理解生态或经济

---

① D. C. Dennett, I could not have done otherwise— so what? *Journal of Philosophy* 81, no. 10（1984）: 557.

② Sean Carroll, *The big picture: On the origins of life, meaning, and the universe itself*（New York: Dutton, 2016）.

系统的动态性。事实上，这样做也毫无意义。即使我们能够收集到所有相关数据，我们也会被无意义的低层细节所淹没，无法发现或理解控制不同层次系统行为的、重要的因果关系和原理。将因果关系归结到个体身上要方便得多，尽管我们明白，在现实中，人是由物理元素组成的，而物理元素本身完全受控于作用于它们的基础力量，卡罗尔将这种方式称作“全面的因果关系”①。

这些兼容论的观点确实很有吸引力，而且它们也许是正确的，倘若如此，那么它们会对我在本书中讲述的故事产生积极的影响。如果在一个完全由物理定律决定的宇宙中也能出现能动性和自由意志，那么自由意志与物理确定性的矛盾就不再是需要解决的问题了。然而，在我看来，这些论点最终是无法令人满意和信服的。它们似乎在争辩说，尽管我们知道人类和其他生物并未真正做出选择，我们仍然可以把它们**当作**具有某种因果力的实体。只是因为它们太复杂了，所以从实际目的出发，我们可以，而且应该把它们当作有行动能力的推理主体，而不仅仅是被物理定律控制的复杂对象。然而，这些论证并没有解决物理预定论提出的核心问题，它们只是告诉我们无须担心，

---

① Sean Carroll, Consciousness and the laws of physics [preprint 2021, 5] . http://philsci - archive . pitt . edu / 19311 / .

因为它们认为这并不是一个真正需要解决的问题。

我们需要转换视角才能摆脱所陷入形而上学的困境。

然而，我必须指出这种论证思路中存在着某种陷阱。它给人的感觉好像是在进行某种（大概是无意的）误导，似乎在回避，甚至否认了核心问题，而非正视它。我们从粒子物理学出发，却转向了人类心理学的讨论，一切论证的目的都不是探讨生物体能否选择自己的行为，而是转向了个体是否应该对其行为负道德责任的问题。

此外，这些论证思路采用了一些概念，可能根本不适用于一个完全由物理定律决定的宇宙。当宇宙中发生的一切完全由最底层的物理事件所决定时，行为主体怎么可能成为其行动的真正原因呢？一个主体在某种情况下出于自身原因做了 A，并表示若情况不同它就会做 B，这似乎说不通。可以说它在不同的情况下会做 B，但不能说如果情况不同它就会做 B，因为在一个确定性的宇宙中，情况永远不可能不同。这种“反事实”的情况是不会出现的。

事实上，在这种情况下使用“做”这个词是否恰当呢？如果构成所谓“行动”的事件，实际上只是生物体内部不可避免的物理过程，那么生物体是否真的在“**做某事**”呢？主动“做某事”似乎需要能够做出其他选择的可能性。那原因又是如何出现的呢？在决定论的宇宙中，事情只是发生了，然后其他事情发生，接着另外的事情发生，如此循环。没有任何主体**做**事情，当然也没有任何理由。

在决定论的宇宙中，是否存在因果关系变得隐晦不明。当然，有某些力量在起作用，随着时间推移发生了一系列事件，但常见的因果关系概念是否适用还有待商榷。首先，物理学的基本定律认为时间是可逆的：这些定律没有规定事件应该从过去流向未来。若结果可以先于原因，那么就很难维持因果关系的连贯性。但一般来说，在这种全局决定论的情景下，似乎没有办法把特定的结果与特定的原因联系起来。通常而言，当我们认定某件事（X）是另一件事（Y）的起因时，我们的意思是，假设情景中的其他一切不变，如果没有 X，那么 Y 就不会发生。在这种思维方式中，**原因是造成变化的差异**。但是，同样地，这种“反事实”的思维在决定论宇宙中根本不适用：没有什么事情能与众不同，也不可能从事件的总体发展中分离出个别原因。一切就这么自然而然地发生了。

从根本上说，兼容论**假设行为主体的存在**，并论证如何使这些主体在一个确定性的宇宙中对其行为负责。但是，并未解释清楚行为主体是如何成为这种宇宙的一部分的。进化离不开适应和选择，而这两者本身似乎又需要一定程度的随机变异和更高层次上的因果影响的推动，那么它们为什么会进化，又是如何进化的呢？如果所有的物质相互作用都是由低级别的**因果**

关系所确定的，那为什么一些特定的物质结构似乎拥有了一种影响行为的能力，并且给予了生物体某种选择性优势。

归根结底，这类兼容论者的观点构建了一幅“仿佛存在”的人类自由意志图景，他们认为即使在物理层面上存在确定性，人类仍然具有足够的自由意志来为其行为负起道德责任，然而这却回避了一个更基本的问题，即物理预定论排除了主观能动性——生物体选择行动的能力。幸运的是，这些讨论大多是没有意义的，因为量子物理学本身就驳斥了这种决定论。

第四节　偏移

德谟克利特在他的原子理论中强调了一种必然性。按照他的说法，原子总是“直线下落”；也就是说，原子从过去到现在，再到未来的所有状态都已经确定，它们永远不会偏离预定的轨道。即使是在2 300年前，这种预定论对自由意志和道德责任思想的影响也是显而易见的。针对这些难题，与德谟克利特同时代的伊壁鸠鲁认为，原子不可能总是遵循这些预定的轨道。他**把行动的选择作为一个可观察到的事实**，反向论证说，偶尔原子也必须随机地“偏离”这些轨道；否则，未来早已注定，不可能存在真正的选择。

两千多年后，量子物理学的发现证实了这一转变。如前所述，电子或光子等基本粒子可被视为量子场的局部表现形式，用物理学家弗兰克·威尔切克（Frank Wilczek）的话来说，它们就是量子场的“化身”①。这些粒子的特性可以变化，比如它们的动量和携带的能量，但不能在连续的数值范围内变化（如同身高）；相反，它们可以从几种可能的离散状态中取其一（如同鞋码）。例如，围绕原子核运转的电子可以处于各种离散的能量状态，但不能在它们之间取值：相反，它们可以从一个状态跃迁到另一个状态。

1925年，年轻的物理学家沃纳·海森伯②（Werner Heisenberg）提出了一种应用数学工具来描述和分析量子系统数学的方法，可以在不确定粒子所处状态的情况下进行计算。这种方法的核心思想就是在数学上将粒子视为同时处于每种可能的状态，使用一个巨大的可能值矩阵（更准确地说，是电子从其中任何一种状态移动到其他任何一种状态时所发射的光的强度和波长的可观测值）来表示量子系统的不同状态，并使用这些矩阵进行运算。2021年，物理学家卡洛·罗维利（Carlo Rovelli）在其出版的《**赫尔戈兰**》

---

① Frank Wilczek, *Fundamentals: Ten keys to reality*（London: Penguin, 2021）, 386.

② 沃纳·海森伯（Werner Heisenberg，1901—1976）出生于德国维尔茨堡，物理学家，量子力学主要创始人之一，哥本哈根学派代表人物，诺贝尔物理学奖获得者，生前是慕尼黑大学教授。——译者注

一书中，精彩地讲述了海森伯如何提出这一观点，并以惊人的精度预测实验可观测参数。

此后不久，埃尔温·薛定谔（我们在第二章中提过他在都柏林的晚年生活）设计了一种截然不同的方法来处理量子系统，结果证明在数学上等效于海森伯的方法。薛定谔把粒子当作波动来处理。人们对波动的物理学原理已经有了很好的理解，而且有充分的理由认为量子粒子具有某种波动特性。他提出了一种数学**波函数**，可以描述和预测量子系统如何随时间的推移从一种状态演变到另一种状态；它还准确地复现了实验观察到的结果。问题是，当我们实际观察电子时，它们的行为更像是离散的粒子，而不是连续波动。就好像只有在我们不看它们的时候，它们才表现出波动性质!

另一位量子力学先驱马克斯·玻恩（Max Born）解释了这些数学抽象。他认为，海森伯矩阵和薛定谔的波函数所代表的是一种**概率图**；具体来说，就是当你进行电子实验时，在特定空间位置上找到具有特定属性电子的概率。这些概率与实际试验结果高度吻合。

你可以把某个初始时刻 t 的所有相关数值代入这个方程，然后精确地计算出未来某个时刻的值。似乎这些值以完全确定的方式根据波函数的规律演化。有些人因此认为量子物理学是完全确定的。**但这些值代表的是概率**。一旦进行实验观测，根据薛定谔方程计算的概率分布就会“坍缩”，系统会表现出其中一种可能的状态。如果你进行大量实验，你会发现统计数据与计算出的概率完全吻合。但在任何一次实验中，结果都是完全不可预测的，它似乎不是由我们所知的任何事情预先决定的。当量子系统表现为波动时，薛定谔方程完美地描述了量子系统的行为，然而一旦粒子与某物发生相互作用，量子系统就不再表现为波动了。我们在那一刻看到的实验结果似乎是在底层概率的基础上随机产生的。

这是真正的随机性在起作用，还是仅仅反映了我们的盲目性？一种流行理论或者说一系列理论提出，我们或许遗漏了一些重要物理变量，而实际上就是这些变量决定着每个具体实验或观测的结果。人们做了大量的工作来寻找这种“隐藏变量”，但根据贝尔法斯特物理学家约翰·贝尔（John Bell）的理论研究以及后续对此的实验测试，“隐藏变量”似乎已经被明确排除。如果所谓的“隐藏变量”真的存在，那么它们隐藏得非常彻底，以至于它们无法对现实中任何事物产生任何影响。

另一种理论是休·埃弗雷特（Hugh Everett）于1957年首次提出的**多世界假说**。坦率地说，这一理论十分古怪，但却出奇地受欢迎。它将薛定谔方程完全视为表面价值，并假设**所有预测的可能结果**都会发生，但并非都发生在我们的宇宙中。每当概率云呈现出一个确定值时，同一概率云就会在该事件所创造的新宇宙中呈现出其他可能值中的一个。如果你在X位置观察到一个电子，那么与此同时，**在一个新的宇宙中会产生一个新的你，**在Y位置观察到电子。你可以想象，由于所有这些亚原子粒子一直在相互作用，平行世界的数量会迅速趋近无穷大。

在这个模型中，不存在所谓的随机性：一切都完全按照确定的方式进行，因为**所有可能发生的事情**都会发生。问题在于，这个模型无法解释你会碰巧在哪个宇宙中找到自己。其论点是，你的各种版本存在于不同分支宇宙中，但没有说明为什么**你**（比如现在正在阅读这本书的你）会经历其中的某个特定宇宙。因此，多世界假说构想了一个不断扩张的多宇宙系统，但这种奇思妙想并没有从根本上消除随机性，它只是把随机性推到了人们的视线之外。

最终我们只能接受物理学界的主流观点：在量子系统演化过程中观察到的不确定性是真实的、基本的。这并不仅仅反映了我们知识的匮乏，这就是宇宙的行为方式，至少在这些非常小的量子层面上是如此。伊壁鸠鲁是正确的：原子（或至少是亚原子粒子）确实会发生偏转。但这对人类这样的庞然大物而言意味着什么呢？这些量子层面的随机性是否会对经典牛顿力学产生影响呢？

第五节　前路不定

牛顿运动定律似乎是完全确定的，以至于拉普拉斯可以想象让拉普拉斯妖将整个宇宙的历史可视化，把过去、现在和未来都展示在一条时间线上，一目了然。然而，量子力学的核心观点似乎具有某种基本的不确定性。如何才能将这些看似矛盾的观点统一起来呢？毕竟，经典系统仍然是由亚原子粒子构成的。量子系统和经典系统之间的过渡标志是什么呢？

传统物理学观点认为，当系统变得足够大且有足够多的成分相互作用时，单个粒子的量子特性会在整个系统中弥散，其概率性会被系统平均掉。这一过程被称为**量子失相干**（quantum decoherence），反映了任意给定粒子与系统中其他成分之间的逐渐“纠缠”，这种“纠缠”迫使粒子采取一种单一的确定状态。人们通常认为，这一过程意味着当跨越某个不确定的阈值时，任何量子不确定性的痕迹都会被均化，从奇异的量子微观世界回到经典物理学的宏观世界。

根据这种观点，量子不确定性与我们关于能动性和自由意志可能性的讨论并无太大关系，因为后者取决于更大的系统在本质上是否具有决定性。某些系统很可能是传统物理学观点可以解释的，例如，类似行星轨道这样的系统，能很好地通过牛顿力学预测结果，这类系统中只有少数几个组分在相互作用，且系统的动态变化相对简单。这意味着某个参数值在某个时间点的微小变化，会导致预测值在后续时间点的相应微小变化。在经典物理学框架下，这种系统的未来行为可以通过当前状态准确预测。

然而，大多数系统可能并非如此。以天气为例，我们看到的恰恰相反。大气系统本质上是**混沌**的。这意味着它的演变具有明显的、不可预测的**非线性特征**，即某些参数的微小变化会导致系统随着时间的推移发生巨大的变化。任何系统，只要有大量的成分同时相互作用，且具有潜在的放大反馈循环，就会表现出这种行为。当然，生命系统完全符合这种描述。

但许多物理系统也是如此。事实上，在“热”大爆炸之前的“宇宙膨胀”阶段，宇宙中物质的组织结构取决于量子波动的存在。由于宇宙在迅速膨胀，它最初是一个均匀的能量场。如果没有随机的量子波动打破这个对称的场，物质和能量就会分布得十分均匀，几乎什么都不会发生。相反，这些微小的波动给引力场带来了足够的不均匀性，从而形成了星系、恒星和行星。伊壁鸠鲁也以惊人的先见之明意识到了随机性在宇宙早期起源中的重要性。

这就是量子随机性在宏观系统（整个宇宙）随时间演化的

过程中，作为一个决定性因素影响演化的例子，或者更广义地说，它是允许这种演化发生的例子。但更重要的一点是，最底层的不确定性确实可以导致更高层面的不确定性。这与其他关于从量子到经典转变的观点不谋而合，也与那些认为经典系统是确定性的观点相吻合（见图 7.1）。

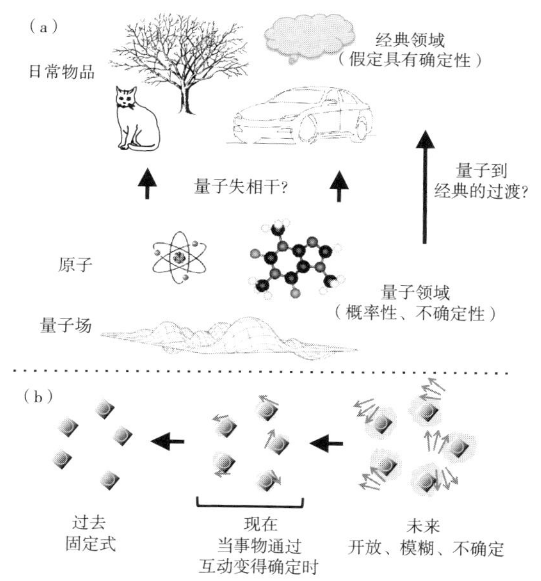

图 7.1 量子到经典的转变。(a) 一种著名的物理学解释承认物质的最小尺度（如量子场、粒子和原子）具有不确定性，但认为这种不确定性通过这些粒子在大型物体中的相互作用变得相当分散，以至于经典层面（超过某个任意尺度）的系统表现得完全确定。(b) 另一种解释从时间而非空间角度看待这种关系，认为不确定性是未来量子参数和经典参数的基本特征。这种不确定性通过场、粒子或更大物体之间的相互作用而得以解决，这种相互作用定义了我们所体验的现在。因此，过去是固定的，而未来仍然是开放的、模糊的和不确定的。

物理学家李·斯莫林（Lee Smolin）和克莱利亚·维德（Clelia Verde）提出，量子到经典的转变根本反映的不是空间尺度，而是时间的流动。事实上，他们认为我们所体验到的现在只不过是不确定变为确定的时期。根据这种观点，所有系统在未来都会具有量子特性。也就是说，单个粒子的属性是概率性的，它们本质上是不确定的。只有当粒子相互作用时，这些属性才会转化为确定的值。我们所说的“现在”，就是从一个不确定的、存在多种可能性的未来，到一个无法再改变的过去的过渡时期。这个过程不是瞬间完成的：它需要时间。因此，现在是一个拥有一定时间长度的时期。这个过程不是在经典层面消除量子不确定性，而是通过随机实现各种可能性而不断引入量子不确定性。尼古拉斯·吉辛（Nicolas Gisin）和弗拉维奥·德尔·桑托（Flavio del Santo）提出了一个类似观点，声称这种未来的不确定性并不局限于量子系统，也适用于规模更大的物理参数。他们认为，牛顿力学表面上的确定性建立在一个关键假设之上：相关物理参数的数值是以无限精度同时给定的。但是，这种无限精确的假设遇到了一个硬性限制，即在任意有限的物理空间中无法容纳所有粒子的无限精度信息。然而在严格的决定论的假设下，此时此刻宇宙中所有粒子的信息都必须在宇宙大爆炸的那一刻就已经存在。时间的其他每一个瞬间也都如此，都需要存储这样的信息，这就需要超越物理现实的无限信息容量。

吉辛和德尔·桑托认为，在某个小数点之后，描述未来经典系统物理参数的数字就变得不确定了。不只是我们不知道它们是什么，宇宙也不知道它们是什么，至少现在还不知道。这些数字并不是以无限精度同时给定的；相反，它们是**随着时间的推移而演变**的。同样，这些参数正是通过相互作用才具有了确定的值，这与量子可能性的“坍缩”类似。并不是说这些参数可以取任意值，它们并不是完全随机的，它们通常会受到相关系统物理规律的严格约束，但**并非完全受到制约**。

这些观点的结论是，未来是开放的：事实上，这正是未来之所以是未来的原因。因为我们只活在当下，所以我们无法亲身体验这种不确定性。我们无法直接体验到未来的现状（如果这样想还有意义的话）；我们只能预测当我们到达未来时（或当未来到来时）会是什么样子。顾名思义，到了那时，一切都将是现在的样子，一切都将变得确定无疑，未来在抵达时立即成为当前时刻的现实。如果我们真的能瞥见未来，我们会看到一个失焦的世界。未来并没有早已铺就的整齐划一、等待选择的不同路径——未来只是一幅模糊的、抖动的画面，而且你越深入去看，这种模糊和抖动就越明显。

这些从不确定性到确定性转变的模型虽在学术界颇具争议，但却有一些直观的吸引力，因为它们消除了在思考从量子到经典的过渡时可能出现的随意性。此外，它们还与随机性的观点相矛盾。后者将随机性看作某种额外的、积极的因素，以某种奇迹般的方式进入现实并操纵事物——将随机性视为没有明确原因的现象，这似乎与科学的理性背道而驰。而这些从不确定性到确定性转变的模型认为，物理的不确定性**作为一种消极特性**（在任意瞬间物理参数都缺乏完全的精确性）是物理对象的一种默认状态，而这种不确定性会随着时间的推移而增加，离现在越远，不确定性就越大。将事件分为“确定”和“随机”两类的观念是不正确的，因为所有事件都经历了从不确定到确定的过程。事实上，这或许正是定义事件的本质特征。

这让人回想起沃纳·海森伯的另一项贡献——著名的“不确定性原理”。该原理指出，你无法同时精确地测量亚原子粒子的位置和动量。事实上，对位置的测量越精确，对其动量的估计就越不精确，反之亦然（同样的关系也适用于其他一些“共轭”物理参数对，比如光子的能量和它从原子中释放出来的精确时间）。这个原理的名字有点不吉利，因为它暗示了它仅仅与观察者所能掌握的知识有关。事实上，它反映了一个更为基本的真理。量子粒子的波动性意味着它们的位置和动量都是概率性的，并且在数学上相互关联，缩小其中一个粒子的概率范围，必然会增加另一个粒子的概率范围。事实上，即使对于经典大小的物体来说，类似的原理也适用：只是相对于物体的大小来说，这些参数的误差范围或模糊性，可以忽略不计。因此，观察者所能知道的极限反映了系统本身的不确定性。事实上，海森伯最初将之称为“不定性原理”（indeterminacy principle）而非“不确定性原理”。

正如尤达大师（Master Yoda）所说：“难以预见。未来永远在运动。”物理学家弗兰克·威尔切克也说过类似的话：“根据量子力学原理，任何能够运动的东西都会**自发地**运动（我所强调的）。[①]”根据前面介绍的模型，当粒子在振荡中相互碰撞并相互作用形成某种新状态时，这种不确定性便会得到解决，而这种新状态的组成部分又会重新开始振荡。

如果这些讨论让你头晕目眩，那你并不是唯一一个有这种感觉的人。理查德·费曼（Richard Feynman）有一句名言：“如果你自认了解量子力学，那么你就并不了解量子力学。”有无数的数学和理论能解释实验观测结果；我们只是不明白这对现实本质的意义所在。但有一点很明确：在量子力学框架下，即使我们知道一个物理系统当前的完整状态，即了解所有粒子的相关属性，并尽可能精确地对其进行测量，以及掌握其所遵循的基础物理定律，我们仍然**不能**完全预测系统的下一个状态。物理预定论模型认为，从宇宙的起源一直延伸到未来的最遥远时刻存在一条单一

① Wilczek, *Fundamentals*, 80.

时间线，且这条时间线上的每一个事件都在物理上是完全确定的，这种观点已经被现代理论推翻，名存实亡了。

第六节　因果松弛

那么，这对于能动性和自由意志意味着什么呢？表面上看，这并没有什么帮助。如果所有的物理现象真的都是确定性的，那么就不存在选择与可能性，你也无法控制自己的行为（事实上，我认为你也压根就不会存在）。但仅仅增加一些随机性，显然并不能解决问题。如果我的行为是由我大脑中亚原子粒子层面的随机物理事件所控制的，那么我对它们的掌控程度，并不高于它们完全由物理预定的程度。这个论点完全正确，但它忽略了更普遍的问题。

这并不是说部分决策是确定的（受必然性驱使），而另一部分决策则受偶然性驱使。真正关键的一点是，偶然性的引入削弱了必然性的垄断地位，必然性不再是因果关系中唯一的主导因素。低层次的物理细节和力量并不能对整个系统产生全面的**因果影响**：它们并不足以决定一个系统如何从一种状态演变到另一种状态。这就为更高层次的特征对物理系统演化方式产生影响打开了大门。这种影响是通过对系统的组织和环境施加一定的条件限制来实现的：换句话说，系统的组织方式也会产生某些因果作用。在大脑中，这种组织方式体现了知识、信念、目标和动机，也就是**我们做事情的理由**。这意味着有些事情既不受必然性驱使，也不由偶然性驱动，而是**取决于我们自己**。

正如伊壁鸠鲁所说："被某些人喻为绝对统治者的必然性并不存在，有些事情是偶然发生的，而另一些事情则取决于我们的自由意愿。必然性难以改变，偶然性是不稳定的。与其完全相信物理学中的必然性（成为命运的奴隶），不如追随神话中的神明。"①

因此，伊壁鸠鲁的真正目标是反对**还原论**，而不仅仅是反对决定论。他的"突变"是为了在决定论的框架中给意志留出操作余地。当代哲学家和数学家乔治·埃利斯（George Ellis）同样认为，物理的不确定性在物理系统中造成了**因果松弛**，这就为所谓的"自上而下的因果关系"开辟了渠道。简单地说，这一原则指出，系统的行为方式取决于其配置方式，这种配置方式可以对低层次组件施加一定的限制，并决定它们之间的相互作用模式，从而实现特定的功能。在生物体内，这种配置本

---

① As quoted by Karl Marx, "The Difference Between the Democritean and Epicurean Philosophy of Nature," in *Marx- Engels Collected Works,* Volume 1（Moscow: Progress Publishers: 1902）, 21.

身就是千百年来的选择结果，也是生物体自身生命周期的选择结果，其时间跨度从几秒、几小时到几年。这便凸显了另一个有别于还原主义的关键原则，也与全面自下而上的观点有所不同：因果关系并非完全是瞬时的。

这一原则就是我们在前文提到的第二种决定论：因果决定论。简单地说，就是每个事件的发生都有先因。事情不会凭空发生，也不可能是其自身的原因。在某些框架中，这与物理预定论本质上是相同的，但前提是所有的原因都被认为位于现实的最底层，这样一来，事件的发生完全是由先前的事件、条件与（低层的）自然定律所决定的。如果情况并非如此（如果高阶特征和原则能够在系统中发挥因果力），那么因果决定论就不会对能动性和自由意志的概念构成威胁。行为主体本身就可以成为某些事情发生的原因。

就在伊壁鸠鲁时代的数十年前，亚里士多德（Aristotle）提出了因果关系理论，将自然物体或系统（包括生物体）行为背后的原因或解释归为四类：**质料因**（material cause）涉及系统成分的物理特性：它是由什么构成的。**动力因**（efficient cause）涉及物体外部引起某种变化的力量。在更抽象的层面上，**形式因**（formal cause）涉及这些成分的形式或组织。最后，**目的因**（final cause）是指事物的目的或预期目的。亚里士多德认为这些观点是互补的，它们效用相当，可以为解释自然现象提供不同视角。

遗憾的是，在16世纪早期，现代科学方法之父弗朗西斯·培根（Francis Bacon）认为，科学只应关注质料因和动力因，即机制。他将形式因和目的因归类为形而上学或他所谓的“魔法”。这种观点和态度如今仍在科学家之间盛行，而且也不无道理，它促使研究物质和运动以及推导机制的还原论方法在科学上取得了巨大成功。

但这种方法只聚焦于回答“怎样”的问题。如果我想知道我现在在笔记本电脑键盘上的敲打是如何转化为屏幕上的文字的，我能得到对有关机制，以及因果事件和相互作用过程（亚里士多德的质料因和动力因）的完整描述。但这种描述并不能完全解释正在发生的事情。此处还有一个“为什么”的问题需要回答。敲击键盘之所以能产生预期的结果，是因为电脑**就是这样设计和编程的**。它具备这样一种功能（最终原因或目的），而这一功能是内置于其结构配置中的（成为形式或组织原因）。这一设计和构造过程发生在很久以前，但它与我敲击键盘或电子在计算机电路中穿梭一样，都是文字出现的重要原因。当然，我这样做也是有目的的——向读者传达我的想法。

许多科学家对“为什么”的问题心存疑虑。它们带有宇宙目的论的味道，认为自然界中的事物之所以如此，是因为它们受到了某种超乎俗世的目标的驱使，从而暗指某种超自然的智慧设计者插手其中。没有证据表明事实如此，正如拿破仑询问拉普拉斯“上帝在他的计划中处于什么位置”时，拉普拉斯的回答是“没有必要进行这种假设”。然而，尽管宇宙本身可能没有目的，但生物体却肯定有目的。事实上，这正是它们的界定特征。

第七节　设计成就美好生活

正如我们在前几章中所看到的，自然选择使得功能设计逐渐发生变化，随着时间的推移，这些变化慢慢累积起来。这背后的逻辑简单而残酷：那些为了自身生存和繁衍而不断变化适应的系统，必然会比在这方面逊色的系统更加持久。如果你有许多这样的系统（这里指的是生物体，尽管这一逻辑对计算机程序或其他实体也同样适用），那么你只需要增加变异量，选择适应性更强的特征（或任何你想要的功能），然后重复这个过程，重复，再重复。其结果是，这些维持系统存在和稳定的相互作用和机制将体现在系统结构中。由于系统内部的子系统以一种能够提高生存和繁殖机会的方式进行运作，功能不断进化。

必须强调的是，由此产生的功能，即执行各种操作的具体架构，并不是从较低层次的系统组成部分中**自发涌现**的，就像足球队的战术不是从单个球员的行为中自主产生的一样。两者间的关系恰恰相反：功能架构或策略拥有独立的起源，并**制约着**各个组成成分的行动。出人意料的是，正如哲学家艾丽西亚·华雷罗（Alicia Juarrero）所言，对各成分的行动加以限制，反而可以给予整个系统更大的自由度以追求更高的目标。我们付给足球教练高额薪水，就是因为组织十分重要。

功能架构不一定是通过进化过程创造出来的，而是在探索和应用中逐渐发现的。数学和工程学中抽象原理的存在或成立，并不依赖于任何物理基础。这些原理并非自下而上产生的。它们不仅具有类似于描述核心物理理论方程那样的基础性，而且具有独立性，因为它们无法从这些方程中推导出来。如果你想制造一个滤波器、振荡器、符合检测器或放大器，无论该系统是由电气、电子构成，还是由基因或神经元网络所构成，都存在某些行之有效的功能设计。进化实际上就是在寻找这类功能架构，即寻找任何能帮助生物体存活的构件配置方式。

自然选择的算法，即通过变异和挑选进行繁殖的简单步骤，就像一个棘轮重复了成千上万次。每一点新的进步都会被保留下来，同时新的变体也会被梳理出来，以便增加新的改进点。通过这种方式，生成新架构的随机变异过程就被转化为一个方向明确的渐进过程（请注意，自然选择算法本身就是一个很好的例子，它是一种独立于低层次物理定律而存在的功能原理）。经历过自然选择的系统具有一个关键特性，它们能够将历史信息融入自身物理结构中。这种能力反过来又使它们得以根据当下信息采取行动。因果关系的链条也因此随着时间的推移而延伸。

假设有一种细菌编码了一种受体蛋白，这种蛋白能与周围环境中的某种分子发生特异性结合，并将这种结合与定向运动结合起来。那么你可以说，在任意特定时刻，分子的结合都会导致细菌向某个方向移动。你可以追溯介导这一事件链的所有原子和分子的物理相互作用：它们构成了发挥作用的机制。但分子的结合仅仅是哲学家弗雷德·德雷茨克（Fred Dretske）所说的“**触发因**”。要理解这个系统，我们还必须考虑**结构因**，即是什么影响了系统的构建方式，致使系统一旦检测到特定分子，便会朝着特定的方向移动。

这种结构化显然是在漫长的时间内，通过自然选择的迭代反馈机制产生的。但是，它与瞬间发生的生化相互作用一样，都是正在发生的事情的原因。触发因回答了“怎样”的问题，结构因回答了“为什么”的问题。当然，养育过小孩的人都知道，在第一个“为什么”的背后，总是藏着另一个“为什么”。在这种情况下，细菌之所以具有这种结构，是因为它具有适应性，或者更准确地说，它在过去被证明具有适应性。因此，这是自然选择下的一个赌注：未来会像过去一样，而且这种特殊分子所代表的信息（比如说，附近有食物源）将会继续存在，并且仍然有用。

行为主体之所以具有在外部世界中引起实际影响或产生结果的能力，是因为从生物学角度来说，它们始终在关注这个世界。这可不是免费的午餐。与势能一样，生命系统也是潜在因果关系的储存器或电容器。不同之处在于其储存的内容是信息；具体而言，是具有因果效力的信息。我在前面曾把“因”描述为“造成变化的差异”——这个概念只有在非确定性的宇宙中才有意义。这句话是我从格雷戈里·贝特森（Gregory Bateson）那里借来的，它实际上是被用来定义信息的。外部世界对生物体造成的影响会留下物理痕迹，即生物体与外界因果关系的交互会被记录下来，内化于生物体的结构中。随后形成的生物体内部构造可以根据当前的信息设定具体的行动标准，从而引导生物体的行为产生实际的效果。我们将在下一章中看到，最底层的细节已经不再重要：重要的是整体模式以及这种模式的含义。因此，信息在系统中产生实质性的影响，并赋予行为主体在外部世界中产生因果效应的能力。

总之，物理定律并没有先验地排除能动性或自由意志存在的可能性。宇宙并不是确定性的，因此，基础物理定律并不能穷尽所有类型的因果关系。当然，生命系统的运作方式并没有违反这些物理定律，也没有理由认为当原子或分子存在于生物体中就需要修改这些定律。这并没有违背物理定律，只是这些定律既不足以确定系统的行为，也不足以解释系统的行为。在下一章中，我们将探讨这种不确定性在神经系统中的表现，以及决策系统是如何在演化过程中有效地利用这种不确定性的。

第八章

利用不确定性

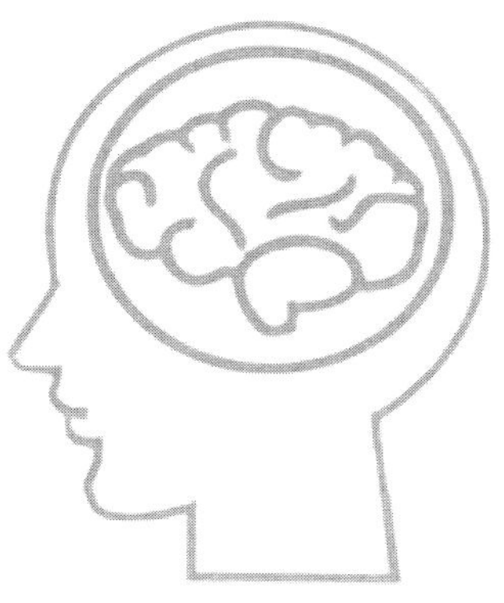

在上一章中我们了解到，即使我们知道物理系统在特定时刻的状态，并了解其适用的基本物理定律（如核心理论方程反映的定律），我们仍无法准确预测系统在未来某一时刻的状态。由于存在相当多的不确定性，许多类型的系统（特别是那些具有复杂或混沌动态的系统）的演变过程在实践中是不可预测的，在理论上也是难以界定的。

在大脑中，这种不确定性表现为细胞过程和神经元电活动的变异性。这导致神经群中产生了生物工程师所说的**噪声**，即信号传输过程中参数的随机波动。这种噪声给自然界带来的问题是很难利用单个不稳定的组件构建出能够执行复杂认知操作的结构。然而，生物体却能利用这种潜在的变异性，实际上这种变异性对于实现灵活的行为是绝对必要的。至关重要的是，它打破了伊壁鸠鲁所谓的“命运的契约”，即生物体的行为只是物理状态连续变化的必然结果。相反，大脑在进化过程中利用了其组件的嘈杂性，使生物体能够进行自主决策。

第一节　嘈杂之地

在前几章中，我将神经元描述为大自然设计的奇迹，它们构造巧妙，具有收集、处理和传播信息的能力。但从工程学角度来看，神经元也面临着一些挑战。信息处理器是由湿润、振动、复杂的微小组件构成，它们不断振动、随意扩散、相互碰撞、进行瞬时分子相互作用、改变其构型，并不断地发生化学变化、转换、分解及重构。那么，如何才能用这种混乱的“湿件”制造出可靠的信息处理器呢？

简要回顾一下，当神经元产生神经冲动（即动作电位或脉冲）时，它就会以电波的形式沿着轴突（即神经元的输出纤维）到达突触（即神经元与其他神经元的连接点）。突触末端是高度特殊化的结构，里面充满了预装有神经递质分子的小囊泡，可以随时将其释放出来与其他神经元进行交流。当神经冲动到达突触末端时，细胞膜上的钙离子通道会被激活并打开，使钙离子流入细胞内部。这些钙离子与突触囊泡中的蛋白质结合，当钙离子达到一定浓度时，就会触发囊泡与细胞膜融合。

随后，囊泡破裂，将其内容物释放到发送神经元和接收神经元之间的狭窄缝隙中。在神经递质分子扩散之前，接收细胞膜上的特殊受体蛋白就能检测到它们，并打开离子通道，让钠离子流入神经元。如果足够多的离子流入接收神经元，就会触发接收神经元中新的神经冲动。与此同时，神经递质和在囊泡融合过程中多余的膜会被回收到发送神经元的突触末端，同时各种转运蛋白会将离子泵出细胞，以恢复驱动这一过程所需的电位。

现在，如果要设计一个类似的系统，你需要确保神经元发出脉冲信号时，其突触末端必然会释放神经递质。否则，这个系统就会失去效力：如果电信号本身所代表的信息未能传递给下游神经元，那么这些信息就会丢失。同样，如果神经递质被释放，但未被下游神经元准确地检测到或转换为电活动时，这些信息也同样会丢失。问题在于，这些过程中的所有蛋白质成分都会受到噪声和随机“热”波动的影响。蛋白质的相互结合或与化学离子的结合是基于它们相对浓度的概率事件。这是一个平衡过程，在任何时间段内，结合和解离都会同时进行——浓度较高只增加了结合发生的可能性。蛋白质的构象变化也是如此：它们也是概率性的。事实上，在这些微观尺度上，这些事件甚至会受到量子不确定性的影响。因此，即使神经递质结合或电位很高，离子通道有时也无法打开；即使突触末端的钙离子浓度很高，突触囊泡有时也无法融合。相反，离子通道和突触囊泡有时会按照一定频率自发打开和自发融合。至少在理论上，所有这些因素都可能降低神经元内部以及神经元之间信号传递的可靠性。

当然，大自然已经解决了这个问题，否则我就无法写下这句话，你也就无法读到它了。单个分子成分中的噪声可以通过简单地添加更多的分子成分来缓冲，从而使神经元对信号更加敏感，同时降低对特定蛋白质随机波动的敏感度。然而，从生物体的角度来看，这种方法的问题在于成本太高。制造这些蛋白质并将它们放在正确的位置需要很多能量，维持神经元内外的离子平衡也同样消耗能量。此外，这些蛋白质会占据细胞膜的空间：蛋白质的增加意味着必须增大神经元体积以及轴突和树突的直径。这就会影响膜的电导率，增加发送脉冲信号的成本，并会减少大脑中能容纳的神经元数量。因此，这种通过“蛮力”确保信号传递可靠性的方法存在一些实际性限制。

另一种方法则是利用神经元电信号传导中的所有反馈和前馈回路的相互作用，这些相互影响的动态过程共同抑制分子噪声，从而实现稳健的信号传递。事实上，一些研究表明，在一定的输入条件下，单个神经元能非常稳定地输出一系列特定的脉冲信号。在这种情况下，电流直接注入神经元细胞体，从而绕过了收集输入信号的突触和树突。在更自然的条件下，研究人员在记录完整动物神经元活动时，通常会观察到在不同实验之间存在相当大的变异性（如进行特定刺激的实验）。研究人员对于这种变异性的来源存在激烈争议：一些研究人员认为，它是由离子通道和突触机制中固有的随机波动引起的；另一些研究人员则认为，这种变异性根本不是噪声，而更像是所记录的神经元与其他神经元相连接的结果。这些变异性反映了其他神经元传递的信号受到动物在特定时刻正在进行活动的影响。

这两种说法似乎都有可能成立，并且在不同程度上适用于不同的神经元和回路，甚至适用于不同条件下的同一神经元。有些神经元可能需要强烈信号才能被激活，从而产生稳定的输入－输出关系；而另一些神经元可能更接近阈值，其中的微小波动都会对其活动产生影响。所有这些神经元之间进行信息传递，它们之间的互动方式经过设计，可以有效地抵消噪声或利用噪声。事实上，许多神经网络处于所谓的临界状态，使其能灵活且迅速地调整活动模式，有时微小的变化会被放大，从而产生截然不同的结果。

这是一种具有高度适应性的设计。毕竟，神经系统的功能不仅仅是稳定地将信号从一个神经元传递到另一个神经元。仔细想想，那样做毫无意义。它也不像数字计算机那样精确地执行逻辑运算或预定义算法来输出“正确”答案，而是帮助生物适应不断变化的环境。如果生物体所面临环境参数是固定的，且事先完全知晓，那么它就可以依靠高度专门化的神经回路来执行特定的操作，因而就会更加容易应对这一挑战。然而，世界并非如此，生物面临的挑战每时每刻都在变化，神经系统必须具备适应这种变化的能力，而这正是其专长所在。在这样不断变化的世界里，动物灵活调整自己的行为是一种有效的生存策略。即使在一切顺利的情况下，动物也要偶尔进行探索，用新信息更新自我和世界的认知模型，不断检查周围的世界是否仍然与其预期相符。

即使对于最简单的生物体来说，这种能力也是至关重要的。正如我们在前文中所讨论的，细菌在特定方向的直线运动和随机翻滚之间切换，来远离危险和寻找食物来源。如果细菌发现有利条件时，比如，如果它们沿着食物分子的浓度梯度移动时，那么它们就会花更多时间进行直线运动，而减少翻滚频率；相反，如果它们未接收到这种积极信号，它们就会进行更多的随机翻滚，朝任意方向移动。

事实证明，启动随机翻滚的倾向**本身就具有一定的随机性**，即使在基因完全相同的细菌中也会有所不同。这受到细菌内部化学感受蛋白质生成数量的影响；因此，这一过程也容易受到细菌细胞内分子噪声的影响。编码这些蛋白质的基因 DNA 序列的差异会影响该过程的噪声水平。通过自然选择，细菌在其系统中发展出一定程度的噪声，这也许是一种降低风险的策略。即使在基因相同的细菌群中，有些细菌可能在某些时刻产生更多这类蛋白质，因此更有可能保持当前的行为模式，“利用”已知的环境信息，而其他细菌则更有可能进入“探索”模式，尝试新的策略或行为。因此，自然选择校准了系统中的噪声水平，帮助简单生物灵活适应多变的环境。在多细胞生物中也是如此，神经系统中的噪声会松弛刺激－反应映射，使行为具有了灵活性。

当然，神经系统的另一个重要功能是使生物能够学习，重新配置它们的神经回路，从而反映过去的经验并更好地预测未来的情况。如果神经元已经达到最大值，即所有神经元之间的连接权重都设置为 100%，那么学习就不可能发生。相比之下，如果神经元在信号传输概率响应范围内运行，它们就能灵活地上下调整其传输信号的概率。事实上，生物体为了让神经元保持在响应范围内，也是费尽了心思，它们会在睡眠时重塑突触强度，以确保系统不会因一整天的学习过度固化。

从这个角度看，我们可以发现，在（至少是某些）单个神经元层面上，神经传输的显著不稳定性**是系统的一个特征，而非缺陷**。无论是面临突发的环境变化还是对环境的长期适应，神经组件中存在噪声是生物体能够灵活适应不断变化的环境的一个关键因素。此外，生物体已经发展出许多机制来直接利用神经活动中内在的随机性。它可以用来打破决策中的僵局，增加探索行为，或在计划下一步行动时引入新的想法。这些现象揭示了神经系统中存在嘈杂的神经元活动过程，并凸显了一个令人惊讶但极其重要的事实：生物有时会做一些随机的**选择**。

第二节　不可预测

动物之所以会做一些随机的选择，主要存在以下几种解释。首先，在某些情况下(可能并不罕见)，**无法预测**的随机行为可能会直接带来适应性优势。例如，当面临捕食者威胁时，随机行为会增加生存机会。同样，玩扑克牌的读者可能也会认识到，随机做出决定的好处在于对手无法从你的打法中找出规律。事实上，这也是约翰·冯·诺依曼（John von Neumann）、奥斯卡·摩根斯特恩（Oskar Morgenstern）以及后来的约翰·纳什（John Nash）在发展博弈论时提出的一个核心观点：如果你的对手能从预测你的行动中获益，那么你应该采取随机策略。生活就是一场游戏，许多对手都在试图预测对方的行为。

在许多动物的逃跑行为中都能观察到内在的变异性。例如，蟑螂在受到威胁时会迅速向一个看似随机的方向逃跑。事实上，通过仔细分析我们可以发现，动物的逃避方向是有选择的，它们从一组有限的、预定逃避方向中进行选择，而这些选项与威胁发生的具体位置相关。然而，在最严格控制的实验条件下，动物选择逃跑的具体方向仍然是不可预测的。虽然我们不知道这种行为是基于什么神经，但这与我们之前看到的选择模型是一致的。在这种模型中，不同的行动计划相互竞争，争夺对输出指令神经元或区域的控制权。在这种情况下，在“赢者通吃”的竞争性动态中，即使是构成回路的神经元出现微小的瞬间波动，也可能被加强或放大，其中每种模式都会强化自身模式并抑制其他模式。因此，当动物面对试图预测其行为的捕食者时，允许其神经回路中加入一些随机性来决定行为结果，可能会使它具有极强的适应能力。

现在，你可能会说，这种随机性只是表面现象，只是反映了实验人员对蟑螂行为了解不够，以及在实验室环境中难以真正控制与蟑螂相关的所有环境参数。正如《哈佛动物行为法》所述：“在完全受控的实验环境下，动物的行为也会难以预测。”谁知道当一只蟑螂受到惊吓时，它在某一特定时刻到底处于什么状态？行为反应的多变性说明了，即使是看似简单、被认为是固定的反射行为，也可能反映了神经控制系统的综合性和整体性，但仅仅将随机性视为决定性因素或许并不能令人信服。

水蛭神经系统的研究（见图 8.1）为此提供了更直接的证据。这些简单的生物体在受到触觉刺激时会通过启动游泳或爬行两种运动模式逃离。我们可以在一个培养皿中分离出水蛭的神经系统，并施加精确的电刺激来模拟触觉信号，对控制运动的神经元群的反应进行监测。此时可以观察到神经元活动出现了游泳或爬行两种竞争模式。即使在最严格控制的实验条件和最精确的电刺激下，所产生的运动模式也都是在游泳和爬行这两个选项之间随机变化的。

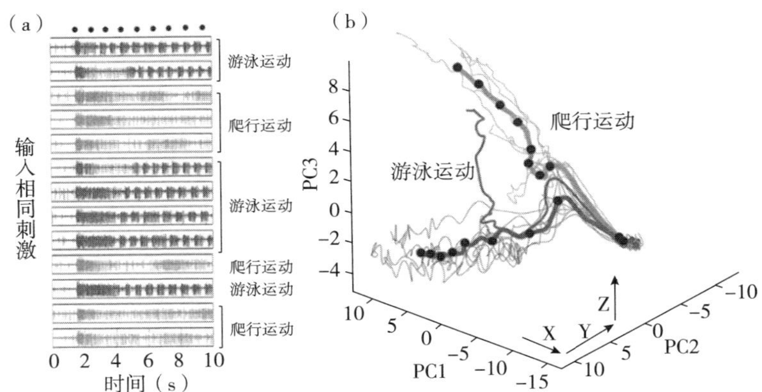

图 8.1　水蛭的神经元群活动。(a) 每条轨迹显示的是分离的水蛭神经系统中神经元群在相同刺激下的活动。在任何一次试验中，都会出现两种模式中的一种，一种（在完整的动物中）是游泳运动，另一种则是爬行运动。(b) 通过统计识别群体状态的“主成分”（PC1、2、3），可以在低维状态空间中用图形表示神经元群活动的不同轨迹。

这种动态变化可能是承担各种任务的神经元群的普遍特征。这就好像每个局部神经元群都在试图决定一些事情，努力朝着某个特定的状态发展，而这个状态则代表了该群体对问题的独特解决方案。运动神经元，如水蛭体内的神经元，可能在决定下一个动作。感知神经元可能从模棱两可的刺激中推断出世界的真相，这同样可能需要处理相互竞争的模式。我们在观察内克尔立方体（见图 5.5）等视觉刺激时，也能亲身体验到这种动态变化。

为了理解这一过程，我们需要从一个整体的、宏观的视角来考虑神经元群内的动态变化。假设我们有一个由 A 和 B 两个神经元组成的网络。为了简单起见，我们假设在任何时间点每个神经元要么处于激活状态（“开”），要么处于非激活状态（“关”）。那么该网络就可能处于四种状态：两个神经元都打开、两个神经元都关闭、A 打开但 B 关闭或 A 关闭但 B 打开。我们可以将其绘制在一个二维图形上，其中一个坐标轴代表 A 的活动，另一个坐标轴代表 B 的活动，这样就可以清晰地显示整个网络的状态，实际上就是四个网络。现在，我们通过在神经元之间建立连接来增加一些新的变化，比方说，当 A 处于激活状态时，它会激活 B，反之亦然。这样，整个网络的状态就会减少，这是因为如果 A 或 B 中任何一个被激活，两个神经元都会被激活，只有两个神经元同时被激活或同时关闭时网络才会稳定。在我们绘制的网络**状态空间**图中，只有代表两个神经元同时开启或同时关闭的网络可能会实现；我们可以说，网络在其动态波动中可以“访问”这些状态，而无法访问其他状态。我们可以想象一下，如果我们在A和B之间建立相互抑制的连接，那么同时开启的状态将是不稳定的，而其他三种状态则可以被访问（见图8.2）。

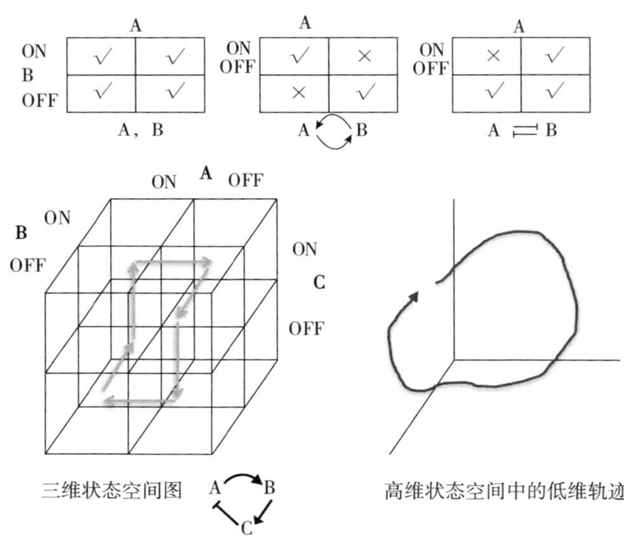

图8.2　群体状态。（上图）一个系统的整体状态由A和B两部分组成，每一部分都可以是“开”或“关”，可以表示为一个具有四种可能状态的网格。如果A和B相互独立（上左图），则所有四种状态都可能是稳定的。如果A和B相互激活（上中间），则只有两种状态是稳定的（都打开或都关闭）。如果存在相互抑制，则有三种状态是稳定的（两种状态都为开则不稳定）。（下图）如果加入第三个神经元C（下左图），那么变成三维转态空间；然而，神经元之间的激活或抑制关系同样会决定哪些神经元群的状态是稳定的，还可能决定神经元群在一段时间内的动态轨迹。在一个具有大量元素n（下右图）的系统中，可能仍然会出现可以映射到更低维空间的新状态和轨迹。

现在，如果我们在这个网络中添加第三个神经元 C，我们就会得到一个三维图形，而这个网络所能访问的状态就会变得更加复杂，取决于所有三对神经元之间的兴奋和抑制作用。它实际所处的具体状态取决于每个神经元的输入信号，这意味着**这些状态可以携带输入的信息**。但是，由于神经元不可能一直处于激活状态，网络也会显示出一些突发动态，即当一个神经元激活时，它会在短暂延迟后激活其他神经元，但随着时间的推移，这个激活的神经元本身会因电位耗尽而暂时关闭，导致神经元暂时停止发放电信号。这个过程使得神经元不再向其目标神经元传递兴奋性的刺激，也可能解除其对其他神经元的抑制作用；诸如此类。在真实的神经系统中，神经元的活动不仅仅是简单的“开”或“关”；相反，它们的电化学信号发放率可以从低到高不断发生变化。然而，基本原理仍然是成立的：整个网络的状态会不断根据输入信息以及网络内部的配置而转换。

现在，尽管我们已经无法直观地看到这一切，但我们可以进行数学建模，即在数学网络中添加更多的维度，每个维度代表一个神经元，因此如果有“*n*”个神经元，最终就会有“*n* **维**”空间。你可以想象，在这个“*n* **维**”空间中，网络可能存在的状态数量将呈指数级增长。然而，我们观察整个网络活动的动态时就会发现，由于网络中所有相互连接的配置带来限制，这个庞大状态空间中只有一小部分被实际激活或实现。因此，我们可以通过数学方法来捕捉这种网络中已实现的活动模式，并将其表示为低维空间中的轨迹。由于这些活动模式共享相同组件（神经元或神经元群体），而在不同的活动模式中，相同组件可能处于不同的状态，这就导致了这些活动模式之间不可避免地相互竞争，不能兼容。

此外，这些模式还具有自我强化的特性，它们不仅因某一时刻网络内部的相互刺激而自我强化，且会随着时间的推移而自我强化。每当一个突触被激活，它不仅会在接收神经元中产生强烈的信号，还会导致其电响应性产生数百毫秒的变化。这个电生理“痕迹”进而影响神经动态的进一步演化。因此，每当一个模式被激活，它就会立即强化自身，并提高其未来再次激活的可能性。这一重要机制使神经回路能够在短时间内**积累证据**。例如，在知觉模糊的情况下，即使神经系统并没有足够的直接证据或信息，来明确支持或推动整个神经网络朝着那个特定的结果状态转变，它也能逐渐引导系统对所观察的事物形成较为确定的理解。这种动态结构的自然结果是，在缺乏驱动证据的情况下，由于噪声的累积影响，网络有时会随机进入某种特定的状态，并且生物体可以利用神经网络的动态过程做出适应性的决策和行动。

第三节　布里丹之驴

当动物面临一个结果并不重要的选择时，或者各选项在信息有限的情况下具有相同的吸引力时，利用随机过程做出决策可能会有所帮助。在这种情况下，生物体没有充分的理由选择其中一个选项，但它确实有充分的理由去**采取行动**，而不是犹豫不决。因为它在犹豫不决中花费的时间都会产生机会成本，同时还可能使其面临威胁。在许多这种情况下，正确的做法是寻找更多的信息然后再做出决策。但是，当时间紧迫或不太可能获得有用信息时，最好的办法就是在头脑中“抛硬币”，然后根据结果做出决策。

哲学中一个著名的悖论就说明了这一点，它以 14 世纪法国哲学家让·布里丹（Jean Buridan）的名字命名，但其思想至少可以追溯到亚里士多德。我们之前也讨论过类似的情景，即七鳃鳗的两侧都分布着有吸引力的刺激物。在这种情况下，最佳行为不是平均信号，从两者之间选择一条路线，而是让信号相互竞争，最终选择其中一个。一个完全合理且高效的策略是利用噪声（在大脑中掷硬币）做出决定，而不是在等值的选项之间犹豫不决。这种情况在猴子和啮齿类动物的研究中也得到了充分证明。

接下来我们即将讨论的是在人类神经科学领域中被广泛误解的一组研究发现，它出自本杰明·利贝特及其同事的实验。他们的研究目标是找到与人类决策过程相关的大脑活动模式。他们使用脑电图（EEG）来间接测量被试者在做动作时的大脑活动。由于大脑皮层中的神经元呈径向平行排列，当它们协同活动时，就会产生电场，可以通过头皮上的电极检测到。这项技术的发明者汉斯·伯杰（Hans Berger）认为，这些脑电波可能是心灵感应的基础。可惜的是，空气是不良导体，电场只能在离头皮不过几毫米的范围内传播，但这一距离刚好能让脑电图电极捕捉到它们。

利贝特的实验设置如下：实验者明确要求被试者“凭直觉行事”，只需在他们产生抬起手指或弯曲手腕的动作意图时立即做出相应动作。在他们做出这些动作时，脑电图会记录下他们的大脑活动，与此同时他们还被要求观看带有秒针的时钟，并记录他们首次意识到动作意图的时间。当然，动作的实际发生时间也会被记录下来（见图 8.3）。研究的第一批结果完全符合预期：在动作发生之前，电极在大脑中负责规划运动的区域检测到电活动模式（即所谓的准备电位）。这就说得通了。被试者在实际行动之前就开始意识到“想要行动”，这也是有道理的。

实验人员将这些时间进行比较后，发现了令人惊讶的现象：通常在被试者报告意识到动作意图**之前的几百毫秒**，运动规划区的大脑活动就开始增加。这一结果表明，大脑在被试者意识到自己的决定之前就已经准备好行动了。

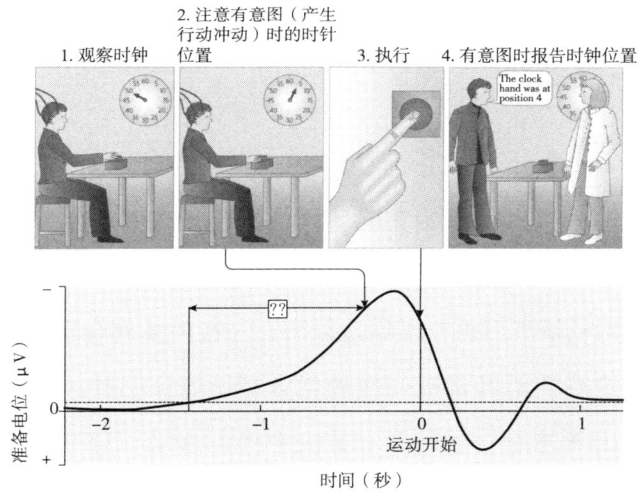

图 8.3　利贝特实验。在本杰明 · 利贝特及其同事进行的一项经典实验中，被试者被要求坐在一张桌子旁，每当他们感到有冲动时就会移动他们的手。他们还需观察时钟，并报告他们何时开始有意识地感觉到这种冲动，这种冲动通常只比实际动作早几十毫秒。然而，脑电图记录发现，在这种有意识的冲动之前几百毫秒，在大脑前运动区检测到的活动往往开始加速。研究人员推断，这种准备电位反映的是大脑“做出决定”进行移动，而不是个体有意识地做出的，个体的意识体验只是对大脑已经发生的决策过程的报告。

利贝特及其同事得出结论：“在个体主观意识到行动意图并进行报告之前，大脑显然已经‘决定’启动行为，或者至少准备启动行为。由此可以得出结论，即使是在本研究中这种自发自愿行为的情境下，大脑的决策也可能而且通常确实是在无意识的情况下开始的。”这一结论作为对特定情景中发生事件的直观描述，似乎是合理的。然而，研究人员还试图从中得出更多关于自由意志问题的结论，认为“这些研究结果似乎表明，个体有意识地发起和控制其自主行为的能力受到了限制。”

在他们的引导下，人们对这些研究结果的意义进行了过分推演，远远超出了原始实验研究的范围。这些研究发现用来表明我们从未真正做出过决定，而是我们的大脑替我们做了决定，我们只是事后再自己编造故事，为行为找到合理解释。事实上，这些实验经常被当作确凿证据，以证明神经科学已经证实自由意志是一种幻觉。委婉地说，这是一种严重的过度解读。

这是因为实验的设计本身不太适用于讨论自由意志这个问题。被试者基于个人的自愿和决定参与研究并听从研究人员的指示。实验指令明确告诉他们要凭直觉行事：“在任何时候都要让行动的冲动自行出现，不需要事先计划，也不需要把注意力放在何时采取行动上”。因为这其中不涉及任何利害关系，所以被试者没有理由在某一时间点频繁地移动自己的手。这样看来，他们确实是凭直觉行动的：他们（决定）利用神经活动中固有的随机波动，让大脑中的潜意识过程来做出决策。

由于脑电图数据能捕捉到大量与运动无关的大脑活动，因此要检测到代表准备电位的微弱信号，必须对诸多数据基线进行平均处理。利贝特及其同事的方法是收集单个“事件”的数据，即被试者每次移动手指时的数据，并将这些基线对准该运动点，然后计算平均值。通过回顾这些运动前锁定的大脑活动的平均数据，他们就能将准备电位视为一个稳步上升的信号。因此，该信号只是回溯性的，实际上并不能预测运动。然而，他们解释说，这一信号的“开始”，即它第一次升高到基线以上时，**代表了大脑决定做出动作的时间点**，而随后不断上升的活动则表示准备动作的过程，最终导致动作的实施。

然而，亚伦·舒格[①]（Aaron Schurger）及其同事提出了一种全然不同的视角来解释这些数据，这一视角提供了一个与上述研究事件完全不同的解释：生物体利用持续的随机波动来指导何时运动的（完全无序的）决定（见图 8.4）。当脑电图记录与外部提示事件（如指示人尽快移动的点击声）同步时，脑电图信号会时刻发生明显波动。有时，信号会再次降低，而被试者

① 亚伦·舒格（Aaron Schurger）查普曼大学助理教授，跨学科脑与行为科学研究所成员。他在 2012 年在顶级期刊 *PNAS* 上发表了一篇论文，使关于自由意志的争论出现反转。舒格也做了和利贝特一样的实验，他得到了和利贝特一致的结果，但他却给出了不同的解释。——译者注

不会做出动作；有时，信号恰好达到一个阈值，这时候就会触发一个运动动作。在舒格的实验中，当被试者被提示采取行动时，如果活动水平恰好接近阈值，那么他们的反应时间就会缩短。这些数据强烈表明，这种选择采用了与正常决策过程相似的自我强化的“证据积累”机制，但由于没有任何利害关系，被试者允许随机波动驱动该过程。根据这种解释，只有当活动达到阈值时，被试者才会做出运动决策，并且这恰好发生在他们报告意识到移动意图的时间窗口内。

这表明准备电位实际上并不是一个在主观意识形成之前就已经存在的移动意向信号，而是一个数据分析方式造成的假象。这个模型的明确预测结论是，当被试者面对非常重要的、需要深思熟虑的决策时，这种准备电位信号不应该出现。乌里·毛兹（Uri Maoz）、利亚德·穆德里克（Liad Mudrik）及其同事最近在一项精心设计的实验中测试了这一理论。在这项实验中，被试者需要对两个慈善机构的捐赠金额做出决定。在其中一半实验中，被试者做出决定不会产生任何影响：两个慈善机构都得到了 500 美元。但在另一半实验中，被选中的慈善机构得到 1 000 美元，而另一个慈善机构则一无所得。每位被试者都是从他们关心的慈善机构中挑选出来的，这就促使他们更有动力在两个机构中做出选择。

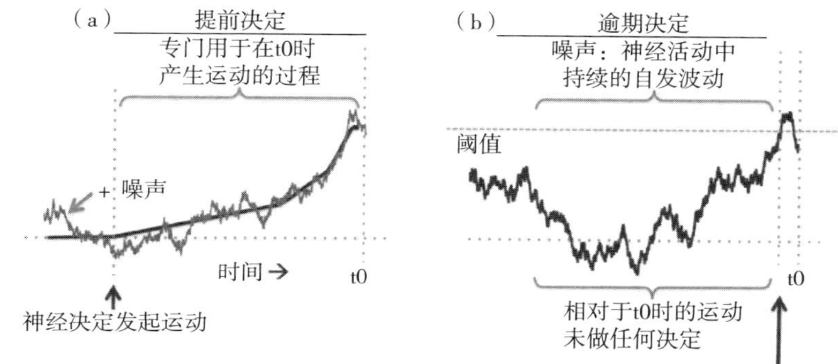

图 8.4　舒格的解释。舒格通过对利贝特式实验数据进行重新分析产生了一种截然不同的解释。当将脑电图记录与原始实验中的动作发生时间（a）对齐时，准备电位变得明显。这看起来就像是大脑在有意识之前几百毫秒就决定要运动，然后运动不可避免地发生了。然而，当将脑电图记录与某个任意事件（b）对齐时，就会发现运动前区的信号不断波动，随着时间的推移而上下起伏。只有当这些自发波动超过某个阈值时，被试者才会做出移动的决定，这与被试者报告的其意识到移动冲动的时刻完全吻合（同时也是被试者仍可有意识地否决移动的窗口期）。

结果很明显，在决策没有实际影响的试验中，检测到了准备电位。也就是说，左手或右手的运动与随机波动有关，这种波动会使前运动皮层的活动超过启动运动的阈值。但是，在被试者做出审慎的决定性选择的试验中，却并未发现这种关联。据推测，被试者在做出决定性选择时，可能是在大脑的其他区域进行更复杂的信息处理，然后在此基础上触发运动的。

因此，总的来说，利贝特的实验与自由意志的问题关系不大。这些实验与深思熟虑的决策完全无关，因为在这些决策中无法观察到准备电位。相反，这些实验首次证实了大脑中的神经活动并不完全是决定性的；另外，生物体**可以选择**利用神经活动固有的随机性及时做出任意决定。我们很可能一直在无意识地这样做，因为这一过程与我们所做的各种无关紧要的小动作有关。但在另一种情境下，神经变异性可能与自由意志和主体因果关系的问题更相关，在决定自由意志和主体因果性方面发挥着更为重要的作用，它并不是发生在选择阶段，而是在选项提出阶段。

第四节　自由意志的二阶模型

在第六章中，我们探讨了许多“浮现在脑海中”的行动选择。在特定情况下，动物都会根据自己的行动习惯、过去的经验、当前的目标和进化的需要，形成一个有限的行动方案。这种选择的限制是动物学习过程中的重要成果，也是迅速、高效、优化决策的关键。这意味着生物体不必在所有情况下都从零开始，在庞大的搜索空间中进行选择。然而，究竟是什么决定了**哪些选项**会浮现在脑海中呢？

在熟悉的场景中（如每天早晨的例行事项），人们会非常自然地选择某种特定的行为，以至于成为一种习惯。在其他情况下，人们可能会面对一小部分以前选择过的选项，然后对它们进行判断（比如当别人对你说“早上好”时，你可能会做出的反应）。但是，即使是在熟悉的场景中，浮现的特定想法也会受到神经回路中噪声的影响：在特定的情况下，每次浮现的想法都不可能**完全相同**。我们一直在讨论大脑神经活动的变异性，事实上由于变异性的存在，它们不可能在每个细节上都完全相同。这也是自由意志的二阶模型（见图 8.5）的核心思想。美国心理学家和哲学家威廉·詹姆斯[①]（William James）于 1884 年提出了这一模型，将一定程度的不确定性融入了我们的认知过程，同时保留了主体在决策制定中的自主性和因果作用。在第一阶段，在特定的情况下，一系列可能采取的行动会浮现在生物体的脑海中。詹姆斯提出，在这一过程中存在某种程度的随机性，但这种随机性并不能决定结果，而是由生物体决定。生物体考虑各种选择，然后选择最符合其当前目标和信念以及预测效用最高的选项。也就是说，生物体**根据其当前的情况**，从所提供的选项中进行选择。

---

① 威廉·詹姆斯（William James，1842—1910）美国心理学之父，美国本土第一位哲学家和心理学家，也是教育学家、实用主义的倡导者，美国机能主义心理学派创始人之一，亦是美国最早的实验心理学家之一。1904 年当选为美国心理学会主席，1906 年当选为美国国家科学院院士。2006 年被美国的权威期刊《大西洋月刊》评为影响美国的 100 位人物之一（第 62 位）。——译者注

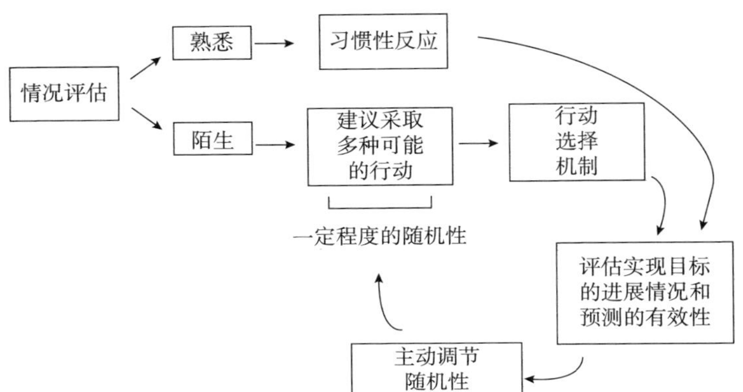

图 8.5　行动选择的二阶模型。如果是熟悉的情况，大脑皮层可能会“建议”一种习惯性反应，将其视为最佳反应并加以执行。在较为新颖的情况下，一系列选择可能会被激活，而哪些选择会被激活具有一定程度的随机性（反映了一些“突然出现”的想法）。然后，通过行动选择回路对这些选项的预期结果进行评估，最终选择并释放其中一个选项。在熟悉和新奇的情况下，都会根据目标对结果进行监测和评估，以确定行为是否成功或是否保持最佳状态。当选择的行为无法实现目标时，信号可能会被送回大脑皮层，要求提供更多选择。这一过程中的随机程度本身也可以调节，以扩大“搜索空间”，找到更具创造性的解决方案。

根据我们目前对行动选择神经科学的理解（如第六章所述），可能的行动选择通过大脑皮层区域的活动模式反应出来，并通过皮层、基底神经节、丘脑和中脑之间的复杂神经回路进行评估。评估过程的作用是在相互竞争的各种活动模式之间做出倾向性选择，一些活动模式“得到支持”，另一些则“遭到反对”，最终导致其中一种行动在竞争中获胜并得以执行，而所有其他行动则继续受到抑制。

因此，这一模型有力地挣脱了决定论的束缚，真正地将随机性纳入我们的认知过程，同时保留了行为主体本身在决策时的因果作用。正如詹姆斯所述："我们的思想是自由产生的。我们的行为则是有意而为。"

詹姆斯发现了达尔文在几十年前发表的《**物种起源**》中与自然选择进化论的相似之处，并从中受到了启发。在这一过程中，新的变异由随机突变或有性重组产生，但随后又经历自然选择的过程。最近，雷蒙德·诺贝尔（Raymond Noble）和丹尼斯·诺贝尔（Denis Noble）证明了免疫系统中存在类似机制。当生物体遇到新病原体时，免疫细胞会触发超突变过程，迅速改变编码抗体蛋白基因的 DNA 序列，从而产生新的抗体。然后，表达这些抗体的免疫细胞会接受免疫系统的筛选，寻找与病原体抗原相匹配并能与之结合的抗体。同样，在这个系统中创新的产生本质上是随机的，其真正威力在于将这种随机性与后续有目的的选择过程结合。

重要的是，在这个模型中，并不是量子层面的**个别**随机事件决定了生物体的行为或产生新想法，而是系统整体上的随机性和神经网络中的热波动导致变异性，使神经网络摆脱习惯的束缚，进入潜在的新状态。这种变异性的影响因情况而异。在高度习惯性行为中，没有必要提出大量新选择，实际上这么做甚至是一种浪费。但在很多情况下，生物体可能需要积极利用这种随机性来打破常规思维。特别是当生物体学习和适应环境、面对前所未有的场景时，或当情况有变，而它之前的策略失效时，这种随机性的价值就尤为显著。当明显没有最佳选择时，或者当别无选择时，生物体可能需要重新思考，提出一些真正新颖的想法。在许多生物体中，似乎都有专门的神经机制来控制不同情况下的神经和行为变化程度。

例如，在像斑头雁这样的鸣禽中，幼鸟从成年导师那学习歌唱技能，并通过不断练习来模仿它们的歌声。这要求它们必须使自己的运动输出（即它们发出的声音）趋近于成年导师的歌声模板。它们需要探索不同的运动模式，类似于婴儿学说话时的咿呀学语：它们通过不断试错，探索发出不同声音的方法。在这一过程中，随机性作为调整输出的一种手段是很有价值的，它探索出了可能的运动模式空间。在这种情况下，大脑中的特定区域对随机程度进行积极控制，而这个脑区与实际负责学习的脑区不同。该区域的神经元电活动存在较大的变异性，似乎是在活动中“复制”当前幼鸟的歌唱运动模式，并在其中添加噪声，然后将其传回神经回路中，以评估其与模板的接近程度。当这一区域被抑制时，幼鸟就无法正常地探索不同的歌唱运动模式，它们的歌唱表现就会停滞不前，无法有效地逼近导师的歌声模板。

虽然这个例子是鸣禽特有的，但其中的原理在各种年幼动物中都有相似的体现。所有的幼年动物一般都通过游戏探索世界，通过不断试错来适应特定环境。事实上，在神经元网络的学习过程中，一定程度的噪声是有益的，因为它能增强神经元网络对环境变化的适应能力，使之对新环境更具适应性。用计算机术语来说，这防止了网络对于学习期间遇到的随机特征**过度拟合**。同样，也存在一些主动机制防止这种过度拟合情况发生。神经科学家埃里克·霍尔（Erik Hoel）提出，做梦的一个功能可能是对最近的经历进行一种神经回放，但在回放的过程中加入了大量的随机性，其目的正是放松学习过程中形成的联系和联想，因此梦中形成的一些神经连接和关联可能并不能准确地预测未来发生的事件。

在哺乳动物中，也存在一个类似的调节神经变异性的系统，用以增强决策过程中的探索性。当啮齿类动物或人类等哺乳动物发现先前学习的策略不再奏效时，脑干中的**蓝斑**(或称蓝点)神经元就会被激活。这些神经元会投射到许多脑区（包括前脑的大部分区域），并在那里释放神经调节递质去甲肾上腺素。这种信号通常会增强警觉性，使人们提高警惕，产生更多的反应，从而做好采取行动的准备。但在**前扣带回皮层**（ACC）这一特定目标区域，它具有增强神经变异性的作用。前扣带回皮层负责监控与目标相关的行为结果，并制定行动策略：要么继续采用当前成功的策略，要么改用新策略。去甲肾上腺素信号会增加转向新策略的趋势。这可能涉及生物体基于当前的环境认知模式，有限地探索替代行动方案。但也可能涉及生物体放弃原有认知模式，实际上是举起双手投降，表示："这行不通。我不知道发生了什么！"转而探索随机选项。在一个无法完全预测的世界里，这种创新和选择全新行动的能力显然具有极强的适应性。

人类把这种能力称为"创造力"，即创造性地解决问题的能力。当我们在实现当前目标的过程中遇到挫折时，或者当我们所设想的方案中没有一个能充分解决当前问题时，我们可以扩大搜索范围，摒弃那些传统的已知解决方案，探索新的思路。这些想法通常并不是凭空出现的，而是通过**认知的排列组合**产生的：重新组合知识、与以前在不同领域遇到的问题进行抽象类比，识别当前对问题理解的局限性，质疑那些限制我们思维的假设，挣脱束缚。通过这种方式，人类就成了真正的创造者，利用神经活动中存在的不确定性所赋予的自由，产生真正原创的想法或创意，然后通过仔细研究，找出能够真正解决问题的想法或创意。因此，创造性思维被视为自由意志的体现，它受到偶然性的推动，但又经过筛选。正如诺贝尔化学奖得主莱纳斯·鲍林（Linus Pauling）所说："想出一个好点子的最好办法就是想出很多的点子。大多数点子都是错的，你必须要学会的就是知道哪些是应该丢弃的点子。"

第五节　现实重演

物理学家罗伯特·多伊尔（Robert Doyle）赞成威廉·詹姆斯在自由意志二阶模型中关于偶然性的观点："詹姆斯是第一位明确阐述二阶决策过程的思想家，在这个过程中存在多种随机可能性，个体从多个可能性中选择一个，从而将不确定的模糊的未来转变为不可更改的过去事实。虽然在决策过程中存在不确定性，但一旦做出选择，这之后的选择就是充分确定的。"

这种理论框架与第七章所讨论的模型有明显的相似之处，后者认为未来在量子和经典层面都具有不确定性，而现在正是这种不确定性转变为确定性的**时间**。值得注意的是，这一理论框架的关键认识在于现在并不是瞬时的，它是一段持续时间。解决不确定性的过程和事件需要一些时间来完成。这就是我们所体验到的"厚重的现在"，在这段时间里，我们思考接下来的行动，并从中做出选择。

这把我们又带回到自由意志辩论中经常讨论的一个思想实验：如果你能"让时光倒流"，将某人置于当初做出某个决定的那个环境中，他是否还会做出与当初不同的决定。那些认为宇宙完全是确定性的人，即宇宙在某一刻的物理状态必然决定了下一刻的状态，以此类推，他们当然会回答："不，他们当然不可能做出不同的决定。"正如我们在上一章所讨论的，即使像丹尼尔·登奈特这样认为确定性可以与某种自由意志相容的哲学家，也仍然接受这一基本前提。事实上，在那个想象的时刻，行为主体并没有**真正的**选择权。

这个观点的问题在于其实并不存在所谓的想象中的"时刻"。海森伯不确定性原理否定了这一点，一个系统（或整个宇宙）的状态完全确定的零持续时间点是不存在的。在当下，宇宙仍**处于**"变化中"，处于解决所有不确定性**的过程中**，**处于**"不确定变为确定"**的过程中**。在它成为过去之前，你无法完全准确地确定它的状态。当然，一旦某一刻成为过去，你无法做出其他选择，因为过去的已经过去，但在那之前，也就是**在现在**，事情仍未确定，真正的选择是存在的。

马丁·海森伯（沃纳的儿子，一位杰出的神经科学家）在2009年的一篇文章中指出，物理的不确定性为真正的能动性和自由意志打开了大门。神经活动的持续波动意味着，整个系统并不预先决定采用某种特定的状态：生物体可以利用系统中的自由度来做出选择。生物体本身既有决策能力，也有时间做出决定。事实上，我们有时间去思考、选择、改变主意，如果需要的话，还可以再思考。即使在利贝特及其同事的实验中，尽管随机噪声可能会影响何时移动的决定，但在实际执行动作前的几十毫秒内，被试者仍然有能力且有意识地否决或阻止这种冲动。正如 T.S. 艾略特在《阿尔弗雷德·普鲁弗洛克的情歌》中写道：

> 一会儿就有时间了 / 决定和变卦，一会儿就会推翻重来。

因此，简单地把行为视为大脑在极短的瞬间内，由一个确定的物理状态过渡到下一个状态的必然结果，这种看法是错误的。这样的状态不存在，这样的瞬间也并不存在。大脑神经状态的轨迹也并非必然发生。它既不是预先确定的，也不是对环境刺激的简单反应。正如伊壁鸠鲁所说，有些事情是必然的，有些事情是偶然的，有些事情则**由我们自己决定**。这种“由我们自己决定”正是“能动性”的关键要素。大脑中的随机因素为我们的选择提供了一定的余地，让我们在解决问题时保有最终决定权。

第九章

意义

在前两章中，我们了解了物理世界中存在着基本不确定性，而这种不确定性主要表现为在神经回路中普遍存在分子噪声。在某些情况下，神经系统可能会直接利用这种基础的随机性来指导行为，如在尝试学习新事物时表现出更多样化的行为，在当前模型无法预测环境情况时扩大行动选择范围，采取意想不到的行动来躲避捕食者，甚至采取一些非常规的行动来打破难以抉择的僵局，从而做出决策。

然而，大脑作为一个物理系统，其固有的不确定性还蕴含着更基本、更普遍的意义：简单来说，无论是基本物理层面的原子和分子，还是稍高级生物学层面的单个神经元活动，**都不能决定整个系统的下一个状态**。正如哲学家海伦·斯图尔特（Helen Steward）所述，这就为高阶特征发挥作用提供了机会，它们有可能在决定大脑系统的行为结果方面产生影响，即决定了系统如何从某一瞬间过渡到下一瞬间。实际上，它使整个生物系统成为有自主性的行为主体，能够掌控自己的行为。

我在前文中论证过，指导行为的高阶特征围绕着目的、功能和意义展开。大脑神经活动模式的意义来源于生物体与外界的互动以及过去的经验。神经系统的物理结构融入了这些因果影响，并将其转化为指导未来行动的依据。由此产生的结构能够根据高阶功能和限制条件主动过滤和选择神经活动模式。因此，我们认为大脑（或者更确切地说，整个生物体）作为一个认知系统，其结构在功能上是对信念、欲望、目标和意图等事物的表征。

但这种观点真的合理吗？信念、目标、欲望和意图真的在大脑中起着因果作用吗？毕竟，大家通过我之前的描述了解了这些认知元素在大脑中的编码方式，也就是说，这些认知过程是通过大脑的物理结构和神经活动模式来实现的。事实上，现代神经科学正在给我们带来令人震撼的发现，揭示了感知、决策和行动选择的潜在神经机制。我们可以从惊人的动物实验中看到，驱动某些神经回路中特定的活动模式会导致动物做出某些特定动作，例如移动、睡眠、进食、战斗、停滞、交配、狩猎、向右转、向左转、站立、翻身等。我们甚至可以有选择地、巧妙地操纵动物的认知过程：改变其对奖赏的敏感度、信心阈值或不同目标的权重。我们甚至可以植入记忆或灌输错误的信念。

这些实验清晰地揭示了神经活动在影响和引导动物认知和

行为方面发挥着重要的作用。你可能会质疑：这些活动模式中所谓的语义内容是否真的重要？这些模式的意义是否重要？似乎只要驱动特定的神经回路，动物就会产生相应的行为或想法。这种观点倾向于将神经系统视为一台复杂的机器，由许多分离的内部机制组成，这些机制通过相互作用来产生神经活动并驱动行为和认知。弗朗西斯·克里克（Francis Crick）在与其他科学家共同发现了 DNA 结构之后，转而开创性地开展实验神经科学研究，将意识作为该领域的研究问题。他用一句话概括了这一观点："你，你的喜悦和悲伤，你的记忆和抱负，你的个人认同感和自由意志，实际上只不过是一个巨大的神经细胞集合及其相关分子的集体行为。"

显然，所有这些心理属性和功能都**依赖于**大量神经细胞及其分子的活动，但它们真的"仅此而已"吗？我们已经避免了将人类行为和决定简单归因于基本的物理粒子和物理力的作用，但我们能否再次避免将其简化为神经系统的生物学机制呢？在我们试图解释认知的神经基础时，我们是否忽视了其真实含义？的确有种观点坚持认为，信念、欲望和意图只是纯粹随着某些神经活动模式而出现的副产品，本身并没有任何作用。在本章中，我提出与此完全相反的观点，即神经模式**在系统中的因果力是通过其所传达的意义来实现的**。潜在的神经机制只是这些意义的物理表现形式。通过观察神经元之间交流的细节，我们可以看到意义在神经系统中的产生和演变过程。

第一节　黑匣子

回想一下，生物体的一个关键特性就是它们能够在一定程度上与周围环境保持隔绝，即它们不与周围环境处于热动力平衡状态；它们保持着自身独立，并努力维持这种隔离状态，确保生物体内部活动不受外部化学和物理变化的影响，通过保持与环境的隔绝来抵御外界的风暴。但它们并不是对外界发生的事情漠不关心。它们会积极探测环境中与之相关的信息。对于单细胞生物来说，它们主要通过感知各种化学物质来获取有关食物、同伴或威胁的信息。每种单细胞生物只能检测到周围极少部分的化学物质，而忽略其他无关信息。

人体内的细胞也是如此。它们的感知是高度选择性的，只能感知与它们所适应的特定化学信号相关联的信息。神经元只能感知其他细胞分泌的神经递质分子和其他信号因子（神经调质和激素），而与之相连的其他神经元仍然是“黑匣子”。它无法获知这些神经元内部的状态；它所能感知和响应的信息仅限于那些与其连接的其他神经元释放的神经递质分子，这些神经递质分子会与接收神经元突触上的受体结合，从而使其能够感知并响应外界的神经信号。

神经元之间信息传递的关键并不仅仅是将信号准确地从一个神经元传输到另一个神经元，也并不像电话通信那样，只是编码、传输，然后解码或再现某种信号。实际上，“信号”的本质或编码方式并不总是显而易见的。当神经元接收到输入信号时，它们的神经递质受体被激活，离子通道打开，钠离子涌入树突，即神经元突触所在的分支。这导致整个神经元的电位发生了分级改变，但这种改变最初只发生在突触周围的区域。树突上发生的变化可能会逐渐减弱，也可能会传导到神经元的细胞体。如果它们共同将电位推高到一定阈值，就会引发一个放大过程，产生一种沿着轴突传导到其他神经元突触的电脉冲。这样，信号就从模拟编码（树突中的分级电位）转换为数字编码（离散的脉冲或一系列脉冲），然后在下一个突触处被再次转换为模拟编码。

在这里，我们可以看到在突触传递信号的过程中多个重要原则在发挥作用。有关脉冲时序的精确信息往往会丢失。但也有一些例外，例如在听觉系统中，因为信号通常与高频刺激相关，神经元必须准确传递高频信号。然而，大多数神经元并不能完全准确地响应单个输入的脉冲信号。相反，它们通过汇总一定时间窗口内多个突触的输入信息来整合和转换信息。脉冲信号的产生有一个阈值，这意味着信号传递是一个高度非线性的过程。也就是说，输出并不直接依赖于输入。如果输入总和低于阈值，输出就不会变化；而如果输入高于阈值，则会产生脉冲。因此，在特定时刻输出可能是全有或全无的状态。然而，在一段时间内，受到更多输入驱动的神经元**会以更高的速率**发送脉冲信号，而其他神经元通常更关注脉冲的发送速率，而不是精确的脉冲模式。

这意味着，在信号传递过程中，大部分神经元内部的低级细节信息都会丢失。其他神经元既无法获取这些细节信息，也不需要这些细节信息。它们在大多数情况下，只对发射率敏感，而发射率正是包含着重要信息的关键指标。这就是所谓“**粗粒度**信息”的一个例子。“**粗粒度**信息”的意思是，将低层次上极其详细的信息平均化，从而在较高层次上给出更粗略的描述。不过，这个术语有点不妥，会给人一种信息丢失的印象。事实并非如此。从细粒度到粗粒度的转换过程中，细节可能会丢失，但即使是在从一个神经元向另一个神经元传输的过程中，也会获得**一种新的信息**。第一个神经元并不“知道”其发射率；它要么正在发射脉冲信号，要么不发射。它需要另一个神经元通过整合一段时间内的脉冲来监测发射率，在此过程中会产生一种新的信息。

第二节　超越粗粒度

当我们将大量神经元组合成神经回路时，它们可以产生各种新信息。由于每个神经元通常都会整合来自许多其他神经元的输入，因此它们可以对这些输入所携带的各类信息进行各种逻辑运算。在这一过程中，我们不应把接收神经元视为仅仅是由输入所驱动的被动因素，而应视其为在主动监测输入并整合这些信息，以确定自己新的活动状态。

沃伦·麦库洛克和沃尔特·皮茨在 1943 年发表的一篇著名论文中指出，简单的神经回路模式可以执行逻辑操作，这一发现为人工智能领域的发展奠定了基础。这一想法的核心在于，**神经网络的连接方式**决定了神经元兴奋的条件。例如，设想有两个神经元 A 和 B 都向第三个神经元 C 传递信息，由于它们之间存在多种连接方式，所以神经元 C 的兴奋状态所代表的含义也会发生变化。举例来说，如果 A 和 B 都对 C 产生了非常强的连接，因此其中任一神经元的活动都能激活 C，那么 C 的兴奋状态就表示“A 或 B”（这是“A 放电或 B 放电”的简称，也就是说神经元 A 的放电导致了这种情况，或者神经元 B 的放电导致了这种情况）。如果 A 和 B 与 C 的连接都很微弱，那么需要它们同时激活 C，那么 C 的兴奋状态就表示“A 和 B”。如果说，来自 B 的信号输入是抑制性的而不是兴奋性的，由此它可以抵消来自 A 的激活作用，那么 C 的兴奋状态就意味着“A 非 B”（即 A 是活跃的而 B 不是）。

神经元 C 通过这些不同的方式处理其输入信息，创造出了新的高阶信息。你可能会说，理论上我们可以从神经元 A 和 B 的发射率中推断出它们的共同激活情况，但实际上，这需要神经元 C 在**一段时间内**主动地比较 A 和 B 的激活状态。如果我们只知道 A 和 B 的放电模式，而不知道它们在时间上是如何相互关联的，那么我们就无法提取任何高阶关系。因此，首先我们需要建立一个高阶结构，然后进行必要的运作，从而创造出这种高阶信息，并将其传递给神经系统的其他部分。

我们已经在视网膜和大脑皮层扩展视觉区域的神经回路中观察到类似的信息处理操作。视网膜神经节细胞（RGC）整合来自多个相邻光感受器的信息，并进行比较，以提取诸如视野中相邻光点之间的对比度等更高阶的特征。单个光感受器由于不能确定**不同光感受器之间的相对位置**，因此它的激活并不能提供此类信息。如果 RGC 只整合视网膜周围随机放置的感光器的输入，它们就无法进行此类推断。脑回路的物理结构使它们能够编码一些对生物体有益的新信息。对于颜色的感知更是如此，它完全取决于对不同频率光感受器之间的比较。这是**创造**新意义、新信息的典型案例，而这些信息在光感受器的单个发射模式中根本不存在。事实上，在物理世界中，颜色根本就不存在：本质上它是生物体创造出来的任意类别，用于帮助它们把物体区分开。

神经元群的运作逻辑与此类似。我们在上一章中了解到，神经元群的状态变化受到限制，只能沿着特定轨迹移动。由于兴奋性和抑制性神经元之间存在复杂的前馈和反馈连接，整个神经元群通常可以稳定地维持在几种状态。这些状态的编码或代表意义取决于接收到的输入模式、它们所携带的信息、接收神经元对这些输入进行的操作，以及体现在这些连接中的条件等因素，这些因素决定了接收神经元群对不同输入模式的反应。

例如，在视觉系统中，对高阶特征（如人脸）的编码是由大脑视觉皮层的高级区域的神经元群共同完成的。当该区域的特定神经元被激活时，就**表示**大脑在视觉场景中检测到了人脸。然后，人脸处理区域神经元被激活，向大脑的多个其他区域传递信息，像是给大脑的其他部位发送了一个报告，告诉它们当前场景中有一个人脸。虽然这种信息存在于更低层次的结构模式中，但它与所有其他信息混杂在一起，如果不进行额外的加工，则无法直接获取。通过与大脑皮层其他区域的记忆系统相连接，则可以识别“脸部区域”中更精细的图案，将人脸识别为父母、朋友或陌生人的脸，从而引发相关的想法、情感和行为。

这种神经编码方式对于系统的运行能效和计算效率至关重要。由于传递脉冲信息需要耗费大量能量，在强大的压力之下，自然选择倾向于促使神经系统进行尽可能多的本地计算，并尽可能减少远距离信息传递。因此，从数据中提取最有意义的信息并忽略无关细节成为一种非常有效的策略。为了做到这一点，系统会对输入信息进行抽象或分解，从而突出高阶特征，并使其成为系统其他部分进一步处理的对象。

这体现了计算机科学和语言学中的一个基本原则。如果你想让程序处理某个对象，那么你就必须**对其命名**。通过给这些事物命名，程序可以引用它们，并对它们进行逻辑运算以生成输出。例如，在处理具有一定层次结构的数据时，通过识别并命名高阶类别，程序能够把这些类别视为变量处理，从而知道如何查找相关信息，并在需要时调用这些信息。这样，程序能够对这些高阶分类对象进行跟踪和操作，而这是在低级数据上无法直接完成的任务。

我们使用语言对事物进行命名时，实际上在为我们的思维过程提供一种递归的工具。试想一下，如果你需要用冗长的描述来指代一组事物会有多么不便，比如，描述“那些有四条腿、一条尾巴、尖牙利齿、差不多这么大、喜欢周围人类活动的毛茸茸的生物”。这样一来，交流的效率就会大打折扣，同时也会使内部思考变得既费时又不精确，几乎没有任何价值。如果没有一个具体的概念，我们就无法对这些模糊的描述进行处理。它们只是一组特征，其中一些成员可能比其他成员更能体现这些特征。换句话说，如果没有“狗”这一概念，我们就无法想到“狗”。当我们为一个类别赋予名称时，我们实际上在认可它作为一个**独立的事物**存在，并将其视为具有独立实体性质的事物。名称不仅是一个便捷的标签，它还重新定义了一个概念，使其成为认知对象。

通过这种方式塑造认知，围绕着具有明确属性的类别构建认知框架，使生物体能够对这些类别进行预测、识别事物间的因果关系，甚至辨别关系类型。这种认知框架使生物体能够通过对已有的组织良好、层次分明、分类清晰的常规因果关系框架进行参考，并将其推广应用到新的情境中。这些能力被认为是**理解**的关键标志。在本书的后续章节中，我们将探讨系统如何通过命名认知对象来发展自我反思和元认知能力，即思考自己的思维方式。

因此，在神经活动模式中编码的意义在于不仅提高了效率，还增强了认知能力。此外，为了保持神经系统的稳健性，编码也是必不可少的。如果神经回路和网络对每一个微小电位的变化、每一个神经冲动或突触事件的细节变化都很敏感，那么即使是微小的环境变化、内在噪声以及单个组件的暂时故障或丢失，系统都会极其容易受到影响。在短暂时间窗口中多个神经元群参与信息编码，可以缓冲这些变异性，从而确保只有重要的变化才会影响系统的进化。

这通常是系统处理信息的标准方式，但我们在上一章中也讨论过一些特殊情况，即一些神经回路或神经元网络对输入的反应是非线性的，它们积极地利用了内在的变异性。此外，通过长期观察神经活动发现，神经活动中的任何变异性都可以成为有价值的信息源，例如，神经元群在两种可能状态之间来回变化，这种变化本身就是有价值的信息。当下级神经元对其进行评估时，这种变异性可被用作不确定性的元信号，使神经元群既能提供关于当前输入意义的最佳解释，又能提供评估该解释的可信度。

第三节　意义的基础

内部信号的意义需要有确切的基础。为了使神经活动模式对生物体产生意义，它们就必须指向特定的事物，即与某种事物存在物理关联，从而传递**与该事物有关的**信息，此外，这些信息应该是有潜在影响力的。如果这些信息的存在并未引发任何改变，即如果这种模式能够以任何方式存在而不影响结果，那么它就缺乏真正的意义。它在功能上无关紧要，不具有实际意义。

在前面的章节中，我们探讨了意义的雏形是如何与最简单生物体的主要目标（即生存）相关联的。在单细胞生物中，感官信号往往与运动反应紧密相连（并与其他内部和外部信号相结合）。自然选择对某种反应是否有利于生物体存活做出评判。因此，这个系统中的意义并不在于感觉信号本身，而在于对该信号做出有效反应的控制策略，以及这种反应对生物体生存的影响。

在拥有神经系统的多细胞生物体中，感觉神经元会对特定类型的刺激做出选择性反应，比如气味分子的结合、特定频率的空气振动，抑或是通过透镜折射自视觉世界特定点的光子。因此，这些初级感觉神经元的活动与这些物理事物**相关联**，并传递有意义的信息。重要的是，这些初级信号不仅限于生物体外部的信号，它们还可以反映生物体自身的状态。同样，负责制定运动行动计划的神经元的活动代表了“执行一系列肌肉运动以影响外部世界”的意图。这些活动模式同样与物理现象直接相关。

然而，这种直接的实用耦合仅限于此。用这种纯机械的方式来建立一个能够整合多种信号并协调众多子系统的系统是极为困难的。为了确保整个系统的正常运作，只能将有限的部件进行相互连接。随着行为的逐渐复杂化，需要将感觉信号与运动输出之间的联系解耦。在多细胞生物中，这促使了中间神经元层的进化和**内部表征**的形成。这些表征的意义已转变为语义内容，不再直接与强制性的物理反应及其结果相关联。

你可能会自然而然地提出这样的疑问：内部神经元A的活动或神经元群B的行为模式是如何**产生某种特定含义的**？此处，我们不必担心会陷入无穷回溯，因为我们仍然可以用生物体与环境间的界限和相互作用来界定意义。每层新的中间神经元的活动意义都基于感觉输入和最终的运动输出。负责处理和解释感觉信息的复杂神经回路会推断出世界中更高阶的特征，而神经系统中的活动模式与这些高阶特征的存在或属性有关。因此，它们的活动代表了关于世界高阶特征的**一种信念**（正如我们所看到的，这种信念有可能是错误的）。同样，代表内部状态的区域可以报告饥饿、疲倦或口渴，从而为实现不同的**目标**提供动力，而这些**目标**也是内部表征的一部分。参与运动规划的区域（与实际执行相隔一级）可以代表执行特定运动序列的**意图**，而生物体无须真正采取行动。最终，这些表征形成了世界模型、自我在世界中的模型、潜在行动的模型及其潜在价值模型。这一切**共同构成**了所有神经活动模式意义的**基础**（见图9.1）。

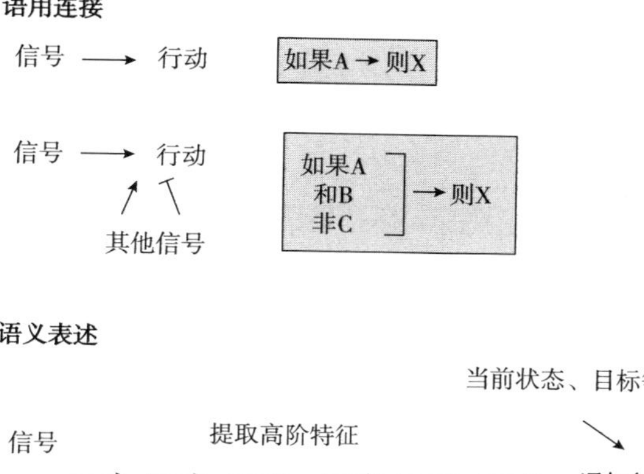

图 9.1　语用意义和语义。（上图）一个内部信号（可反映某些外部参数）可能通过配置的控制策略与动作紧密相连。因此，信号 A 的意义是“执行 X”。其他信号（B、C）可整合到同一层次，以执行更复杂的、对周围环境变化敏感的操作。（下图）通过多层次的内部处理，信号可能会被处理并报告给大脑的其他部位，但不一定会驱动行动。这些内化表征的意义是通过生物体积累的关联网络来确定的，最终仍可能用于指导行动。

第四节　意义的映射

这种意义形成的共同基础具体体现在大脑的结构性连接上。大脑功能的一个主要组织原则是，不同类型的参数以平滑而有序的方式映射到不同脑区。我们已经看到了一些例子，比如在视网膜或早期视觉皮层形成的连续视觉世界映射。基本的神经发育过程确保视网膜的轴突在与大脑中的目标区域连接时保持近邻关系。这就形成了视觉**拓扑地图**[①]，其中相邻的神经元会对来自视觉空间邻近点的刺激做出反应。这种机制也保证了这些拓扑地图能被有效地映射到后续的处理区域。

视觉上的例子最直观，也最容易理解，但实际上，从一个脑区到另一个脑区的神经投射通常会保持拓扑关系，这是一种普遍的解剖学规则。这一原则在促进大脑发育和提高能量利用效率方面都很有效，因为它最大限度地减少了确定连接性所需的基因数量，缩短了处理相似参数或信息类型的神经元之间的连接路径。这不仅节省了空间和昂贵的建设成本，还确保了最短的传输距离，从而为局部计算提供了最快速、最经济的途径。

这一原则也适用于不同类型地图之间的相互对应。例如，在听觉系统中，来自耳蜗的拓扑投射会在听觉皮层中形成平滑的音调图。通过比较两只耳朵接收到的不同音调信号的强度，就能推断出不同声源的位置。因此，听觉系统还能生成关于世

① 拓扑地图（topological map）是指地图学中一种统计地图，一种保持点与线相对位置关系正确而不一定保持图形形状与面积、距离、方向正确的抽象地图。——译者注

界中物体位置的地图，与视觉系统在视网膜中生成的地图直接对应。反过来，这些世界中物体位置的地图又与引导视觉注视或在空间各部分运动的行动地图相对应。

通过这种方式，所有其他事物最终都可以在大脑区域之间进行映射。在大脑记忆系统中，存在着大量化学物质的映射图；在运动皮层中，有各种行动的映射图；在前运动皮层和前额叶皮层中，有短期和长期目标的映射图；在海马系统中，有导航空间和航向（动物朝哪个方向或向哪个方向行进）的映射图。此外，还有认知图谱，即在不同个体中用固定的位置和排列方式表示语义类别的系统。

例如，在提取和表示物体特征的视觉系统高级区域中，存在着不同**类型物体**的系统映射，这种映射在不同个体之间，甚至在人类和猴子之间都具有显著的一致性（见图 9.2）。这种映射是分类和分层的，相似类型的物体由附近区域中更相似的活动模式来表示。例如，区分生物体和非生物体的集合。在这些集合中，又有区分人类与其他动物的子集合，甚至更细致地区分人脸和其他身体部位的子集合。

值得注意的是，这种映射似乎超越了边界，扩展到了附近的语言中介处理区域，使不同类型物体的视觉表征和语言表征相一致。因此，处理感知的区域和处理概念的区域之间，似乎存在着一种解剖学上的渐进关系。概念地图还接收了来自记忆路径的输入，这些输入编码确定了各类物体概念的模式或关系网络。通过对双语者的研究发现，当他们听到两种语言中意义相同但发音完全不同的单词时，这些脑区的反应非常相似。由于颞叶和顶叶区域充当了这些不同类型信息的汇集区，以及代表情感和价值的信号的汇集区，这些区域开始编码抽象语义空间的结构图。值得注意的是，在人类进化过程中，这些所谓的大脑皮层关联区的数量和面积都有了显著增加。

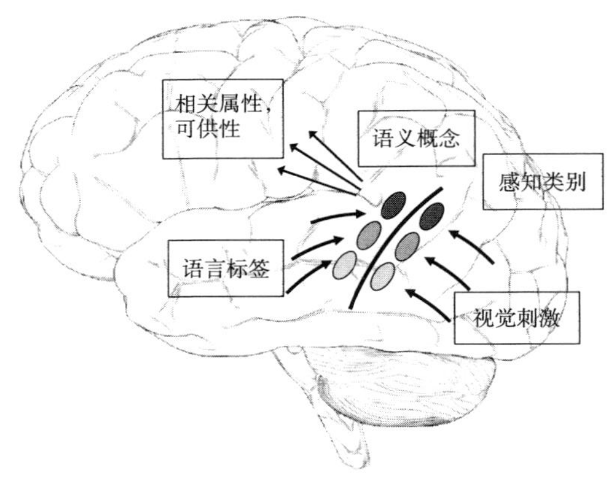

图 9.2　语义类别图。感官信息（此处显示的是视觉系统）经过解析和处理，提取出与生物体相关的特征和对象。更高层次的处理可以通过分解和不变的方式来表示对象。例如，即使从不同的视角或在不同的情景中，也可以将 A 视为对象。然而，更高层次的概念可以代表类别和类型。这些概念的表征以一种刻板的方式在不同个体的高层次视觉区域中进行映射。例如，有生命和无生命的物体在映射的不同部分进行表征，人和动物、脸和身体部位等也有区别。值得注意的是，在代表语言类别的邻近区域也观察到了同样的组织结构。这表明，高级语义概念的总体映射与具体的感官信息无关。

这些系统中的意义本质上都具有内在的**关联性**：代表X的任何特定神经活动模式对生物体的意义都在于X与Y、Z等的关系。这些关系体现在一个高度结构化的神经连接网络中，这些连接网络在组织和表达信息时，不仅反映了概念之间的分类关系，还反映了它们之间的层次关系。这种结构促进了一种认知过程中的思维导航，即通过追踪不同概念之间的联系和关系，在头脑中实现思维转换和跳跃。事实上，这些认知过程似乎受到海马体空间导航和记忆机制的支持。因此，神经连接的拓扑结构通常显现出高度结构化，这使得大脑能够将感知到的事物属性和存储的关系知识相结合，从而形成对抽象概念的理解，并为高阶概念认知图谱提供一个自然基础。

第五节　神经表征与心理表征

这里应该解释一下，我使用“表征”一词并不一定意味着表征是**心理层面的**。它们可能与心理有关，这里我更多指的是**神经**表征：与世界上的事物相关联的神经活动模式，或者与前文讨论过的认知元素类型相对应的神经活动模式，比如信念、目标、意图等。诚然，虽然这些听起来像是内在的心理现象，本就应该在头脑中体验到，但我们目前可以对此保持一种开放的态度。事实上，这些功能状态也可以在机器人的控制系统参数中具体实现，而据我们所知，机器人可能根本没有体验到任何东西。因此，至少从理论上讲，这些认知元素也能在神经系统中具体实现，而不一定表现为主观体验到的思维、想法或心理图像。

到目前为止，我们对“心灵”的讨论并不多，部分原因是这一概念的定义不清，而且还背负着“二元论”的历史包袱。人们通常认为，心灵是一个与大脑分离的实体，是一个由非物质思想和观念构成的独立领域。然而，这就引出了一个经典问题，即心灵的非物质材料或过程如何干预大脑的物质材料或过程。实际上，心灵和大脑并不能这样分开。一个更准确的心灵概念是，心灵是一个由大脑功能制约的认知活动的网络系统。人类的一些认知活动与有意识的心理体验有关，但并非所有认知活动都是如此。

过多地从“以人为中心”的角度思考问题，可能会导致我们对事物的理解产生偏差。当然，问题在于我们唯一能直接了解到的是人类的思维。即使其他动物真的有思维的话，我们也并不清楚它们的思维会是怎样的。我个人认为，我们没有理由否认动物有自己的思想；当我们观察不同种类的动物时，许多动物似乎确实都“具有某种内在的心理活动”。但是，从间接的视角来看，我们无法确切了解它们的主观体验。然而，我们可以对各种动物主观体验的局限性**有大概了解**。如果动物缺乏创造这类信息和表达这类意义的神经结构，那么它们就不可能“思考”诸如不确定的物体、空间事物的地图、事件的叙述顺序或想象的未来等事情。

值得注意的是，至少对于我们自身而言，我们的主观体验并不涵盖一切。我们体验不到神经元的传递、离子的流动、神经递质的释放和接收。**我们所体验到的是神经活动模式的意义，**这些意义是与整个生物体最相关、最有用和最具行动性的层次。例如，在视觉方面，我们不会体验到单个光感受器吸收光子的过程，也不会体验到单个 RGC 比较输入信息以产生对比度信息的过程。我们体验到的是世界上物体之间以及物体与我们自己之间的相对关系，这种关系不仅来自视觉，也来自我们的其他感官。而我们自己并没有缺席这种体验：我们对自己的感知，对我们自己的身体和思想，始终是所有这些感知的背景。我们正在经历着**自己对自身和外界事物的体验**。

在后续的章节中，我们将再次讨论意识和潜意识过程之间的区别，以及意识和反思如何为我们的行动提供帮助。现在，我们需要明确的一点是，认知元素（如信念、欲望和意图等）可以在对生物体有意义的神经活动模式中进行编码，而正是这些意义为我们的选择提供了必要的信息和指导。

第六节　意义驱动机制

这就引出了神经回路中信息编码的一个关键特性，即**多重可实现性**。这个短语听起来似乎有点别扭，简而言之，就是同一种意义可以由多种不同的物理方式来实现。或者反过来说，许多不同的低级排列（微观状态）可以产生相同的更高级别的模式或状态（宏观状态）。我们对语言中的这一概念并不陌生：同一页上的文字可以用不同的字体或盲文书写，也可以用不同的口音朗读，但其意义始终保持不变。换言之，在意义实现过程中，低层次的具体细节并不重要。在神经系统中也是如此，重要的是更大规模的神经活动的整体模式，比如单个神经元的放电频率或神经元群的低维整体状态。

这一事实是反驳神经科学还原论和机械论的关键证据。我们看到，物理不确定性意味着某些系统当前的物理状态并不能完全预测下一个状态。在大脑中，由此产生的分子水平的噪声会影响神经元放电，并影响神经活动模式的形成。这似乎使我们摆脱了直接的物理预定论。但你可能会说，在这种情况下，尽管存在噪声，但神经活动随时间演变的方式仍然完全由系统内部的低级物理参数所驱动。这种观点支持了还原论，也就是说，即使严格的决定论并不成立，所有因果关系仍然可以归结为底层的物理规律。如果这一论点成立，那么在特定时间改变神经元或神经元群的低层次细节，必然会改变与之相连的神经元或神经元的放电参数。

然而，多重可实现性表明，情况并非总是如此。神经元或神经元群放电的具体参数可能会发生多种变化，但这些变化通常不会影响下游目标（见图 9.3）。例如，如果神经元群 1 正在监测来自神经元群 2 的输入信号，神经元群 1 关注的是脉冲的频率而非每次脉冲发生的确切时间，它只是把一定时间内脉冲信号累积起来处理信息，那么尽管每次脉冲发生时机不同，但就整列脉冲所携带的信息而言，每次脉冲都是等效的（因为神经元群 1 不区分它们之间的差异）。同样，当神经元群 1 监测来自神经元群 2 的输入信号时，许多具体细节可能并不重要，因为神经元群 1 的动态变化会使其趋向于一种**稳定吸引子状态**①，而这些初始细节会在传递过程中丢失。因此，神经元群 1 关心的是其输入的宏观状态，而不是具体的微观状态。

---

① 吸引子状态（attractor states）是系统的一种状态，是一种存在或运动的方式，除非有外力介入，否则它会保持当前状态。系统可以自发形成吸引子状态。例如，如果一个钟摆在摆动，有人轻轻地触碰了钟摆，摆可能会暂时停止摆动，但当这个人把手指移开，它就会重新摆动起来。——译者注

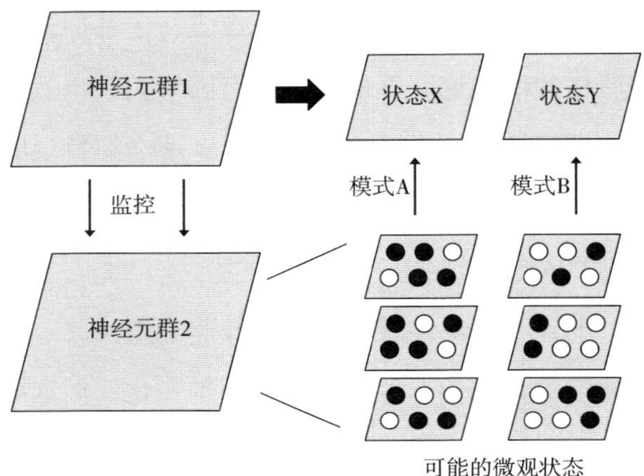

图 9.3　多重可实现性。图中一个神经元群 1 监控神经元群 2 的活动。神经元群 2 表现出多种可能的微观状态，每种状态都由神经元群中所有神经元的活动来定义。然而，从神经元群 1 的角度来看，这些微观状态可能对应于宏观状态 A 或 B。因此，神经元群 1 的反应（是采用状态 X 还是状态 Y）可能取决于整体宏观状态（及其意义），而不是神经元群 2 中微观状态的低级细节。因此，神经模式的意义就是机制的驱动力。

如果微观的细节变化在某些情况下会产生影响，而在其他情况下则不会，那么纯粹的还原论就不成立。系统的组织方式决定了在哪些情况下微观变化会影响宏观状态。大脑的运作并非依赖于单个神经元的脉冲，而是依赖于整体活动模式。系统活动的进化方式**取决于这些模式的意义**。这种意义受到生物体与其环境互动历史的影响，并体现在单个神经元或功能不同的神经元群之间的突触连接模式中。这些连接为每个接收器如何解释和响应接收到的信息设定了条件。

神经科学家谢彼得·乌尔里克（Peter Ulric Tse）将这种动

态变化称为“标准因果关系”。虽然这种关系必然体现在一系列物理机制中，但系统中的因果关系是信息性的。每个神经元或神经元群对信息的反应条件是由不同因素塑造的，这些因素在不同时间范围内起作用：数千年的进化历程，个体一生的经验，数年、数月、数天或数小时的不同目标，以及数分钟、数秒甚至数十毫秒的注意力、唤醒和瞬时的决策过程。生物体基于上层参数做出的决策会向下传递，有时这一过程会非常迅速，从而改变较低层次的标准，使生物体能够适应当前的环境、执行当前的计划，实现当前目标。

因此，思想、信念和欲望等这类抽象概念就能对物理系统产生因果影响。那种认为神经机制在真正起作用，而抽象概念只是副产品的观点，与事实大相径庭。神经活动模式之所以在大脑中具有因果效力，**是因为它们所承载的意义**。当然，虽然这些高阶抽象概念必须在物理介质中实现，但它们并不能还原为底层的物理机制。它们也不会神奇地从这些机制中自然产生。各种（通常是任意的）神经模式的意义是通过生物体与其环境长期的基础互动而产生的（见图 9.4）。

这种自上而下或语义上的因果关系并不神秘、模糊，也不是二元论的，同样也不违反物理定律。事实上，我们的日常生活中计算机程序就有一个非常普通的例子。正如哲学家和数学家乔治·埃利斯（George Ellis）所述，计算机程序是一种抽象实体，能以多种不同的物理形式实现，甚至可以在多种不同的硬件上运行，从 PC 到智能手机，甚至是早期使用真空管或机械齿轮装置的简单计算机。一旦某个程序在某种物理介质中实现，它就会对系统物理组件的行为施加一套特定的自上而下的约束。

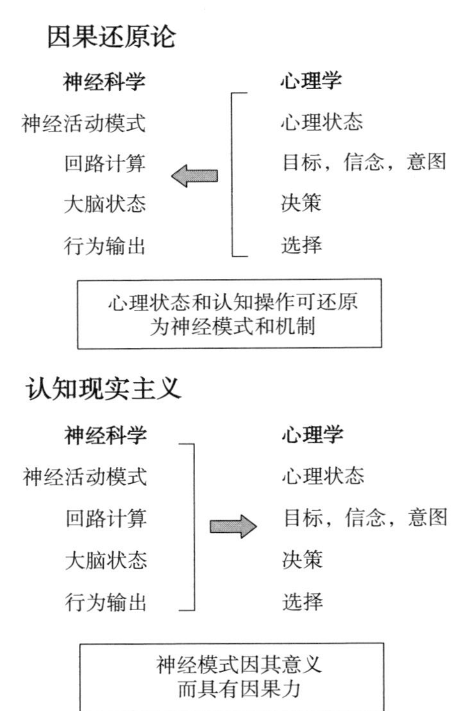

图 9.4　意义驱动机制。在因果还原论下，心理逻辑状态和认知操作可以被简化为“仅仅是”神经回路的活动，而神经回路的活动又可能只是分子间物理力的作用。另一种观点，我们可以称之为认知现实主义，它的论点恰恰相反，即神经模式完全是因为它们的意义才在系统中具有因果力；也就是说，这是因为它们代表了目标、信念、意图或其他认知元素（无论是否有意识）。

电子在计算机电路中的分布或流动受到抽象程序所定义的算法操作的限制，表示变量的数值。程序通过设置系统配置来控制电路中电子的流动，但并不指定执行程序运行所需的精确低级细节。程序或数据中的任何具体元素都必须以特定的物理形式存在，但它们有多种实现方式；它们都表示相同的值或执行相同的操作。如果这个过程中的任何元素违反了物理定律或因果关系，那么计算机将不可能存在。计算机作为实体存在，并且能够按程序规定的方式运行，这清楚地表明自上而下的因果关系或语义因果关系并不是什么奇怪或不可思议的事情。

第七节　证明主体的因果关系

迄今为止，我们已经构建了一个生物体的描述框架，将其视为一个因果主体，它能够在世界上采取行动、行使选择权，并根据自身的理由采取行动。在此，我们应当回顾一下，以便阐明这个立场所依据的特征或属性。一旦认为生物体是事物的原因，即将因果关系归于行为主体本身，需要满足两个基本条件。

首先，生物体必须在因果关系上与其环境相分隔，能够独立于其外部环境。否则，它就根本不是生物体，更不用说是行动主体了。要合理地将它看作事物的原因，它首先必须是一个可识别的物理实体，在时间上具有一定的持续性，并有明确的界限将其分为内部与外部。我们已经看到，生物体不仅通过补充其组成元素来积极维持自身，更重要的是，生物体还通过限制其各组成部分之间的相互作用来形成一种特定的、自我维持的模式。这种相互连接的模式在因果关系上是自足的，且无须外部指导即可自我维持。事实上，生物会积极抵制外部干扰，努力维持其内部组织的稳定。因此，生物体具有很强的因果完整性和自主性。虽然这种自主性并不是绝对的，但生物并非对环境完全敞开大门，被动地受环境影响：事实上，它们能够通过自身的行为对环境产生影响。

哲学家伊曼努尔·康德[①]曾指出："因此，一个生物体并不是简单的机器，因为机器只有运动力，而生物体则具有内在的形成力，而且生物体能够将这种形成力赋予无此力量的物质（把它们组织起来），从而创造出生物体的结构和功能。所以这

① 伊曼努尔·康德（Immanuel Kant，1724—1804）是德国哲学家、作家，德国古典哲学创始人。康德是启蒙运动时期最后一位主要哲学家，是德国思想界的代表人物。他调和了勒内·笛卡儿的理性主义与弗朗西斯·培根的经验主义，被认为是继苏格拉底、柏拉图和亚里士多德后，西方最具影响力的思想家之一。其学说深深影响了近代西方哲学，并开启了德国古典哲学和康德主义等诸多流派。——译者注

是一种自我传播的形成力，不能仅仅通过机械运动能力或机制来解释。”

其次，如果说生物体本身在做事，那么所做之事应该是由生物体作为一个整体（**一个自我**）所驱动的，而不仅仅是由其内部机制的物理运作所驱动的。生物体应该掌控各个部分，而不是反过来。否则，它就不是一个真正的、作为行动主体的综合系统，而只是一个发生复杂事物的场所。康德接着说：“生物体的定义是它是每个部分都是为了其他部分而存在的整体。（各个部分互为目的和手段，相互依存）”

因此，生物体的各个组成部分并非像机器中的可分离部件一样独立存在。相反，**它们扮演着不同的角色**。正是它们之间的功能关系构成了组织模式。我们经常绘制系统简图，将各种元素 A、B、C 等放在小方框中，并用箭头表示它们之间的联系。其中关键在于，生物体不是由方框组成的，而是由箭头组成的。它不是由零件组成的组织，而是由相互关联的**过程**构成的组织。其中每个过程的活动都受制于所有其他过程的集体活动，而这些集体活动是目标导向的，使其功能与环境相适应，确保生物体及其后代在环境中生存和壮大。

在满足了自主性和整体性这两个基础条件之后，我们还可以审视其他具体的特性，这些特性共同支持了生物体作为行动主体发挥着因果作用的观点，而不是支持还原论、机械论和瞬时论。

第一，决策过程需要多个分布式子系统协同运作，在一段时间内通过复杂的连锁递归回路进行信息传递和交流。子系统之间相互提供信息、相互制约，直到整个系统解决了模糊的问题和冲突，并就外部世界的情况、当前的目标以及实现这些目标的最佳行动达成某种共识。这样，整个系统就**共同**进入了一种新状态。

值得注意的是，这种方案与具有可分离组件机器的工作原理，或数字计算机执行程序时的一系列线性算法步骤截然不同。生命系统不能被分解成各个单独机制，因为它们的功能在本质上是相互依存的，因此它们不可避免地相互交织在一起。事实上，人们越来越清楚地认识到，许多行为参数信息之前被认为是独立存在的，但实际上它们在大脑区域之间是广泛共享的。即使是早期的感觉区域，除了它们表面上正在处理的特定感觉信息，通常也会显示出与其他感官信息、当前运动、任务或目标相关的神经活动模式。信息并不是由完全独立的渠道进行处理后反馈给中央决策组织的。虽然功能仍然是特殊化和局部化的，但在各个层面上都有广泛的交流，而且来自整个生物体或环境的信息会改变每个区域的信号传递方式。

明确地说，整个系统的正常运行依赖于其所有组件的完整性及其功能的正常发挥。当某些组件被破坏、改变或被操纵时，往往会对整个系统的行为产生非常具体和明确的影响。理解这种情况显然在临床上具有重大意义；例如，在阐明特定基因突变的影响或特定脑区受损的影响时，就需要了解它们对人体健康的影响。作为科学家，我们利用单个组件试图找出整个系统的运作逻辑。我们在实验时操纵单个组件的同时试图控制其他变量，但是，我们的实验方法本质上往往是简化的，这一现实不能证明系统本身可以简化为其组成部分。一旦打破了这些相互关系，就没有什么系统可言。

第二，生物体是主动进行内在活动的实体。它们不会被动地等待刺激做出反应。即使身体静止不动，它们的内部也在持续变化。当外部感官信号传入时，它们会被纳入持续的生化和神经活动中。例如，当神经科学家使用功能性磁共振成像对人进行脑部扫描时，与某项特定任务相关的信号非常微弱：其强度仅为背景神经活动的 1% 到 2%。大脑并非被动地等待信号。当然，大多数动物的大部分时间都在与环境互动——探索、感知、选择和主动塑造环境。无论是对内还是对外，生物都是主动参与者，而不只是被动地做出反应。

第三，正如我们在本章中所了解到的，神经系统中信息的意义是驱动其机制和功能的主要因素。这并非抽象数学意义上的信息，而是生物利用已有知识储备进行解释的有关事物的信息，对其行为具有潜在的影响。生物体并不是受外界刺激的机械驱动，而是根据自我能力来解释这些信号。生物体在中途与世界相遇，成为舞伴，共同起舞，相伴一生。

第四，生命系统中的因果关系在时间上是延伸的。我们仅仅根据对生物体神经机制的静态描述，而不考虑历史的影响，就无法全面解释生物体的行为。它们的行为反映了它们的祖先与环境互动的历史。通过自然选择的反馈和个体的学习，生物体在其物理结构中内化了关于环境规律的知识。生物体作为因果电容器，不断积累因果势，然后将其应用到与世界的互动中。瞬时机械论的观点忽略了生命的核心要点，即生物体做事是有原因的，这些原因源于过去并指向未来。

第五，这些原因存在于**整个生物体的层面**。我们在第三章中从进化的角度探讨过多细胞生物体如何成为适应性的中心。自然选择并不关心单个细胞、器官或系统的变化，除非它们对整个生物体的生存和繁殖产生了影响。神经系统所关心的意义最终也是与这些生物体层面的参数息息相关。虽然不同的子结构也有其各自的功能，但它们是根据其对整个生物体目标的贡献来评价和塑造的。因此，行为的理由是**生物体**的理由，而不是其各个部分的理由，而拥有这些理由所带来的因果力（源自生物体对世界因果规律的关注）也同样与生物体的整体层面密切相关。

第八节　生物决定论的遗留问题

到目前为止，我所提出的是一种从自然科学的角度思考能动性的框架，它与我们所了解的生物学、物理学和神经科学相一致。虽然能动性不常以这种方式表述，但我认为能动性，即生物体以自身的意愿或动机产生作用于外部世界力量的能力，是生物体本身的决定性特征。此外，它还是我们理解人类自由意志的基石。我们要想拥有选择行动的能力，首先就必须让选择行动成为一种可能。我希望到目前为止提出的证据和论点已经证明了这一点。

然而，人类的自由意志问题远远超出了生物学上的能动性范畴。特别是，生物决定论所关注的问题尚未得到解决。我们也许能够出于自己的理由做事，但我们能够选择这些理由吗？我们自己造就了这些理由吗？如果我们在任何情况下采取行动的决策都是由大脑结构决定的，而这种结构是在自然选择和我们与生俱来的特殊禀赋以及个人经历反馈的综合累积影响下形成的，那么我们在当下是否真的完全自由？还是说，我们事实上受到了过去无法控制或无法改变的原因的限制？

如果我们大脑的构造决定了我们的所作所为，那么也许我

们——意识中的自我，并不是真正的主宰者。我们将在后续章节中看到，这种担忧是建立在一种诱人的二元论假设上，即**你**在某种程度上独立于大脑的运作。转换视角，提出一个更自然化的自我概念，可以在一定程度上缓解这种担忧。然而，仅凭这种重构不太可能满足大多数人对“自由意志”一词所寄托的期望。人们通常追求的是某种方法，通过这种方法，我们可以真正掌控自己每时每刻的决定，而不仅仅是受到生物特性和过去经历的影响。

我在最后几章中提出，进化恰恰提供了这样一种机制，或者说是一整套机制，赋予了我们这种能力。我们不是绝对自由的，也不希望如此。事实上，这个概念在现实中根本不可行。但我们确实有反思认知的能力，这意味着我们的潜意识心理并不总是复杂的或神秘的。我们有内省、想象和元认知的能力，可以让我们识别和思考自己的信念、驱动力和动机，审视自己的性格，并有意识地采纳新目标或制定新政策来指导我们未来的行为。简而言之，我们具备自我意识的能力。

我们拥有自我控制的能力。我们能够通过选择关注的对象以及优先考虑不同行动方案，实时地、有意识地调整我们的行为。就像生物学中能动性的基础形式一样，这一切都不需要魔法，但这确实依赖于神经系统的递归层次结构，而这一结构在人类身上得到了最充分的发展，从而赋予了人类在自然界中特殊的地位。

第十章

成就自我

在前文中描述了生物体是行为主体，它们依据自己的理由行事。也就是说，它们在任何时候都可以做自己想做的事。但是，它们真能如愿以偿吗？它们真的能**决定**自己想做什么吗？还是说，它们实际上只是根据大脑的物理结构所规定的条件来行动？亚瑟·叔本华在 1839 年发表的《**论意志自由**》一文中提出了人类是否拥有自由意志的问题，并对这些问题进行了十分有力的阐述。在第一章中我们了解到，最近，前神经科学家萨姆·哈里斯和许多其他学者也再次关注了这些问题。如果我们真的受到一系列塑造我们大脑的先验原因的影响，那么我们又能有多大的自由度呢？

该观点指出，如果我们无法控制这些先验原因，包括我们物种的进化史、遗传学、成长过程、成长环境以及成长经历的影响，那么我们就不能自由选择我们当前的喜好和欲望，也就是说我们不能自由地决定自己想要什么。相反，我们会受到历史枷锁的束缚，不得不以特定的方式行事，不得不按部就班地演绎故事中的下一个场景，无法真正自由地创造自己的未来。

这种思路常常会导致一种存在主义恐惧，即认为我们作为有意识的自我，只不过是搭便车的乘客，而我们的大脑才是真正的驾驶员。例如，哈里斯认为，当我们的想法和欲望涌现时，我们只是旁观者，无法真正进入决策过程，也就无法控制决策结果。这种观点将我们视为受生物学因素左右的傀儡。尽管**我们的**行为和决策确实受到生物学因素的影响，如大脑结构等内在因素，但这也在一定程度上误解了自由选择的概念，或者说，在哈里斯看来，它甚至完全颠覆了自由选择的概念。我们稍后会看到，这种说法误解了自我的本质。事实上，如果哈里斯所追求的那种绝对自由真的存在，它就不可能属于我们所认识的任何形式的自我。

在本章和下一章中，我会证明我们并非完全受制于决定我们行为倾向的外部力量，我们也并非在任何时候都完全受到这些倾向的驱使。我们作为行为主体，在一生中积极塑造自己的性格。更重要的是，我们确实能够理解并意识到自己的动机和欲望。通过培养和发挥自控能力，从而在正确了解**自我**的基础上，掌控主动权。

第一节 DNA 决定一切?

许多行为遗传学的重大发现一再向我们证明个性特征具有一定的“遗传率”，这更加深了人们对于“我们的行为是由我们的生物基因所决定的”的担忧。这些研究似乎（无意中）在暗示，我们的基因决定了我们的心理，而我们的心理又决定了我们的行为。事实上，这种说法夸大了两个方面的事实：一方面，我们的基因的确会**影响**我们的心理倾向，而这些倾向也的确会**影响**我们的行为，但这种影响既不是直接的，也不是决定性的。另一方面，对遗传率的过度关注还忽略了影响我们天性的其他重要因素。

遗传率是一个专业术语，指可归因于遗传变异的某种性状在人群中的变化比例。以成人身高为例，我们可以发现这一性状在不同人群中存在差异。这是为什么呢？我们可能还会注意到，高个子的家庭往往生育高个子的孩子，矮个子的家庭往往生育矮个子的孩子，这就会立即让人联想到身高存在遗传率。然而，富人的孩子富有的概率高，穷人的孩子贫穷的概率高，这也是事实。但我们往往把这种相关性主要归因于环境因素，而非遗传因素。双胞胎和家族实验研究的目的，就是找出遗传和环境因素对不同性状变异的影响。

例如，他们会比较家庭环境相同但遗传亲缘程度不同的人之间的特征值，如比较同卵双胞胎和异卵双胞胎。关于身高这一性状，他们得出的一致结论是，同卵双胞胎（共享全部DNA）之间的相似度比异卵双胞胎（像普通兄弟姐妹一样，只共享了50%的DNA）的相似度更高。而领养研究采用的是相反的实验设计，比较了遗传亲缘程度相同的人，这些人具有相同或不同的家庭环境。研究结果表明，个体与其亲生父母的身高非常相似，而与其收养的亲属几乎没有相似之处。

根据这些数据，以及基于最近对仅有极远的亲缘关系的大量人群进行的研究，我们可以估算出某一性状在特定人群中由基因变异引起的变异比例（即遗传率），由家庭环境变异引起的比例，以及无法用这些因素解释的比例。不出所料，身高的遗传率约为80%，也就是说，我们在不同人群中所看到的身高差异绝大部分是由基因变异造成的，家庭环境引起的变异比例很小，至少在研究的人群样本中是这样。但请注意，这并不意味着环境因素不重要，只是在这类研究中，环境因素对人群样本的影响不大。不过，环境因素肯定会影响平均身高；事实上，不同国家或不同人群的身高随时间的变化与环境因素（如儿童时期的蛋白质摄入量）密切相关。

这凸显了一个重要事实：某一性状的遗传率并不是一个生物常量，它只适用于所研究的特定人群，并且在不同的环境条件下可能会有所不同。此外，研究发现，在特定人群中，某一性状的大多数变异是由个体间的遗传变异造成的，但这并不意味着该性状在**不同群体之间的平均差异**一定是由遗传差异造成的。最后，遗传率这一概念并不适用于个体，即并不是说你的身高有 80% 来自基因，而剩下的来自环境；这种说法是错误的。实际上，遗传率描述的是**群体中**某些性状的变异来源。

同样，人们针对各种心理或行为特征都进行了类似的研究。首先研究人员需要确切定义研究中所要考察的特征，并且设计适当的工具对其进行测量，它可能体现为某种类似智商（IQ）评分的测试得分。或者，它可能是通过回答一系列有关个体行为的问题而得出的某种统计模型，这些问题的设计是为了挖掘性格特征，如外向性或神经质（稍后会更详细地探讨这些概念可能反映的内容）。它也可能是对实际行为、事件或**成功要素**的报告，如一个人的婚姻状况、是否有犯罪记录、受教育年限或年收入等。

我在之前的著作《**天生我材：大脑构筑如何塑造人的个性**》中详细描述了所有这些类型基因研究的测量结果，无论研究是测量认知表现、人格特征还是以某种方式反映个人行为的各种生活表现，它们都得出了一致的结果，显示了所测量特质的遗传率普遍为中等，即其中只有 30%~60% 的变异可归因于群体的遗传变异。它们一致表明，家庭环境的影响非常小，通常只能解释 0~10% 的变异。值得注意的是，这表明大约 50% 的变异无法用遗传因素或家庭环境因素来解释。

我们该如何理解这些发现呢？它们能支持用来否定自由意志的遗传宿命论吗？一方面，人们倾向于把这些发现说成是颠覆性的重大发现，将会彻底改变我们对心理和行为的理解；而另一方面，也有很多人指出，行为遗传学的研究方法存在这样或那样的缺陷或偏差，因而其研究结果所证明的有关心理特征的遗传变异也是不可靠的。但实际上，人类在心理和行为方面存在差异是自然而然发生的，也是不可避免的。如果我们承认人类的本性（即从生物学角度看，我们与其他物种的不同之处）都是由基因编码的，那么我们就应该预料到不同个体在这方面会存在先天差异。

进化塑造了所有动物物种的基因组，因此，带有特定物种 DNA 的受精卵将发育成相应物种的生物体，并具有其特有的身体形态。这不仅包括该物种的大脑物理结构，还包括所有错综复杂的特异性神经回路，赋予其物种特有的行为能力和行为倾向。例如，青蛙的 DNA 使其发展出青蛙的天性，蝎子的 DNA 造就了蝎子的天性，而人类的 DNA 则造就了人类的天性。这并不是说环境和文化不允许个体在此基础上进一步发展并影响天性的展现方式，它们当然会影响。问题的关键在于，通过遗传我们天生具备了人类典型的行为能力和行为倾向（其中包括从经验中学习的能力和倾向），这一切都是因为人类典型基因组塑造了人类大脑的结构和功能。

但我们的基因组并非完全相同。因为在生成卵子和精子的过程中 DNA 复制会发生错误，每一代人的基因都会发生变异。因此，每个新个体都携带着来自他父母的一系列全新变异，以及他们父母从自己的父母、祖父母等处继承的变异。你可能会问：为什么基因组中的信息不会随着时间的推移完全丧失呢？这是因为基因变异的积累会受到自然选择的制约。那些会带来严重负面影响的新变异，即严重损害细胞或组织发育或生理功能的变异，往往会迅速遭到淘汰。而继承了这种变异的个体可能会死亡，或受到严重影响而无法繁殖，因此这种变异不会遗传下去。

而从影响的严重程度来看，DNA 分子中的碱基序列发生某些改变实际上对个体没有任何影响。在人类基因组中，只有约 3% 的基因能真正编码执行细胞功能的蛋白质，包括每种蛋白质的表达方式和表达位置的信息。在这些区域，DNA 碱基序列的精确性可能非常重要。但在基因组的大部分区域，一个碱基的变化根本无关紧要。这些区域中的新突变可能会以随机的方式有效地传播到整个人群中。

通常，那些影响严重程度居中的基因变异对于塑造我们的特征（包括心理特征）起着至关重要的作用。这些心理特征通常不是由一两个特定基因的变异直接决定的，而是同时受到成千上万个基因变异的集体影响。个别基因的变化或变异产生的影响可能很小，这也解释了为什么它们可以在人群中持续存在。如果新的基因突变产生了某种影响，那么这种影响更可能是有害的，而不是有益的：毕竟，在数十亿年的进化过程中，很难通过随机变异来实现改进。但是，在其他变异存在以及个体生存面临各种随机变化的背景下，如果这些影响微不足道，自然选择可能不会对其产生显著影响。因此，这些变异可以在种群中持续存在并在一定程度上传播，虽然它们的个体效应很小，但它们的群体效应却相当大。

结果表明，大多数的人类典型特征不可避免地在一个平均水平周围发生一定程度的差异。例如，尽管人类的体型明显区别于老鼠或大象，但人与人之间的身高还是有所不同。人类的四肢长度、鼻子形状等在整个人群中都有一个平均值，这些部位的参数都会围绕这些平均值而变化。它们不可能没有差异。自然选择不可能把所有的突变都排除在基因组之外，如果它做到了，那么就没有任何个体能够存活并繁衍后代；或者，如果自然选择能以某种方式确保 DNA 复制过程完美无缺，那么最初就不会有可供自然选择塑造和改变的原始材料了，进化就无法发生。

我们的大脑中也存在着同样的变异。典型的“人类基因组”编码了一个制造标准“人类大脑”的程序。但实际上，没有一个人拥有这样的基因组或大脑。我们每个人都有自己版本的“人类”基因组，因此我们的大脑组织方式也各有不同。心理特征的遗传率正是这一事实的体现：拥有更多相似基因组版本的人（即亲属），其大脑在结构和**功能上**明显更为相似。就像人们能够理解亲属间的长相更为相似一样，这种关联也不会令人感到惊讶，也没什么争议。

第二节　遗传率并非故事的全部

然而，在讨论自由意志时只关注遗传率会忽视几个重要问题。首先，遗传变异并不是导致个体间先天神经和心理差异的唯一因素。即使基因组完全相同的人，也就是同卵双胞胎也不会拥有完全相同的大脑。调控大脑组织和作用的发育程序极为复杂，其中有数千种蛋白质在发挥作用，它们负责将大脑分为不同的区域、分化数千种不同类型的细胞、安排这些细胞的迁移和空间组织、推动轴突和树突的延伸、形成突触连接，以及控制可塑性的生化过程，从而完善初始神经元连接模式。所有这些过程在细胞层面上都会受到随机噪声影响，这是因为蛋白质会四处扩散，与其他蛋白质或 DNA 结合或分离，进而调控基因表达。其次，其他各种生化互作用和化学反应的发生具有一定的概率，这些概率受到反应物的相对浓度和亲疏关系影响。

基因组无法控制这些过程，它也无法编码确定的结果，只能编码自组装的生化过程。事实上，DNA 序列并没有足够的信息来精确编码大脑中所有细胞的每一个连接模式。自然选择的作用是确保这一发育程序足够强大，以便在大多数情况下能产生有效的结果。事实上，自然选择已经做到了这一点：大部分细胞噪声得到了有效缓冲，从而保证结果维持在一个可接受的范围内。然而，即使是从完全相同的基因组开始发育，如克隆动物或人类的同卵双胞胎，这些噪声也会**在该范围内共同产生变异**。

大脑发育过程中的大部分变化是定量的，比如，大脑的某个区域可能略微大些，或者在双胞胎中，其中一人大脑中某些区域的轴突连接数量可能比另一人更多。但是，由于大脑发育是一个高度非线性的过程，许多发育过程都取决于之前事件的特定发生方式，因此发育过程中的某些参数的微小变化有时会被放大，并导致结果出现质变的显著差异，这些差异可能会反映在行为特征上（见图 10.1）。例如，双胞胎中的一个可能是左撇子，而另一个则不是。

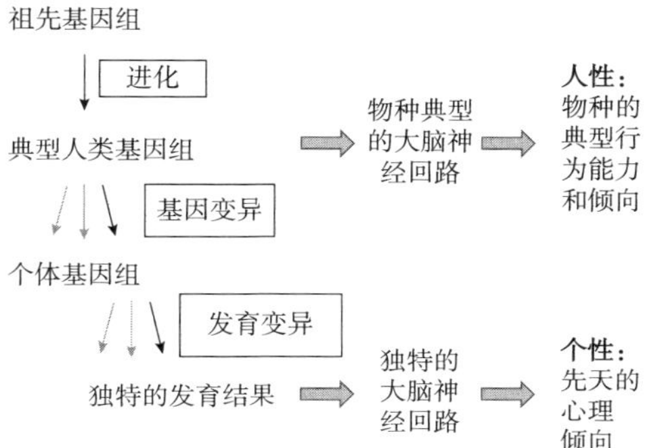

图 10.1　先天倾向。一般来说，人类的本性，即我们作为一个物种所特有的一系列行为倾向和能力，是经过数百万年的进化形成的，主要通过基因组编码的发育程序得以实现，从而形成人类典型的大脑神经连接模式。然而，由于基因和发育的差异，我们每个人都形成了这种模式的独特版本，赋予了我们与生俱来的一系列心理倾向——我们的个性。

正如《**天生我材：大脑构筑如何塑造人的个性**》一书所阐述的，发育变异是大脑发育方式以及由此引发的先天心理倾向变异的另一个重要来源。在双胞胎和家族研究中，这种随机的发育变异可能解释了许多无法由遗传因素或家庭环境因素解释的差异。然而，就自由意志的讨论而言，这似乎造成了一个比证明心理特质具有一定的遗传率更严重的问题。由于大脑发育程序中存在固有的遗传变异，且执行该程序过程中出现差异不可避免，所以我们并非生来就是一张白纸。

这似乎只是强化了一种观念，即我们的行为受制于我们无法控制的因素，使我们只能以特定的方式行事。我稍后将进一步阐述，实际上，这种“我们天生的心理倾向影响我们行为”的观点过于简单化了。然而，这种观点背后的主要关注点似乎也存在两个方面的偏差。

首先，相对于人类本性的普遍相似性而言，我们在个人本性中看到的差异是微不足道的。当然，我们倾向于关注这种差异，因为我们会自然而然地将自己与其他人进行比较。我们可能会说：“我希望我能像加里一样更自信”，或者“我希望我像玛丽一样更认真”。因此，我们可能会把自己的个性特征看作对他人行为方式的限制。然而，我们却忽略了作为人类所面临的更为重要的限制。我们很少会这样想：“我希望自己能像赤裸的鼹鼠一样更善于交际”，或者“我希望自己能像海象一样更冷静”。如果我们担心自身行为方式的先天局限性，那么只关注人类之间相对较小的差异似乎是不合逻辑的，因为进化已经像对待其他物种一样，精心雕琢了我们所有的天性。人们似乎很少担心自己会不得不表现得与常人无异，但奇怪的是，人们更担心自己受到内在因素的约束，导致他们只能表现出符合自己个人特征和偏好的行为。

其次，另一种观点现在已经过时，认为我们生来就是一张白纸，这种观点的出现通常伴随着这样的想法，即**我们的个性是由**我们的成长环境和早年生活经历**所塑造的**（即通过“教养”

的方式)。这通常涉及一个“关键期”①的概念。在关键期内，我们的个性得到塑造，一旦过了这个时期，我们的行为模式就会变得根深蒂固，很难或者无法做出进一步的改变。因此，在这种模式中，我们仍然有人格特质，它们会限制我们的行为，使其沿着通常的轨迹发展，而这些人格特质又是由我们无法控制的力量和因素造成的。因此，根据这种观点，我们并不具备完全的行动自由。

因此，遗传率只是个幌子。如果我们认为自由意志受塑造我们心理状态的先验原因影响，那么这主要是因为人类面临更普遍、更广泛的制约因素。事实上，把先天和后天的影响对立起来极其具有误导性且毫无益处。在我们的一生中，先天倾向和个人经历密不可分，相互影响。

我们与生俱来的心理倾向并不能决定我们每时每刻的行为。它们主要影响我们与世界的互动方式，并在一生中让我们的行为不断适应环境。我们经历了各种事件，选择并创造了所处的环境和心理倾向。在与我们的经历和环境互动的过程中，这些因素塑造了我们成为自己的方式，即影响了我们的性格和习惯

---

① 关键期(critical periods)这一概念最初由奥地利生态学家康罗德·洛伦兹于1937年所提出，是指对特定技能或行为模式的发展最敏感的时期或者做准备的时期。个体发育过程中的某些行为在适当环境刺激下才会出现的时期。如果在这个时期缺少适当的环境刺激，这种行为便不会再产生。——译者注

的形成。在这一过程中，我们并不是被动地受到无法控制的因素的驱使：相反，我们作为积极的主体，发挥着重要的因果作用。

第三节　人格特质

要想了解我们的性格是如何形成的，首先应该深入了解心理学家最常定义的基本人格特质。千百年来，人们一直试图对人类性格的结构进行分类。我们的普遍经验是，个体表现出相对稳定的特征性行为模式，即在不同情况下以特定方式行事的普遍倾向。为了解释这些模式的多样性，我们自然而然地认为人们会在若干独立维度上展现差异。

古希腊医生希波克拉底（随后是盖伦）定义了四种**体质**，它们在人与人之间有不同程度的差异，并决定了与之相关的四种气质类型：多血质、胆汁质、抑郁质和黏液质。

几个世纪以来，人们还尝试了一些更为科学的分类，例如，通过对英语中八千多个提及人格特质的单词进行统计分析，确定其分属的群组数目。例如，形容词“bubbly”（活泼的）、“live”（活泼的）、“outgoing”（外向的）和“excitable”（容易激动的）等词都表示重叠的甚至是相同的性格特征。在对这些词汇群组定义，以及对人们各种行为的问卷调查和统计分析的基础上，诞生了现代心理学中的多种人格模型。这些模型确定的主要性格维度数目不同，其中最流行的是“大五人格”模型。

这五个维度分别为外倾性、神经质、责任心、宜人性和经验开放性。需要强调的是，这种分类方法并不是一成不变的，也没有达成共识：不同的分类方法提出了从两个到十六个所谓独立的主要维度。但就我们目前的讨论而言，“大五人格”模型就足够了。每种特质都反映了多个具体的行为特征，它们之间存在一定的相关性，这说明它们背后存在一个共同的潜在影响因素。例如，与外倾性相关的测试问题不仅会问你对社交活动的喜好程度（这是对外倾性一词最直观的理解），而且还会问你对性生活或旅游的喜好，也可能会调查你的健谈、积极或自信的程度。虽然这些特点在某种程度上是独立的（例如，一个人可以自信而不健谈也不善于交际），但大量样本数据表明，某方面的正面回答往往与该群组中其他方面的正面回答相关。

个体的神经质水平越高通常对负面情绪越敏感、越容易担忧、情绪波动越大，也越容易受到压力影响。较高的责任心反映了较强的专注力、自制力以及对秩序和可预测性的渴望。较高的宜人性反映了较强的合作、助人、友善和体贴的人格，以及对社会和谐的深切关注。较高的经验开放性表明个体具有较强的审美感和想象力、好奇心和尝试新体验的意愿。

通过总结人们对不同问题的回答以及这些回答之间的相关性，心理学家可以推断出所谓的潜在特质的强度，并为每个定义好的特质赋予一个任意的分数。通常这些分数沿着一个单一的线性刻度变化，整个人群的得分呈**正态分布**或钟形曲线，即大多数人的得分集中在中间区域，很少有人得分很高或很低。这些测量指标相当可靠，如果对一个人进行反复评估，其结果具有很强的相关性，而且随着时间的推移，这些指标在个体身上也展现出相对的稳定性。虽然随着年龄的增长，在整个人群中会出现一些普遍的动态趋势变化，比如在人的一生中，责任心会上升，神经质会下降，但个体在群体中的相对排名仍然保持稳定。无论人们是自我评估，还是由熟人评价，得分都展现出良好的相关性。

因此，这些人格特质的构念具有一定的有效性和科学性，例如，可以利用人格特质来研究亲属之间性格的相似程度，如前文所述，这些测量指标具有一定的遗传率，遗传学可以解释人群中近乎一半的个性差异。这其实并不奇怪：俗语常说的“有其父必有其子”“他天生诚实”或“她并非无缘无故如此”都是有原因的。对家族性格相似性的日常观察，促使人们形成了一种准确的民间共识，即性格特质受到遗传因素的影响。

更令人惊讶的是，双胞胎和家庭研究也得出一致的结论，即家庭环境几乎对这些人格特质没有影响。我们本以为成长环境也会影响人格特质，但事实并非如此。例如，领养的兄弟姐妹在这些人格特质上几乎没有相关性，而分开抚养的同卵双胞胎往往与一起抚养的同卵双胞胎相似。这一发现被解释为“父母并不重要”，或者说父母对子女的心理和行为没有任何影响。在我看来，这是一种极端的过度推断。我们稍后将看到，虽然养育方式可能不会改变这些基础的人格特质，但它确实会影响我们行为方式的方方面面。

事实上，这些构念的本质在于挖掘潜在的生物参数，这些参数在个体间的变化是相对稳定的，并在不同的环境下表现为独特的行为倾向。这些构念旨在从个体生活的具体情境中抽象出这些行为模式。因此，这些测量方法对教养方式或家庭环境的其他差异并不敏感也就不足为奇了。它们似乎与大环境中的任何系统性因素也没有稳定的相关性，这表明性格特质在本质上是稳定且难以改变的。我的观点与此相符，我认为，遗传或家庭环境都无法解释的变异主要源于个体内在的发育差异，因而这些特质具有比遗传学所暗示的更深层次的内在特性。

但问题仍然存在：从生物学角度来看，这五大性格特质究竟代表了什么？它们与我们在前文中探讨的允许行为主体自主行为、做出决策和选择行动的机制有何联系？关于这些统计指标所反映的内容，存在两种主要观点。第一种观点为，正如前文所述，这些测量指标揭示了影响诸多行为的单一潜在生物因素。而第二种观点则颠倒了这种关系，认为这些测量指标只是统计学上的构念，它们捕捉到了许多潜在生物参数的变化，而这些参数共同影响着多个行为领域。就个人而言，我认为证据更倾向于支持后者。

如果像外倾性和神经质这样的性格特质真的反映了大脑中的某个单一因素（比如“积极情感”或“消极情感”），我们可能期望找到始终与之相关的大脑生物指标，比如，更大的杏仁体、更高水平的血清素或与纹状体有更多的多巴胺联系以及其他诸多可能。研究人员多年来一直在努力探索这类相关因素，但始终一无所获。虽然某些研究报告了正相关性，但都没有得到有力的证实。在某种程度上，一个合理的结论是，像外倾性这样的特质实际上并不是单一的“脑中物”，而是一种反映多种神经参数的构念。

在讨论决策和行为选择的神经回路时，我们已经了解到了一些关键参数的作用。在环境中游走的动物必须监控自身的内部状态以激发动机，评估机会和威胁，预测奖励和惩罚，在通常相互矛盾的短期与长期目标之间做出权衡，评估不同感知证据的可靠性，评估各种信念的确定性，权衡采取行动所需的信心程度与行动的紧迫性，以及考虑为了获得特定概率的预期回报愿意付出多少努力、愿意等待多长时间、愿意接受多大风险等（见图 10.2）。

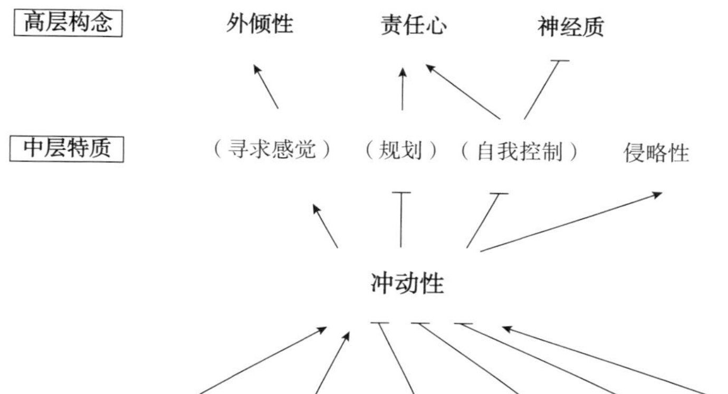

图 10.2 冲动性。这个假设模型显示，冲动性是一个任意选择的中层特质，它受到许多低层决策参数水平的影响（正向，箭头；或负向，T 形），反过来，它又作用于高层人格构念。

正如我们所看到的，这些操作都是通过大脑中各种相互连接的神经回路的活动来实现的，就像大脑的其他部位一样，这些神经回路由于个体的遗传和发育差异不可避免地存在差异。这就意味着，奖励敏感度、威胁敏感度、新奇显著性、信任阈值、延迟折现（即愿意为奖励等待时间长短）和风险规避等因素在不同个体之间必然存在差异。这些参数都是我们“在大脑中发现”的，从这层意义上说，神经科学家们已经识别出一些关键的神经回路，它们能够介导这些不同的信号，并为信念形成、目标优先级排序和行动选择等过程提供信息。事实上，研究人员现在利用最新技术能够在动物身上观察到这些分离的功能，并将特定回路的活动水平与信心水平、评估的威胁水平或预期的奖励等因素联系起来，甚至能够通过实验调整这些参数，实时改变其决策和行为。

这些相关信号大多是由神经调节回路传递的，使用多巴胺、血清素或去甲肾上腺素等化学物质作为信号。在我看来，大众媒体对这类“大脑化学物质”的讨论，使人们产生了一种普遍的看法，即这些神经调节剂的作用类似于大脑内的激素。也就是说，它们会在受到某些刺激时释放出来，并直接作用于目标区域（甚至整个大脑），不加区分地影响该区域的所有神经元。这可能就是人们经常谈论多巴胺或血清素**水平**的原因，仿佛它们是一种单一的信号，只有一种功能或意义（如通常将多巴胺与奖励相关联）。

这种观点有一定的合理性：神经调节剂确实能够通过**容积传递**的方式发挥作用，并对大脑产生广泛的影响。但随着对神经系统的深入研究，我们发现，这些神经调节神经元的许多子回路具有非常精确的连接方式，其在特定突触点的释放受到严格控制，而且这些信号的具体效应取决于每个神经元上特有的受体类型。这些信号在大脑不同的子回路中意义各异。例如，虽然纹状体前部和腹侧区域释放的多巴胺确实是发出了奖励（或预测奖励或偏离预测奖励，取决于你的模型）的信号，但在更后部区域释放多巴胺实际上是发出的威胁信号。当然，如何解读这些信号并对其采取行动，取决于接收信号的神经回路和与其相互关联系统的组织结构。这表明调节系统和它们所影响的决策回路可能在不同个体间存在着复杂且微妙的差异。

在这个模型中，所有这些参数的变异都会影响外倾性、神经质或责任心等性格特质的整体表现。因此，两个人可能会由于截然不同的内在原因而在这些特质上获得相似的分数。因为所有个体参数的变异都是可遗传的，所以更高层次的构念也是可遗传的。

这意味着，我们每个人的性格确实都有些不同。这些差异会影响我们在各种具体情境中的行为倾向。然而，值得注意的是，我们从未真正处于“各种具体情境”中，而是总是处于**某种特定的情境中**。毕竟，本质上生活就是不断发展和变化的过程。我们在具体情境下的实际行动取决于各种因素，包括我们根据个人的知识储备对当前情景的评估，以及当前的目标和动机、各种行动结果的效用预测等。在这复杂的情境中，虽然我们的性格特质起到了促进作用，但这绝非决定性因素。不过，随着时间的推移，这些性格特质确实会对我们的适应性行为和习惯的形成产生影响。

第四节　习惯、经验法则和策略

习惯往往被贴上负面的标签。大多数时候，我们对习惯的讨论都与**坏习惯**有关，坏习惯就是那些我们明知对自己不利，或会对他人造成伤害，我们也希望自己能改掉的行为，例如吸烟、暴饮暴食、拖延或其他我们无法摆脱的行为陋习。我们往往不会注意到或提及我们的好习惯：好习惯是指那些能够帮助我们更加轻松自如处理日常事务的有用行为，这些行为使我们有更多的认知资源和精力去应对新情况。

正如第六章所述，人类的大多数行为是习惯性的。强化学习机制会评估行动的结果，并依此调整我们未来在相同或相似情况下再次采取相同行动的可能性。如果某一行为持续产生积极的结果，那么这种强化最终会将该行为变成习惯。这就意味着，决策和行动选择的过程已经提前安排好了：当你已经有了一个完美的选择时，就不必再花费精力、时间和有限的认知资源来决定怎么做，或权衡各种可能采取的行动及其可能带来的后果。

科学家将习惯定义为一种仅仅由特定刺激、环境或情境自动触发的行为。动物研究通常会重复强化某一行为（通常是一个非常简单的动作）与特定提示的联系，经过一段时间后，当动物感知到提示时，就会直接、快速地发出该动作。对人类及其他动物的神经基础研究表明，这一过程通常涉及从所谓的**基于模型的推理**（即个体利用其世界模型来决定自己的行动）到**无模型推理**的转变，在无模型推理中，个体不参考或使用模型来指导行动，而是发生了一种类似于条件反射的习惯性反应。这种实验范式具有很强的可控性和可重复性，因此为研究潜在机制提供了一个理想的平台。

然而，有些行为虽然是习惯性的，但并不是由特定提示直接触发的具体行动。相反，它们更像是对一般**情境**的一种抽象认知，可能会引发一种一般性的**反应**。例如，你可能会养成早上醒来先吃早餐再去上班或上学的习惯，但每天的早餐内容和地点都可能不同。这并非由特定动作触发，而是一种习惯性活动。我当然不需要每天早上都考虑是否应该吃早餐，我已经知道吃早餐对我有好处，否则我很快就会感到饥饿和烦躁。我对这种做法很满意，且无须任何认知努力就可以执行。

我们的大多数日常活动都是些常规性、习惯性的活动，尽管构成这些活动的具体行动可能会有所不同。心理学家和经济学家丹尼尔·卡尼曼[①]（Daniel Kahneman）将这种日常思维模式称为**“系统 1”**（System 1），并认为它快速、高效，几乎不需要有意识的监督。但这并不意味着这种习惯性活动不能改变；必要时，我们可以采取一种更深思熟虑的思维模式，即启动**“系统 2”**（System 2）：它更费力、速度更慢，需要更多的意识参与。例如，如果你在开车回家的路上遇到需要绕路的情况，你可以轻松地自动沿着常规路线驾驶切换为积极思考其他路线的模式。

我们的许多长期行为模式都是习惯性行为，遵循着一般的经验法则，即那些告诉我们在各种情境下怎么做才最好的经验法则，或者是基于行动之前早已制定好的长期承诺和决策。例如，玛雅决定上大学及毕业后当医生。她知道这将是一条艰辛的道路，需要付出大量的努力和心血。尽管这需要付出几年的时间，她已经决心实现这个目标。因此，她的日常行为都会受到之前承诺的指导（和约束）。此外，她可能已经决定，确保成功的最佳策略就是参加所有讲座，即使有些讲座需要早早起床，这简直算是一种折磨。因此，当她在周二早晨醒来时，她无须

---

① 丹尼尔·卡尼曼（Daniel Kahneman，1934—2024）生于以色列特拉维夫，以色列裔美国认知心理学家，诺贝尔经济学奖得主。在《思考，快与慢》中，卡尼曼将人的思考分为两种不同的模式：系统 1 作为直觉系统，简单快捷、自动化，受情绪驱动，被习惯和经验支配，很难控制或修正；系统 2 为深思熟虑系统，缓慢、理性、有意识，耗费资源但不易出错。——译者注

决定做什么，她的目标已经很明确：她想成为一名医生，所以她必须完成大学课程，必须参加所有的课程，必须起床搭乘 7：30 的公交车。

我们所做的许多决策都具有类似的自我调节功能：它们是**关于我们未来**的决策，持续引导我们朝着某个目标前进，从而对我们在未来做出的选择进行约束，持续推动我们朝着某个目标前进。我们如果没有这种约束自己未来行为的能力，就无法坚持长期目标。一些短期的需求，比如在寒风凛冽的早晨待在温暖的被窝里，总是会打断让-保罗·萨特所说的我们的“计划”。这包括我们的目标，以及我们为追求这些目标而制定的行动规划，它们一方面指导各种活动的优先级和选择，另一方面又随时限制了我们考虑和选择的具体行动范围。

这些承诺受到了潜在心理倾向的影响。在适应环境和把握机会的过程中，我们自然会受到个人兴趣、能力和偏好的引导，并在条件允许的情况下创造适合自己的环境。例如，我们有能力也有意愿通过多年的学习成为一名医生，这可能反映出较高水平的责任心人格特质，也反映出许多潜在的特性，如延迟满足的能力、坚持不懈、注重细节、对冲动行为和新奇事物的兴趣较低。然而，要胜任这一职业，不仅需要天生的性格特质，还需要有在学术领域辛勤耕耘的**习惯**，以及该习惯所要求的技能。这种习惯的养成不难理解：一个责任心强的人往往会在学校努力学习。他们的父母可能也具有类似的特质，因此会认可并奖励孩子的努力。这样一来，孩子受到鼓励，就会继续努力，进而在未来获得更大的成功，最终形成了一个强化循环。

心理学家丹·麦克亚当斯（Dan McAdams）和詹妮弗·帕尔斯（Jennifer Pals）将我们这些逐渐形成的习惯和行为模式称为“**特征性适应**”，反映了个体与其所处环境之间的相互作用。没有证据或迹象表明这种适应性会改变我们潜在的心理特质，反而展示了这些特质在我们实际行为中的表现过程。在此过程中，我们是主动参与者——我们的经历不仅是发生在我们身上的事情，也是我们参与其中的事情。随着我们在童年和成年生活中发展出更大的自主性和自我导向性，我们开始更加主动地选择和塑造我们的经历。同样，我们年幼时所处的环境可能不受我们控制，但环境并不是随意分配给个人的。首先，由于我们倾向于在心理上与我们的亲属（包括父母）相似，即使是我们最初的环境也可能反映并强化我们内在的倾向性，就像我们在前面的例子中了解到的一样。其次，随着年龄的增长，我们会依据个人的兴趣和倾向选择甚至创造自己的环境，当然，这也受到环境的限制。

因此，我们可以看到个体与环境之间相互影响，共同发展变化，类似物种与环境在漫长的进化历程中共同进化。这表明，我们的行为模式并不只是由我们先天的倾向所驱动的，而是随着时间的推移逐渐形成的，因为我们每个人都在以各自的方式同时适应并塑造我们的环境和条件。当我们养成了思维和行动习惯，即经验法则、策略和承诺，所有这些都会影响和指导我们的行为选择，但也必然会制约我们的行为选择。除了这些特定环境下形成的行为习惯，我们还养成了适用范围更广的习惯：性格习惯。

第五节　性格

人格与性格之间的区别是一个很难回答的问题，因为这两个词语在日常语言中经常被交替使用。在这里，人格特质指的是我们一直在讨论的那种潜在的心理倾向。这些特质指的是个体之间或多或少中性的差异；也就是说，外向性或经验开放性，甚至责任心、神经质或宜人性，并不一定越高**越好**或越低**越好**。在所有情况下，这些特质都没有一个特定水平或特定组合是最佳的；例如，在充满威胁的环境中，高度神经质可能是一种适应性反应。因此，就其对个人的作用而言，无论是从工具性还是道德的角度来看，这些特质的特定水平并没有绝对的优劣之分。

相比之下，性格特征在本质上被赋予了道德上的优劣；事实上，它们通常被分为美德或恶习。美德包括诚实、公平、勇敢、谦逊、大度、坚定、忠诚、正直、谨慎、忍耐、宽容、节制、无私等（它们的对立面是恶习）。每个术语都隐含着一种价值评判：它们有好坏之分。然而，这并不指向某种绝对的道德标准，某种由宇宙赋予的标准，或者像人们经常谈论的那样，由神圣的造物主赋予的标准，而是基于我们作为一个社会性物种的实际需求。

美德本质上具有亲社会性的特质，这并不是说它们在绝对意义上是好的，或是对个人来说是有益的，而是因为它们对每个人都是有益的。人类通过合作才得以生存和繁荣，几乎占领了地球上的每一个角落。这需要长时间的合作、一致行动、资源共享、劳动分工，等等。当每个人都合作时，每个人都会受益。这种合作本能可能是由照顾后代和大家庭中亲属的本能演变而来的。任何有利于这种行为的基因变异都会在亲属间共享，从而自然而然得以传播。随着时间的推移，这种与亲属合作的自然倾向可能会扩展到群体中其他无亲属关系的成员，从而推动了社会创新，帮助人类主宰大地。

问题在于，在这样的合作体系中，要想成为一个吃白食的人或作弊者非常容易，不费吹灰之力就能比其他人获得更大的好处。自然选择会奖励那些制定了行为策略的个体，这让他们利用同伴的合作精神来超越同伴。然而，在一种公平的军备竞赛中，自然选择似乎也促进了能够检测到作弊者认知能力的发展：能够记录谁做了什么，谁把什么东西给了谁，谁做了自己分内的工作或推卸了自己的责任。人类，甚至是蹒跚学步的儿童以及其他一些动物似乎天生就有一种公平感，一旦发现作弊者，这种公平感就会激发愤怒。正如哲学家帕特里夏·丘奇兰（Patricia Churchland）所述，人类社会中的正规化道德体系可能就是从这些基本的亲社会倾向、监控作弊的行为能力以及执行亲社会规范的需要中演变而来的。

性格特质不仅反映了个体在亲社会或反社会方面的倾向，还包括自我控制方面的倾向，如耐心、谨慎、节制、远见和毅力。这些特质代表了理性战胜了更基本的冲动（这种能力可能是更明显的亲社会行为的基础）。从柏拉图和亚里士多德时代起，理性就被视为区分人类与野兽的决定性特质。心理学家阿尔伯特·班杜拉（Albert Bandura）在描述性格的这些自我调节能力时指出："个体不仅要有计划性和预见性，还要有激励性和自律性。有了意图和行动计划之后，就不能简单地坐等适当的结果出现。因此，能动性不仅包括做出选择和行动计划的深思熟虑能力，还包括形成适当的行动方案以及激励和规范其执行的能力。"

这种能力需要个体积极培养。事实上，所有性格特质都有一个显著特点，那就是它们并不完全反映先天禀赋。个性差异当然会对它们产生影响，但它们代表的是成熟的习惯、技能和做法，而不仅仅是先天条件。古代道家学派代表人物老子曾说过（可能是杜撰的）：“注意你的行为，行为养成习惯；注意你的习惯，习惯塑造性格；注意你的性格，性格决定命运。”

道德品质及其培养方式在大多数宗教和哲学思想流派中都占据显著位置，但这并不表示所有宗教和思想流派所宣称的行为准则都是真理。问题的关键在于，人们普遍认为，性格特质不是与生俱来的，而是需要后天积极培养的，且**个体本身**既有能力也有道德责任来参与并指导这一培养过程。

古罗马哲学家和政治家马尔库斯·图利乌斯·西塞罗（Marcus Tullius Cicero）对这一主题进行了广泛的论述，尤其是在他的最后一本书《论义务》（*De Officiis*）中对此进行了深入探讨，这本书是他写给当时在希腊学习哲学的儿子马库斯的。他强调了正义、节制、智慧和坚韧是人们应该追求的基本美德，并举例说明了这些美德在罗马社会中的实际应用。在西塞罗看来（从前文的讨论中也可以看出）性格的形成源自四个主要因素：一般的人性（包括理性思考和行为能力），我们个人的品德，事件、经验和环境，最后是**我们自己选择的累积效应**。

当然，这种品格的培养往往是通过明确的道德教育来实现的，受到个人成长所处的特定社会和文化的影响（见图 10.3）。更普遍的情况是，它通过来自外部的不断反馈而得到强化。关于自由意志的争论大多集中在道德责任问题上，即人们的行为是否真的值得赞扬或指责。我们将在最后一章再讨论这个问题。但值得注意的是，褒贬是存在的：事实上，我们无时无刻不参与其中。我们一直在判断别人是否应该做某件事情，而且往往会努力让他们明白这一点。如果性格是固定的或既定的，那么表扬或指责别人就没有意义了，因为这不会对他们未来的行为产生任何影响。但是，如果性格是随着时间的推移，通过个体与环境的互动而逐渐形成的，那么这些强化信号就会发挥关键作用，帮助个体参照社会规范来评估自己的行为。

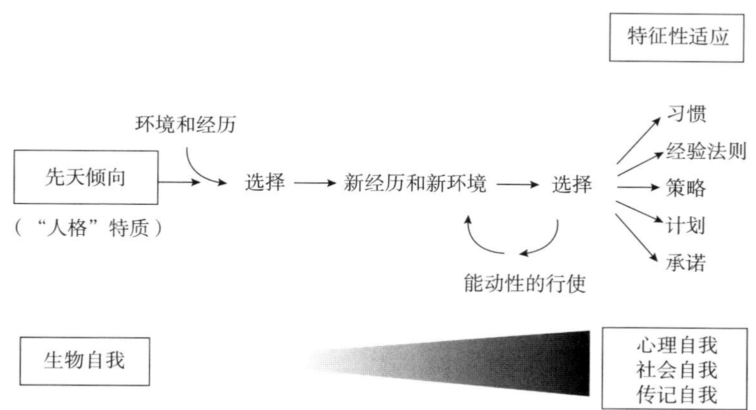

图 10.3　性格的形成。我们与生俱来的性格倾向会影响我们的行为、经历以及对这些经历的反应。这些因素之间的相互作用，在我们自身能动性不断推动下，通过我们每个人生活中的特异性表现出来，形成了我们的特征性适应：习惯、经验法则、策略、计划和承诺，它们定义了我们作为独立个体的身份，并且随着时间的推移，有助于我们作为独立个体在行动时保持这些特征的连续性。

在儿童养成性格习惯的过程中，这些强化信号对他们尤为重要。我们通过赞许或否定来教导儿童哪些行为是好的或坏的，从而强化他们的亲社会规范和自我调节行为，诸如考虑他人感受、分享资源、轮流活动、保持耐心、在行动前考虑行动的后果等。认可或不认可往往会让人产生自豪感、内疚感和羞耻感，即所谓的自我道德情感。我们在评估行为结果的好坏时还会产生更常见的情绪，比如后悔、满意、失望和沮丧。这些都是指导未来行为的强烈学习信号。因此，来自他人反应的外部信号被内化为自我调节机制的一部分——形成了自己的道德指南，用来指导自己的行为。

总的来说，这种认为与生俱来的人格特质**决定了**我们行为的观点，实际上将问题过于简单化了。从本质上讲，这种观点认为人是被动地受其生理倾向的驱使，每时每刻都在变化，就像机器人一样，被调试成这样或那样。相对而言，性格观点则将人视为主体，在与世界互动和共同进化过程中，积极培养习惯、态度、策略和成熟的倾向，形成了独特的个性和特点。如果认识到我们的先天特质与性格发展轨迹之间的相互作用，有助于调和上述观点。西塞罗不遗余力地指出，每个人在选择如何生活时，都应与个体天性保持一致："每个人都有义务好好思考自己（原文如此）的性格特点，并对其进行适当的调节，而不是去想别人的性格特点是否更适合自己。一个人的性格特征越明确，他就越容易找到适合自己的生活方式和发展路径。"

第六节　成为自我

本章的论证表明，我们的确参与了塑造自己性格的过程；并非所有的先前原因都超出了我们的控制。然而，仍然会有人争论说，即便如此，现存的**各种制约因素**，无论它们来自何处，都能推翻**真正的**自由意志的概念。这个观点实际上是基于一个绝对主义的概念：只有当我们完全摆脱了之前的所有限制时，我们才获得真正的自由。这样，我们不仅可以根据自己的意愿选择行动，还可以自由地选择**自己的欲望**，不受任何事物的束缚。

一旦对这一概念进行深入探讨，我们很快就会发现它的不连贯之处，揭示出一种经不起仔细推敲的二元论的自我概念。它隐晦地将自我与意识心智相提并论，将我们一直在讨论的其他能动性机制都理解为非自我（仅仅是物理实体），把它们当作限制我们自由的牢笼，而非自由的载体。

即使你有意识的自我能够在某种程度上选择**想做的事**，而不受任何先前因素的制约或潜意识的影响，那么你又是在什么基础上做出决定的呢？如果你不受自己性格的约束，也不受过去经验的影响，也没有做出任何长期的承诺或设定任何长期的目标，那么你是如何做出决定的呢？心血来潮？还是有所依据？

想必你也希望能够基于某些理由，基于你**自己的**理由，决定去做任何你想做的事情，但为什么你会觉得想做某件事呢？也许你有你自己的理由，但我们又回到了讨论原点。无论你是否有意识，理由（或偏好）都是一种约束，这就是它们指导行动的方式，会使某些选择比其他选择可能性更大。完全不受约束的行动就是完全无知的行动。事实上，我们甚至不清楚它是否称得上行动。行动是一个主体（即一个有目标的自我）所做的事情。否则，它就只是一个物理系统随机产生的反应。这听起来不像是你在做决定，因为**你**在这个过程中的角色并不清晰。

在任何时刻，人们似乎都希望在选择行动时能够摆脱所有先前的因素。你可能希望放下过去的承诺、挣脱习惯的束缚，或是摆脱影响你性格的潜在特质。你甚至希望自己现在所做的决定不会对未来的自己造成影响。但是，一旦这些联系中断，你就会发现自己处于一种完全不确定的状态中（见图 10.4）。瞬间是没有自我的，因为自我是由时间的连续性定义的。此时此刻的你，只是瞬间的化身，是一个从过去延伸到未来的自我在这个世界上的代表。

图 10.4　自我。（左列图）一个拥有自由意志的人可以在不受任何先前因素的影响而自由行动。但不是想做什么就做什么，因为他们不会有任何想法。事实上，他们没有理由去做某件特定事情或任何事情。作为一个人，他们在时间上没有连续性，也不会真正作为一个自我存在。（右列图）我们的目标、知识和承诺为我们提供了持久的行动理由和行动能力。"我们"只是随时间持续存在的自我。

连续性是生命的决定性特征。在单细胞生物体中，整体对部分施加制约：所有相互连接的反馈作用将所有生化过程组织成一定的模式。生物体并非由物体组成的模式，而是由相互作用的过程组成的模式，而自我就是**这个模式的持续存在**。这一概念同样适用于更高层次，不仅在生理上如此，在心理上也是如此。随着时间的推移，除了思维方式和行为方式始终保持一致之外，“你”还意味着什么呢？如果不是这样，你会是谁呢？这种性格的连续性**决定了你**，也决定了我们每个人，以至于当人们的行为与其性格不符时，通常被视为精神分裂症、痴呆症或脑瘤等病症的征兆（或者，对于虚构人物来说，则是文笔质量的问题）。

这并不是说我们不会随着时间的推移而改变和成长——我们当然会。但我们会以某种方式来保持核心的自我，在可塑性和稳定性之间取得平衡，保留先前的知识和适应性习惯的同时，也学习新的行为模式。这些自我的核心要素在我们的大脑结构中得到了实际体现，并主要通过潜意识机制来指导、影响甚至约束我们的行为。但这并不意味着我们不能有意识地思考自己的动机、信念和行事理由。正如我们将在下一章探讨的，我们完全可以，我们当然也会思考，只是并非总是如此。但是，如果我们只简单地把自己等同于有意识的思维，那就大错特错了，因为有意识的思维活动无论如何都必须依托于某种神经基质。

自由意志怀疑论者萨姆·哈里斯认为，丹尼尔·丹尼特等哲学家提出的兼容论观点，即我们的行为受到自身理由的约束，等同于说，“只要木偶热爱他的线，他就是自由之身”。我认为这种观点误解了自我的本质。**自我意味着约束：**自我本质上是由各种约束构成的。木偶由线控制——一旦没有了线，木偶也就不复存在了。

第十一章

关于思考过程的思考

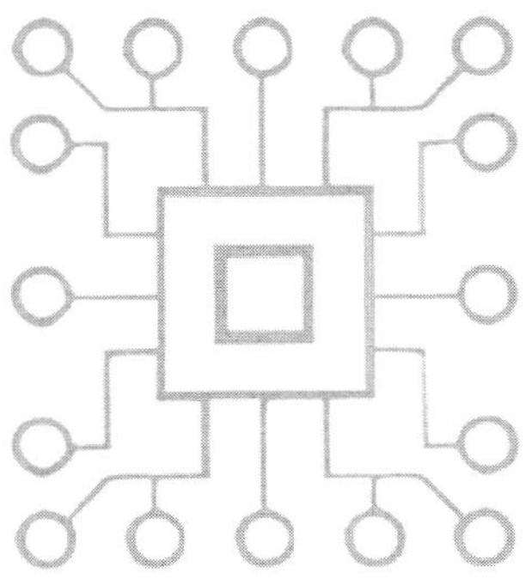

我们的进化之旅即将画上句号。在第六章中，我们提到了动物具有复杂的行为控制系统，使它们能够依据自己的理由采取行动。这些理由不仅源自自然选择，也来自个体后天学习获得的经验。在随后章节中进行的哲学讨论，强调了这种生物体应被视为因果主体。这表明生物体不仅是通过其内部的物理过程，更是**作为一个整体**，对周围的事物产生影响。

但是，这种能动性是否就是人们所理解的人类的自由意志呢？还是说，它仍然没有回答“我们可以做自己想做的事，但我们不能随心所欲”这一质疑？正如自由意志怀疑论者萨姆·哈里斯所问（和所答）的那样：“我是否有意识地选择了咖啡而不是茶？没有。选择是由我大脑中的神经活动替我决定的，而我作为我思想和行为的有意识见证者，却无法审视或影响这些事件。”

我在上一章中提到，这种本质上的二元论框架存在缺陷，因为它错误地将**我们**等同于某一特定时刻有意识的自我。但更重要的是，哈里斯所描述的情境似乎并未准确地描述我们做决策的过程，它仅描述了我们对一些无关紧要的琐事做决策的过程，比如选择咖啡而不是茶。但这一描述是否普遍适用呢？我们的动机和意图真的总是不为“我们”（即意识自我）所知吗？它们是否真的只是浮现在意识中，供我们自由选择，但却出于某些我们无法准确理解或无法干预的原因？

第一节　误入迷途的自我

神经学家如奥利弗·萨克斯（Oliver Sacks）、迈克尔·加扎尼加（Michael Gaz zaniga）、维拉亚努尔·拉马钱德兰（Vilayanur Ramachandran）、安东尼奥·达马西奥（Antonio Damasio）等人的研究成果似乎证实了这一观点。他们发现，许多因肿瘤、中风、头部受伤或因某种脑部手术而导致脑损伤的患者，都表现出了所谓的**忽视症状**。具体而言，他们似乎对周围的某些事物一无所知，或者无法有意识地识别并报告他们所感知到的事物。特别是在大脑分裂症患者中，为了防止癫痫发作的恶化，医生通过手术切断了他们大脑两个半球之间的主要连接，在这种情况下，一个半球可能对另一个半球处理和呈现的信息一无所知。

这些神经病人的显著特点是，他们可能仍然会对潜意识中的信息做出反应或采取行动。此外，当被问及为何要采取特定行动时，他们往往会**胡言乱语**。也就是说，他们会提供一些明显是编造出来的理由。例如，在大脑分裂症被试者中，实验者可以仅向左半球或右半球展示信息，随后要求被试者根据这些信息采取行动，并解释他们做出选择的理由。由于语言处理主要发生在左脑，因此只有当信息呈现给左脑时，被试者才能用言语报告他们的想法。但在脑裂被试者中，左脑并不知道右脑看到了什么，因此当被试者根据这些信息做出某种行为时，左脑实际上是不知道原因的。

然而，这些现象一致表明，与其说他们不知道自己为什么要做某件事情，不如说他们倾向于编造一些故事，以符合左脑掌握的信息。例如，迈克尔·加扎尼加描述了这样一个案例，他要求被试者分别用左手和右手挑选与各自大脑半球所看到的图片相关的物品。结果，他们挑选了一只鸡来搭配鸡爪，挑选了一把雪铲来搭配雪景。但是，当被问及为何选择雪铲时，左半球（实际上应是右半球）回答说是“为了清理鸡舍”，尽管这部分大脑并未见过雪景。

这些研究结果强调了一个观点：我们实际上并没有有意识地时刻指导自己的行为动机，即我们并没有在理性地思考要做什么，而是对大脑引导我们做出的行为给出某种事后的合理解释。简而言之，我们在给自己讲故事，努力地将自己的行为合理化。这表明，这种事后为行动寻找合理化解释的倾向，并不仅限于大脑损伤患者，而是一种人类普遍的心理机制。

事实上，大量心理学研究表明，我们的目标和行为常常在无意识中受到各种外部因素的影响。当我们被问及为何会以特定的方式行动或做出某种选择时，我们往往会像脑病变患者一样编故事。例如，当学生在拼词游戏中接触与成就相关的词汇时，他们在随后的拼词游戏中往往比那些只接触到中性词汇的学生表现更好。类似地，如果人们一进办公室就看到办公桌上放着皮质公文包，他们可能会被激发出更强的竞争意识，而当他们看到墙上挂着一幅图书馆的图片，说话可能会更加轻声细语一些。

人们对这类现象进行了大量研究，其中一些研究支持了弗洛伊德的观点，即我们的行为受潜意识中的动机和目标驱动，而我们自己却浑然不觉。在这种观点下，"我们"根本就不是真正的主宰者：我们的大脑决定了一切，而我们只能事后为行为编造解释。丹尼尔·卡尼曼在其畅销书**《思考，快与慢》**（*Thinking, Fast and Slow*）中利用这类研究来论证内隐启动效应[①]对人类行为的普遍影响，他写道："不应对此心存怀疑。这

① 内隐启动效应（Implicit Priming Effect）是心理学中的一个现象，指的是由于之前受某一刺激的影响而使得之后对同一刺激的知觉和加工变得容易的心理现象。——译者注

些结果不是捏造出来的，也不是统计上的偶然现象。你别无选择，只能接受这些研究的主要结论是正确的这一事实。”

然而，事实证明，心理启动效应理论的有效性确实遭到了质疑。这些研究的问题在于样本小、统计方法有问题，在某些情况下甚至可以说是彻头彻尾的欺诈行为。面对这样的问题，以及学术界普遍偏向于只发表“正面”研究结果（许多领域都有这种偏向），该领域的研究人员尝试系统性复制这些实验，但大多数实验都未能重现最初的研究结果。这些研究进展导致卡尼曼——先前最积极的支持者，公开否认其论点所依据的研究。事实证明，很多研究结果都是编造的，还有很多研究似乎只是统计上的偶然发现。

因此，“我们并不能真正掌控自己的行为”这一观点似乎并不合理。即使我们有时会受到外部因素的影响，但这并不意味着我们从未基于自己的理由做出过有意识的决策。虽然脑损伤患者在病理状态下对自己的行为进行不准确的解释，乃至是胡思乱想，但这并不代表在正常情况下，当所有相关信息齐全且所有神经回路都正常运作时，该系统就无法提供准确的解释。

以此类推，我们的视觉系统会被精心设计的视错觉欺骗，从而对外界事物做出错误的推断，但这并不表明视觉系统在正常情况下无法做出准确的推断。因为我们需要依靠这些准确的推断才能在世界中行动，如果它做不到这一点，它就不会有太大的用处。视错觉实际上帮助我们理解正常情况下视觉系统在处理视觉信息时所涉及的一些基本机制和潜在过程。同样，研究神经系统受损患者的结果也凸显了我们用以解释行为的系统确实存在。但这并不意味着这些系统总是不准确的，或者仅在事后才发挥作用。相反，这些系统也在决策过程和推理时发挥作用。同样，从实用的角度来看，如果这些系统总是错误地解释我们自己的动机，那么它们就不会存在了。

如果我们总是对自己的行为感到困惑，无法向自己或他人解释自己的行为，那就显得很奇怪了，也非常不符合我们的常规经验。事实上，我们不仅可以而且经常会向自己解释自己的行为，也会大声地向他人解释。我们日常对话的大部分内容都是讨论我们各自的目标、愿望和意图，以此来解释已经采取或打算采取的行动。人类是极其社会化的物种，这些是至关重要的相互理解方式——我们通过揣测潜在动机来理解彼此的行为模式。同样重要的是，我们需要了解自己的动机，并对其做出准确的判断，从而规范自己的行为。

在人类进化历史上最近的发展阶段，人类具备了丰富的认知资源，而正是这些资源赋予了我们思考自身原因的能力。这使人类进一步拥有了一种额外的自我调节和控制能力，即元认知能力，通过这种能力我们可以反思并调整自己的动机。

第二节　成为人类

在前文中，我们探讨了**认知深度**的概念。例如，如果说线虫能思考的话，那么它的思考能力可能非常有限。它只能通过直接的嗅觉或触觉刺激来感知世界，在感知与行动之间只有极少的处理过程。尽管线虫能同时整合几个信号，并能进行简单的学习，但它无法形成对周围世界和自身的复杂认知，也无法进行长期规划，它只生活在此时此刻。

相比之下，体型较大的生物，迁移到陆地生活，使其视觉和听觉变得更加重要，并导致了视觉和听觉系统的进化，使其能够感知更远范围内的事物，在大脑中形成对周围环境更为准确的内部表征。这样的进化增加了记忆和长期规划能力的价值，以及建立系统来权衡短期和长期目标的需要，从而**增加了思考的复杂性**。这也使发展更高级的神经资源变得越来越重要——至少在我们采用了认知生态位的谱系中是这样。智力更高的灵长类动物和早期类人猿在进化上就越有智力优势。大脑越大，为这些物种带来的好处就越多。

这些优势不仅源自原始计算能力的提升，还源自大脑结构的进化，增加了提取信息和**思考新事物的处理**层次。事实上，这种新层次的增加往往是自然发生的：随着大脑皮层的扩张，现有区域趋向于分化，从而形成新的区域，充当新的处理层次。在我们的视觉系统中，我们可以看到复杂和抽象的信息是如何沿着大脑皮层的层次结构被提取和表征的，从简单的线条发展到形状、物体以及物体的类型（如面孔或场景）等。这些物体表征与记忆系统相连，从而实现识别，激活已知属性和关联图式，并将感知与概念相结合。

这时我们的思想丰富起来。随着大脑皮层的扩张和感知系统以外新区域的发展，人类开始能够思考更多的抽象物体类别及其因果关系。这些类别是由较简单的特征组合而成的，提供了一种在嵌套层次结构中存储和映射知识的有效方式。一旦人们将一些低级特征组合起来，并将其确定为某类事物的定义属性，就可以从神经学角度（而非仅仅是语言学的角度）为它“命名”，并可以将这个类别视为一个更高层次的概念，并以此为基础进行思考和操作。例如，当人们将“有羽毛、用两条腿行走、会飞”等特征组合起来，将其定义为“鸟类”的属性，而一旦他们了解了鸟类，就可以在更高层次上对它们进行各式各样的新思考，扩展知识网络。

不同的低级特征集合可以构成其他概念的基础。例如，“会飞”的动物既包括昆虫也包括蝙蝠。通过强化特定的吸引子状态，并抑制代表相似概念的其他吸引子状态，从而使类别之间的界限更加明确，这可以通过我们在第九章中讨论的神经动力学来理解。由于大脑中存在表征这些潜在概念的神经活动模式，当你想到一个概念，通过自上而下激活代表其整体特征的神经活动网络，它就会在你脑海中清晰地呈现出来。例如，当我让你想象一只鸟时，你不但可以做到，而且所有与鸟相关的特性都会自然而然地随之而来。

有了这些概念，我们就可以建立因果关系框架。世界是由不同的实体组成的，我们天生就能识别这些实体（如单个的鸟类），但这些实体往往是由相互作用的组件构成的系统，它们展现出有规律、可观察的动态变化（例如交配鸟对、鸟类家庭或鸟群，或者生态系统中的整个种群）。在任何层面，我们都可以将个体、家庭或种群视为一个**整体**——一个分析单位，并找出其动态变化规律。我们可能会发现，某些鸟类的家庭动态（例如父母对幼鸟的长时间照顾）与其他物种（包括人类）的家庭动态如出一辙。现在，我们学到了一些更普遍的东西，可以将其应用到新的情境中。

通过在这个层面上进行思考，我们可以将孤立的知识元素整合起来，形成对世界运作规律和机制更为综合的**认识**，而这正是人工智能目前仍然难以实现的。我们可以利用这种认识来指导自己的行为，即使面对新情况的挑战也能如此。我们可以在这个抽象的认知空间中，创造性地将概念层次结构和因果关系及系统动态结合起来，从而进行开放式的、基于模型的推理。**我们可以想象事物**。实际上，我们可以在头脑中快速模拟并“运行”一个世界模型，预测和评估各种行动的短期和长期后果。

我们以这种方式建立世界模型的能力，使我们能够以前所未有的方式控制我们所处的环境。在面对某些问题时，我们能够以更全面的视角和更长远的眼光来进行全局性思考。这意味着我们可以避免仅寻求**局部最优解**的陷阱，转而优化全局参数。我们可以进行战略性思考，而不仅仅是战术性思考。然而，要实现真正的控制，关键在于我们还必须能够对自己进行建模。这不仅包括记录我们身体位置和正在进行的活动，以便我们可以像其他动物那样调整我们的感知，同时还包括模拟我们自己的决策机制。

第三节　我做得如何

调节行为的关键在于评估自己的行为表现。我们在前文中讨论了其他动物完成这种评估的不同方式，包括监控行动过程并进行适时调整以实现目标。此外，动物会基于行为结果进行**工具性**学习，这包括在行动之前会形成对当前目标和打算采取的行动的心理地图，在执行行动后，他们会比较行动后世界的状态和自身的状态，以确定行动是否成功以及结果是否良好。在最简单的情况下，奖励信号可以强化特定情况下的特定行为，而惩罚信号则会产生相反的作用。但这种学习还包括更复杂的层面，需要进行额外的评估。

例如，如果某项行动的结果并不理想，是因为接收到错误或不完整的信息吗？某些信息来源是否不可靠？是否需要更多信息？是否需要更新世界模型以纠正错误的信念？是否因为执行行动的方式不当？或是掌握了正确信息但采用了错误策略？下次是否应该尝试其他方法？可能只是运气不佳——是否存在我应该忽略的随机因素？如果动物能够区分这些情况并据此调整其世界模型，它们对环境的预测能力更强，将来会表现出更强的适应性行为。

在进行此类评估时，有一种信号至关重要，那就是确定性及其相关的置信度。它们提供了元信息：**关于你所拥有信息的**信息。例如，如果一组神经元代表了某种感知信念，如树丛里有只狮子，那么，如果它还携带了一些关于该信念确定性的信息，往往会非常有益。也许外面真的有狮子，也许没有。因此，为了指导行动，了解自己对这一信念的确信程度是非常重要的。

听到树叶沙沙作响的声音信号（尤其是在刮风的时候）可能不如看到尾巴甩动的信号更可靠。但那真的是尾巴吗，还是只是一根长草？

在第八章中，我介绍了一种测量确定性的方法。如果某个神经元群有多种可能的吸引子状态，每种状态都代表着不同的含义，那么另一个神经元群可以监测第一组的状态并推断出信号的确定性。如果神经元群 A 受到强烈的刺激，进入某个特定状态，那么它在短时间内将主要传递这个信号。但如果它受到的驱动力较弱，即接收到的信号比较模糊，那么它可能会在几种可能的状态之间摇摆。如果神经元群 B 能够对神经元群 A 在一段时间内的活动进行采样，那么它就可以测量出这种波动的程度，比如它在 70% 的时间里发出“X”信号，30% 的时间里发出“Y”信号，也可能是 90%~10% 或 50%~50%。重要的是，神经元群 A 在任何时刻都无法“知晓”自己的确定性——它需要神经元群 B 对其进行监控，并推断出该参数。反过来，这种确定性可能会影响神经元群 B 的活动，使其有效地权衡通过 A 通道（相对于它可能获得的任何其他信息）传递信息的价值。

在整个大脑中，神经系统的各级信号传递可能都遵循这一模式。由此产生的确定性信号帮助系统了解如何以最佳方式更新其世界模型的基本要素：基于不确定的信号进行更新毫无意义。同样重要的是，它们能让系统更新**自身模型**，包括自己的决策过程。在许多动物中，它们所做的决定都会带有一定程度的信心——相信在当时的情况下是正确的选择。在动物必须做出一些简单选择的实验中，可以检测和测量与信心相关的行为和神经因素：它们对迷宫左侧是否真的有食物、信号灯是红色而非绿色、奖励的概率是否变化等有多大信心？实验者甚至可以操纵特定神经元回路来调整动物采取行动（而不是等待更多信息）所需的信心阈值，从而使动物表现出一定的冲动行为。

当然，人类具备了所有这些元认知机制，但我们似乎还发展出了一种二阶能力，能让这些元认知机制显性化。这意味着我们能够**有意识地感知**这些机制，并有能力向他人表达。对我们这种生物来说，其他人类主体是我们生活环境中最重要的因素，因此这种能力极为重要。但更直接的是，这意味着我们可以把信念、目标和意图，以及这些二阶确定性信号，都置于一个共同空间里，基于共同的衡量标准或价值体系进行集体检查和审议，并在需要时进行调整和改变。我们真的可以对我们行动背后的理由进行思考。

正如道格拉斯·霍夫斯塔德（Douglas Hofstadter）所说［或者是他虚构的人物托里斯（Tortoise）所说］：

当一个局外人把信念和目的等心理特征赋予某个生物体或机械系统时，他或她就是在对该实体“采取意向立场”。但当生物体变得非常复杂，以至于它必须对自身采取这种做法时，我们可以说生物体正在“采取自动意向立场”。这意味着生物体理解自身的最佳方式是将欲望、信念等属性视为内在特征。

如果我们能够审视自己的理由，并结合确定性的元信息，我们就能更好地判断如何在某些行动后更新我们的模型。有了一阶模型，动物可以意识到自己的选择可能是错误的，并决定下次采取不同的行动。而有了高阶模型，人类就能意识到自己选择**错误的原因**，下次应该**换个思路**。我们知道在特定情况下应该注意什么——哪些是最相关的因素，哪些是最可靠的信息来源；我们可以从中学到什么，从而在未来做得更好。

第四节　前额叶皮层与元认知技能

我们的认知控制能力随着大脑皮层的扩张而得到增强，尤其是位于大脑前部的区域，统称为“前额叶皮层”。前额叶区域甚至也存在于啮齿类动物中，但它们在人类的进化过程中得到了大幅扩展，约占整个大脑皮层的 30%。同时，它们也变得更加复杂，具有更多可识别的独立子区（见图 11.1）。前额叶皮层特别擅长监控和指导行为，因为它与皮层的所有其他区域以及丘脑、基底节和中脑区域的行动选择扩展回路都有广泛连接，这些区域负责评估目标进展和行动结果。因此，前额叶皮层能够全面控制不同大脑区域的各种决策过程。

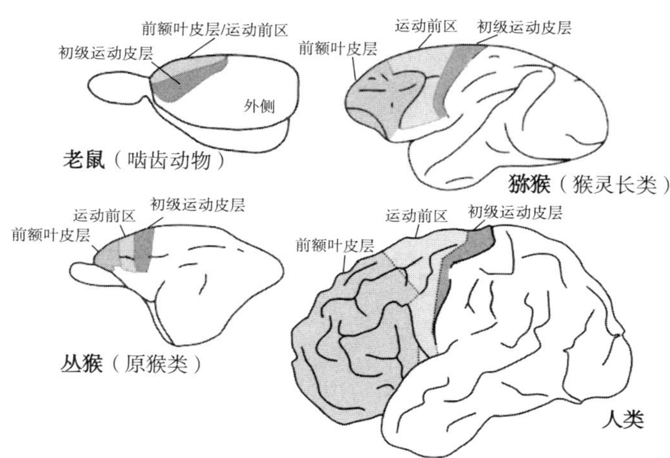

图 11.1　前额叶皮层的进化。在通向人类的灵长类进化谱系中，前额叶皮层（PFC）得到了大规模扩张，占据了大脑皮层更大的比例，同时不同皮层分区的数量也随之增加（未详述）。

前额叶区域似乎是实现**理性行为**所必需的认知控制的一部分。从亚里士多德时代以来，这些能力就被视为区分人类和其他动物的主要特征。这些能力包括长期规划、在多个相互竞争的目标之间进行权衡、抑制倾向性较强的行动、监控进展、在工作记忆中保留与当前任务相关的信息、评估确定性、识别最可靠的信息来源，以及在条件发生变化或出现新信息时调整目标。总的来说，这些过程包括利用我们的智力来战胜自己的本能或习惯，或者帮助我们摆脱表面上的局部最优解决方案，从而采取更全面的最优行动。

心理学家设计了一系列复杂的任务来测试这些能力。其中最著名的任务——斯特鲁普任务[①]，要求被试者报告字词的墨水颜色。这听起来并不难，对吧？如果你看到用蓝色墨水写的“船”字，你的任务就是说出“蓝色”。但有时这个词是用蓝色墨水写成的“绿色”：这时你的任务就是忽略这个词本身的语义，仍然说出墨水的颜色。这项任务其实并不容易：大多数人都很难做到，因为他们会慢下来，积极思考。也就是说，他们必须抑制自动反应，运用有意识的认知控制来遵循任务规则。另一项前额叶功能测试的例子是威斯康星卡片分类测试[②]；在这项测试中，被试者必须根据卡片上符号的形状、数量或颜色对

① 斯特鲁普任务（Stroop Task）或斯特鲁普实验（Stroop Test）、斯特鲁普颜色与文字实验（Stroop Color and Word Test, 简称 SCWT），是由美国的实验心理学家约翰·莱德利·斯特鲁普于 1935 年提出，因此以他的名字命名。此实验评估人们在处理一个特定刺激特征而此刺激妨碍同时对第二个刺激特性的处理时，抑制认知干扰的能力。——译者注

② 威斯康星卡片分类测验（Wisconsin Card Sorting Test）由美国神经心理学家 E. A. 伯格 (E. A. Berg) 1948 年编制，美国神经心理学家 R. K. 希顿（R. K. Heaton）等 1991 年扩充和发展。要求受检者用四张模板对 64/128 张卡片进行分类。分类的原则依次为色、形和数量。常见评定指标有错误反应数、正确反应数、分类数、持续反应数、持续反应错误数和非持续反应错误数。该测试反映了抽象推理能力和概念或定式转换能力。——译者注

卡片进行分类，但任务的规则不断变化，因此被试者必须抑制已知策略，转而使用另一种策略才能取得成功。

前额叶皮层受损的人在进行这类临床测试时通常会遇到困难，特别是在遵守规则、抑制错误反应或在合适的时机转换策略方面。在日常生活中，这类患者经常表现出优柔寡断、摇摆不定或偏执。根据额叶受损部位的不同，其症状也会有所不同。例如，脑损伤导致背外侧区域严重受损时，可能导致患者情绪平淡和行为惰性；这类患者不会主动采取行动，但如果有人提示或引导他们开始行动，他们会继续进行下去，做不到适可而止。相比之下，眶额皮层受损的患者可能会表现出明显的情绪控制失常和类似的行为控制失常。他们可能很容易分心，表现出孩子般追求即刻满足的冲动，倾向于凭冲动行事，并且无法预测其行为的后果。

这些症状凸显了前额叶区在我们主动调节行为能力中扮演的关键角色，使我们能够在专注于某项任务或长期目标与灵活适应不断变化的环境之间取得平衡。需要强调的是，虽然前额叶区域在某种意义上处于层次结构的顶端，但这并不意味着它们能够独立地做出所有决定。前额叶区域在接收整个大脑的信息输入方面确实享有优先权，但我们不能简单地认为所有信息都直接汇集到前额叶皮层进行决策，然后再将命令传达给大脑的其他部位。相反，指导行为的过程涉及多层次的反复互动，不同层次的不同区域负责处理不同的信息。

前额叶区域的功能之一是在思考下一步行动或执行某些行动或目标驱动行动时，将某些信息“牢记于心”。然而，所有这些信息的细节并不一定会在前额叶中**复制**；前额叶区域会向大脑的其他区域发送信号，促使这些区域积极维持相关的信息，从而将其保存在**工作记忆**中。虽然前额叶区本身可能并不了解一切，但它们知道该从哪里获取所需信息。

前额叶区域掌握了这些信息，并能够在一个统一的认知空间内对其进行操作，然后向大脑中负责行动选择的区域发送下行信号。然而，这些信号并不是简单地将指令强加给其他脑区，而是可能对这些脑区中**正在权衡的**目标和行动**产生倾向性影响**。因此，人类前额叶皮层的扩展并没有取代其他动物身上存在的决策机制：它只是在此基础上增加了额外层次。这些偏向性信号可以抑制某些习惯性行动，同时促进那些符合长期目标，但非当下最优选择的行动。

厄尔·米勒（Earl Miller）和乔纳森·科恩（Jonathan Cohen）在其经典论文中提出了认知控制中的前额叶功能理论，并对此进行举例说明：一个美国游客在英国旅游时，必须刻意控制自己的认知，才能记住在过马路时要先向右看，而非习惯性地先向左看。这种行为很费力，也很容易遗忘，尤其是在他感到疲惫或分心的时候。但随着时间的推移，如果该美国人移居英国，那么由于学习了新环境的规律，可能会很快适应这一新行为。当这种情况发生时，就不再需要前额叶区域进行监督了。

这些观点与第十章提到的丹尼尔·卡尼曼和阿莫斯·特沃斯基关于“系统 1”和“系统 2”思维模式不谋而合。如果你熟知所做的事情，启动系统 1 思维，会快速、自动地采取行动，并且在很大程度上是无意识的，效率很高。系统 2 思维则是缓慢的、费力的、需要更多的意识参与，而且效率不高，但在面对新奇或不确定情境、没有明确“正确”答案时，它的作用变得至关重要。在这种情况下，决策可能需要一个多层次的优化过程，评估不同的目标和策略，持续监控变化情况，并积极从经验中学习。通过这种学习，新的行为模式会变得更加日常化和自动化，逐渐切换到系统 1。但是，当有需要时，如果我们需要有意识地再次掌控局面的话，仍然可以迅速调用系统 2。（值得注意的是，这些所谓的独立系统实际上更多地代表了从更自动到更审慎行动的连续过程）。

第五节　意识

虽然整章都在讨论有意识的认知控制，但到目前为止，我还没有深入探讨“意识”本身在这一过程中扮演的角色，这可能显得有些不寻常。意识是一个多层面的现象，必须注意将其各个要素区分开来。这个词通常用于描述自我意识的能力（与非意识实体相对）、在特定时刻对世界的清醒认知的能力（与无意识相对）、对特定感觉或知觉的意识（与潜意识相对）。在讨论认知控制时，最后一种用法才是最相关的（而前两种用法可以被视为既定用法）。

我们能意识到某些心理状态，却意识不到其他心理状态，这对于解释认知控制有何帮助？你可能会认为，如果能意识到我们头脑中发生的一切似乎会更好，这样就能掌握更多的信息和拥有更强的控制力。但不难看出，这样做我们可能会感到不知所措。我们不需要也不想要所有的信息来实现最佳监督效果，我们想要的是在适当的时候出现恰当的信息。控制的关键在于意识的选择性。我们的结构决定了大部分认知过程都是在潜意识中进行的，只有部分特定类型的信息才会在“需要知道”的基础上涌入我们的意识。

有意识的感知需要前额叶区域的参与。例如，我们可以在实验室中建立一个系统，让视觉刺激以极快的速度呈现，正好位于有意识感知的临界点上。在这种情况下，被试者有时会报告他们看到了刺激，有时则没有。通过对大脑的活动进行记录或成像，我们发现，在这两种情况下，大脑皮层中负责早期视觉处理的区域都会被激活。不同的是，在被试者有意识感知到刺激时，前额叶区域也会在稍后被激活。这表明，无论哪种情况，大脑都已经检测到了刺激，即使是潜意识呈现的刺激也会通过感知启动效应影响对后续刺激的反应。但仅在有意识感知的情况下，被试者才会报告他们所看到的刺激。因此，前额叶回路的“激活”标志着该刺激吸引了被试者的注意力并进入了他们的意识层面（见图 11.2）。

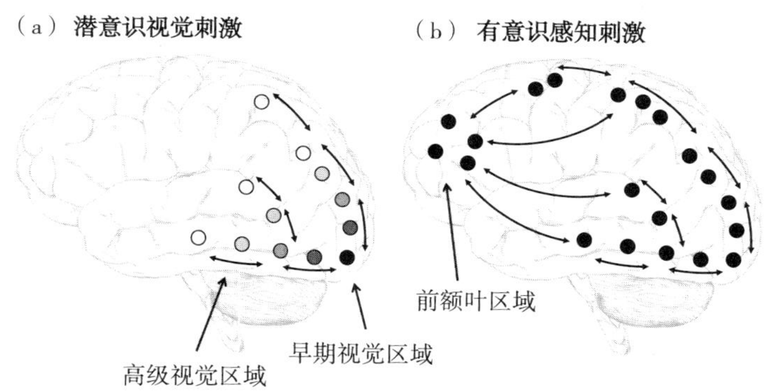

图 11.2　意识。视觉刺激可以通过特定的方式呈现，即它们只有在某些时间进入意识感知。脑电图记录显示，无论刺激是潜意识状态（a）还是被有意识的感知（b），早期视觉区都会做出强烈反应。相比之下，高级视觉区域对潜意识刺激的反应较弱。完全有意识的感知与稍后更广泛的额叶区域的“激活”有关，其活动随后在层次结构中向下反馈到视觉区域。

最重要的是，这种对进入意识层面的事物进行选择性过滤本身就是一个可以主动控制的过程。首先，我们的潜意识会不断监测环境中可能需要我们注意的事物，这包括从你周边视野中一闪而过的动静，以及聚会时别人在谈话中提及我们的名字。除此之外，我们还可以选择将哪些信息纳入我们的意识思考范围——我们关注哪些内容并将其保存在工作记忆中，或者我们每时每刻的**思考内容**。

克里斯托弗·查布里斯（Christopher Chabris）及其同事进行的一项经典实验生动展示了自上而下的注意力是如何极大地限制了人们对意识内容的获取。在这个实验中，被试者需要观看一段短视频，视频中的六个人，其中三个人穿白衬衫，另三个人穿黑衣服，他们来回传递篮球，同时在彼此的路径上穿梭。被试者的任务是计算穿白衬衫的人互相传球的次数。尽管这项任务并不复杂，但确实需要被试者密切关注相关信息，同时忽略其他信息。被试者后来被问到“你看到大猩猩了吗？”通过他们的回答就可以清楚地看出被试者忽略了多少信息。在视频中段，一个穿着大猩猩衣服的人平静地走到正在移动的玩家中间，向摄像机挥了挥手，然后离开了。大多数被试者表示他们根本没有注意到这一幕，甚至在他们重新观看视频之前都不相信会发生这样的事情。然而，当他们没有专注于完成特定任务时，这个“大猩猩”却显而易见。

有个著名理论提出，有意识地进行认知控制包括有**选择地**将关于世界各个方面的信息、我们的身体状态以及我们当前的认知过程与元认知的确定性信号整合到一个统一的**全局性神经**

元工作区中。这样，我们就能对这些参数进行操作，并向下发送信号以优化组织行为。在面对复杂的、变化的、不确定的环境时，这种集中式的、高层次的监督是我们有效应对环境、平衡目标以及在相互竞争的选项中做出决策的最佳方式。此外，它还能优化我们自身的认知和学习。

然而，这确实引发了一些令人不安的问题：为何我们会有感觉？这种整合性的高阶认知处理如何产生**有意识的体验？**这种体验本身是否具有任何功能性作用？这些问题实际上更普遍地适用于主观体验的概念。我们认为有感知能力的动物能够体验到感觉，这种能力超越了机器人对刺激的简单检测和反应，但具体的检测和反应机制仍难以界定。显然，我们可以观察到，有些动物比其他动物**更具有感知能力**，而且整个动物界的主观体验质量也可能大不相同。人类的独特之处在于“智慧”（sapience，“智慧”也因此而得名）。我们不仅有感觉，**我们还有思想**。

坦率地讲，我们仍然不清楚这种有意识的心理体验是如何产生的。我们在第五章探讨了这样一个观点：在这个世界上活动的动物，至少需要模拟自己的存在和行动，使它们能够区分哪些感知变化是自我引起的、哪些是外部引起的。这就必然会产生一种主观视角，这种视角在某种程度上构成了我们所有主观经验的基础。同样，我们对自己认知过程的模拟也可能会产生有意识的、个体视角的**心理**体验。我们对自己的思想进行思考，就意味着把它们认定为**我们的**思想。这是一个主动的过程，在某些情况下，这个过程可能会中断，比如在精神分裂症等情况中，我们的思想会被错误地归因于他人。因此，任何具有这种递归结构的系统，在某种程度上都是有意识的。

在论及这些体验的**意识**本质所带来的好处时，我们会发现它所带来的一个重大且具有真正变革性的好处在于它赋予了我们**想象**的能力。我们无法直接感知所有神经元的活动，也无法感知每个脑区的活动模式。然而，我们在任何时刻都能意识到这些模式的某些特定子集所承载的**意义**：我们在心理上体验到感觉、知觉、信念、目标、意图、情绪、情感、心情、思想和观念。这种能力让我们将这些心理内容视为具有可操作性的认知对象，赋予了人类独特的能力：我们可以以全新且富有创造性的方式来处理思想，在脑海中反复思考它们，在心理模拟中测试它们，以及探索与行动的直接后果不相关的新想法。因此，意识最初作为我们控制结构的一个额外层次进化出来，使我们能够模拟和调节我们自己的认知操作，或许正是它解放了我们的思想。

意识体验的另一个显著优势在于它与社会交流和认知的双重关系。首先，能够识别自己的心理状态也意味着我们能够把这些状态传达给别人。我们不必独自思考。人类意识、语言和文化的进化很可能以我们尚不完全理解的方式相互依赖、相互促进。最初，我们可能只是通过简单的声音和手势来表达饥饿、愤怒、恐惧或危险，后来演变成了人类独有的语言能力，使我们能够表达更复杂的精神状态。通过分享思想和观点，我们可以借鉴彼此的经验，积累宝贵的知识，并促成了其他物种都从未有过的文化大爆炸。

此外，在我们进化出模拟自己思想的能力的同时，可能也进化出了模拟**他人思想**的能力。显然，那些能够更好地理解他人的信念、欲望和动机的个体，会在生存竞争中获得优势。无论是竞争还是合作，如果一个人能够了解同伴的想法和感受，他就能更好地预测和预知他们的行为，从而先发制人或操纵他人的行为，更好地应对不同的情境。这对他大有裨益。当我们进化成一个高度社会化、合作化的物种时，文化传承对其生存至关重要，**他人的思想**就成了我们所处环境中最重要的东西。

第六节　心理因果关系

本章首先讨论了这样一种观点，即我们只是被动地见证自己的思想，而缺乏对自己动机的深入理解。然而，本节提出的证据表明，人类拥有一套高度发达的神经机制，专门用于元认知、内省、想象，对我们行为进行有意识的认知控制。我们反思我们的想法和行事理由。事实上，我们清醒时的大部分时间都在进行这种自省，当我们不思考自己的想法和理由时，我们往往会琢磨他人的想法和理由。

这些能力确实能让我们有意识地控制自己的行为。然而，这些能力并不总是在行动的那一刻才发挥作用。正如上一章所讨论的，我们的许多行为都是由习惯、经验和其他对环境的学习适应所指导的。此外，决策过程中的许多复杂工作往往是有意识地提前完成的。我们做出未来会长期执行某种行动的承诺，采取适用于未来多种情况的策略，并为突发事件制定计划，这样，当意外事件发生时，我们只需执行之前有意识决定的行动即可。

但我们也会进行有意识的监督，并在需要时进行即时控制。这些能力主要依赖于前额叶区域，它们会在潜在的行动选择中优先考虑某些行动，同时抑制其他行动。当然，我们并不了解其中的所有细节，但这里所描述的总体情况得到了实验证据的充分证明；它似乎为人类能动性（乃至大多数人所理解的自由意志）提供了一个自然的解释。那么，为什么还有那么多人（包括许多神经科学家）认为我们实际上**并未**做出选择，我们并不能掌控自己的行为呢？

这种怀疑部分源自法国哲学家和数学家勒内·笛卡尔的思

想遗产，他对西方科学传统产生了深远的影响。笛卡尔最著名的一个观点是，世界是由两种截然不同的东西构成的：物质和精神。这种**二元论**假定思想等非物质事物存在于精神领域，与物质世界保持某种并行关系，从而避免了解释物质如何产生思想等非物质事物的问题。与笛卡尔同时代的人，例如聪明且拥有高贵头衔的波希米亚公主伊丽莎白，指出了这一观点存在的问题：它无法解释物质领域和精神领域是如何相互作用的。显然，它们可以相互作用，因为思考确实可以导致行动，即在物理上移动我们的身体和改变世界。但这是如何发生的呢？笛卡尔并没有很好地回答这个问题（尽管他确实提出了一种通过松果体进行交流的途径，但这一解释并不充分）。

你可能会认为，经过四百多年，我们现在应该有所进步了，但似乎我们仍然在此问题上困惑不已：**有意识的思想是如何移动物质的呢？**这难道不违反物理定律吗？这似乎需要一种神秘的自上而下的因果关系，即精神推动物质。但只在我们把精神视为某种思想和观念自由浮动其中的超自然领域时，这种明显的神秘感才会出现。这并不是一个非物质思想能否推动物质的问题。实际上，**思想并不是非物质的：**它们在大脑各部分通过神经活动模式得以产生，这些活动模式自然会对其他区域的活动演变产生影响。因此，没有必要假设存在“机器中的幽灵”，也就是说，你并没有在自己的大脑中游荡。所谓的“幽灵”其实就是不停运转的大脑。

然而，如果这种观点让我们摆脱了二元论，似乎又把我们推向了唯物主义的怀抱，而唯物主义可能会否认精神内容，即思想的内在意义对行为产生真正的影响。如果它们**只是**神经活动模式，通过物理手段影响大脑其他部分的神经活动，那么我们岂不是又回到了将我们自己只看作复杂机器的还原论观点了吗？

解决这一难题的方法是认识到思维**不仅仅是**神经活动的模式：**它们是有意义的模式**。正如我们在第九章中所探讨的，正是神经模式的意义推动了大脑神经活动的展开——低层次的生理细节通常是次要的。因此，尽管思维必须在某种神经活动模式中得到体现，但这种模式只有通过它们的意义才能在系统中产生因果力。这些意义中的某些子集会被有意识地理解。当我们意识到这些意义时，那**就是**思考的过程。而当你操纵这些认知表征，有意识地采取行动时，那**就是**你决策的过程。这不是幻觉，不是表象，也不是事后的合理化。心理因果关系是一种完全真实的、自然的现象（见图 11.3）。它并不是什么神秘的东西，但也不能简单归结为物理过程。

总之，我在本章中提出的证据有力地证明，我们确实能够意识到自己的动机，也确实有能力对自己的行为进行有意识的认知控制。然而，这个故事还有最后一个小插曲，那就是我们中的某些人可能比其他人在这方面能力更强。

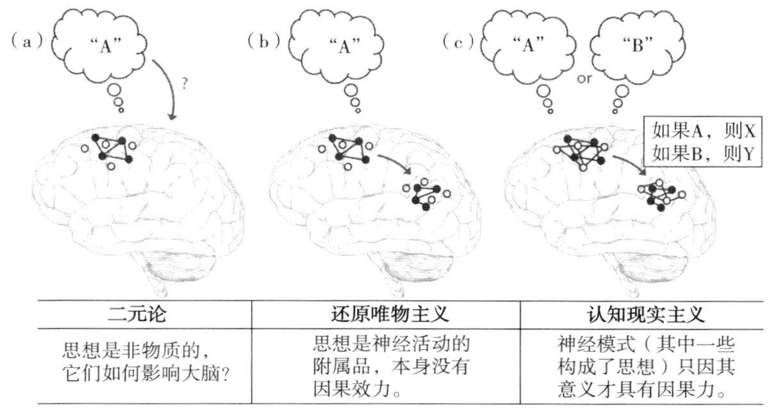

二元论	还原唯物主义	认知现实主义
思想是非物质的，它们如何影响大脑？	思想是神经活动的附属品，本身没有因果效力。	神经模式（其中一些构成了思想）只因其意义才具有因果力。

图 11.3　心理因果关系。（a）二元论认为，“非物质”思想具有一定的因果力，但无法解释它们如何影响大脑的物理基质。（b）还原唯物主义承认思想与特定的神经模式相关，但并不认为这些思想的意义具有因果力。（c）一种更自然的观点（我大体上称之为“认知现实主义”）认为，神经模式（其中一些包含了思想）在物理系统中具有因果力，这完全是因为它们的含义（即基于系统本身设定的标准）。

第七节　个体差异

在人的一生中，自我控制能力的差异尤为显著。婴儿生来显然无法理性控制自己的行为：他们的行为完全由基本的生理冲动（或者更准确地说，是他们父母的冲动）所驱动。婴幼儿开始进行所谓的推理并不需要太长时间，但理性行事的能力，如控制冲动、抑制冲动和调节情绪，则需要数年时间才能形成。

这通常需要父母、老师和其他看护人的明确指导和强化，以及通过与同伴的互动学习才能形成。

同时，这些调节能力的形成也存在明显的个体差异，例如，著名的“棉花糖测试”就说明了这一点。在这个由沃尔特·米歇尔[①]（Walter Mischel）及同事于20世纪70年代设计的实验中，幼儿（3~5岁）被带到一个房间里，坐在一张桌子旁，面前的盘子里摆放着棉花糖等零食。然后，研究者告诉他们说他或她必须离开房间15分钟，如果他们想吃零食的话，可以吃掉。但如果他们能等到研究者回来，就可以得到两份零食。这个实验的目的是观察这些孩子为了获得更大的回报能在多大程度上延迟满足。在这类实验录像中，你可以看到孩子们采取各种策略分散对美味棉花糖的注意力，如捂住眼睛、盯着天花板、自言自语地唱歌，或者用手和脚玩游戏。显然，其中一些孩子比其他孩子等待得时间更长。

更令人震惊的是二三十年后对这些人的跟踪研究结果。这些研究考察了人生成就、财务情况、教育水平、体重指数、吸烟行为和其他因素，并通过问卷调查评估了被试者的自我调节能力。最重要的发现（也成为公众眼中的“事实”）是幼年时

---

① 沃尔特·米歇尔（Walter Mischel，1930—2018）美国人格与社会心理学家。他主要研究人格的结构、过程和发展，自我控制以及人格差异等领域。——译者注

在棉花糖测试中体现的延迟满足能力可以预测未来的人生成就——等待时间更长的孩子更成功、更健康，适应能力更强。然而，最近的一些研究（其中一些研究是由同一作者完成的）对这些结论提出了质疑，指出小样本、测试过程中的差异以及社会经济地位等混杂因素的影响可能导致了研究结果表面上的正相关。

然而，即使三岁到五岁时在这十五分钟测试中的表现并不能预测一个人未来的人生轨迹，但它确实说明了一种自控能力上的个体差异，这种差异在成人中也显而易见。在日常生活中，我们会发现有些人没有耐心、易冲动、脾气暴躁、情绪易变、不计后果、鲁莽行事、容易分心，而有些人则有涵养、有节制、有耐心、谨慎、有毅力、情绪稳定、专注、自律。我们的现代文明奖励那些情绪更稳定、更有控制力的人，这并不奇怪，因为他们更能抵制短期冲动，并坚持实现长期目标。值得注意的是，这些性格特征术语并非中性，而是内含价值判断，自制力较强的人显然在道德上被视为“更优秀”，这大概是因为自制力是亲社会行为的一个基本要素。

这些特征的发展方式很可能反映了先天差异和个人经验之间的相互作用。如果自我调节和有意识的认知控制能力在某种意义上是由人类的 DNA 决定的，那么我们就应该看到它们在不同人群中会因基因差异而有所不同。如果它们与其他心理特征一样，那么它也会受到大脑发育过程中固有差异的影响。为了研究这些问题，有必要对一些基本特质进行定义和测量。研究个体在自我控制维度上的差异是更广泛研究议题的一部分。

分析自我控制能力的方法多种多样，包括观察个体在实验室任务中的表现、分析问卷评估的特质，以及测量日常生活中反映自我控制能力的结果。在理想情况下，我们可以将认知任务、现实世界中的行为和人生成就等不同的层面联系起来，但现实仍然比这复杂得多。

人们在完成任务时确实会表现出相对稳定的个体差异，如前面提到的威斯康星卡片分类测验，以及其他一系列旨在探索不同认知控制要素的任务。一个著名的理论定义了三个要素：抑制习惯性或局部最优行动，更新工作记忆中的信息，以及转移目标以适应新信息。不过，这些因素其实并不能完全区分开来，也并非详尽无遗；事实上，在这些任务中定义的**执行功能**与一般智力之间存在部分重叠。然而，重要的是，在这些任务上表现的差异部分具有遗传性，而另一部分则受到与家庭环境无关的非遗传性因素的影响。

事实上，这些任务的表现与真实世界的行为或人生成就的相关性并不大。神经心理学家罗素·波德拉克及其同事最近的一项研究揭示了行为特征中的多种因素，包括冲动性、目标导向性、情绪控制、风险感知和奖励敏感性。他们发现，这些因素与执行功能测试中的基本表现之间没有显著关联。虽然调查问卷中显示的特征与收入、吸烟、肥胖、酗酒和心理健康等一系列因素有一定的相关性，但从执行功能测试任务中得出的行为特征与日常生活中的行为表现无关。

其结果是，测量实时执行功能的实验室任务表现具有部分遗传性，但与自我调节行为特征（同样具有部分遗传性）之间的关系并没有那么简单或直接。这一发现丝毫没有削弱这种特质具有生物学基础的观点。不足为奇的是，它只是表明，有意识的认知控制和自我调节的基础功能是多样且分散的，而实验室中的抽象任务无法完全证明这一点。自我调节功能的病理性损伤，加剧了这种复杂性。

我们已经讨论过前额叶区域的脑损伤如何以不同的方式损害有意识的认知控制和行为自我调节。此外，有许多精神疾病或精神方面的问题会严重影响这些能力，包括注意力缺陷多动障碍、自闭症、精神分裂症、双相情感障碍、强迫症、抽动秽语综合征、痴呆症、酗酒和吸毒成瘾等。在对这些病症进行调查时，令人震惊的是导致自我调节能力受损的方式多种多样，例如，无法专注于长期任务、无法抑制不恰当的行为、无法及时调节情绪、无法在工作记忆中保存相关想法，或者无法抵御毒品或酒精等短期奖励性刺激的诱惑。其中一些障碍反映了大脑的急性病理状态，如精神病或躁狂症；而另一些则更像是影响日常功能的性格缺陷。

这些病理状况显然非常严重，研究其背后的病因和病理具有至关重要的临床意义。然而，与本章讨论最相关的是，这些不同类型的个体差异为我们所认为的自由意志提供了另一个证据来源，即我们可以通过有意识地监测和控制自己的认知过程、推理现实从而调节自己行为的能力，这并不是某种抽象的形而上学假设，而是具有实际生物学基础的进化功能，或者说是一整套功能。

第十二章

自由意志

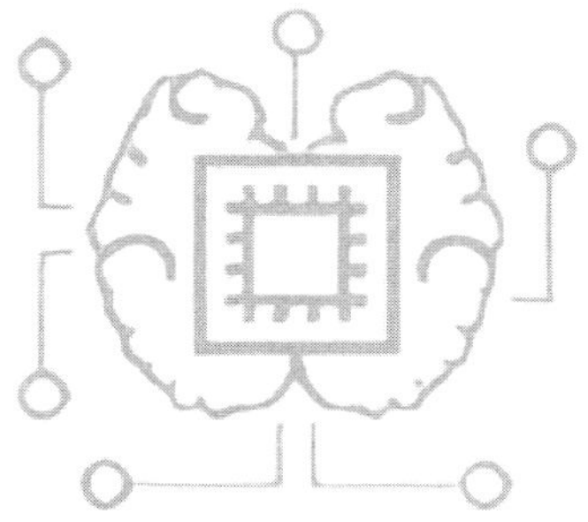

第十二章　自由意志

在第一章中，我们首先对“我们真正掌控自己的行为”这一观点提出了质疑。在日常生活中，我们似乎能够自主做出选择，自主决定事情，选择我们的行动，我们似乎有能力塑造自己的生活和命运。然而，如果我们的行动是由我们大脑的连接方式、神经回路的激活或物理定律的作用所决定的，那么这种自主性又怎能成立呢？这些挑战提出了一个更深层的问题：你究竟是什么样的存在？在前文中，我论证了你是一个具有自主性和连续性的自我，一个能够积累因果潜能并能影响世界的因果主体。本章将探讨这些论点的含义，并回答这个问题——**这就是自由意志吗？**但在此之前，我首先要回顾一下本书的核心观点、主体进化的过程，并提供一些有助于理解这一进化过程的相关主题和视角。

第一节　主体的崛起

能动性的发展历程实际上就是生命本身的演化过程。数十亿年来，没有任何实体能够行动，但生命的出现带来了**活动性**。生物体积极努力地维持自身内部结构和功能的有序性，通过吸收自由能做功，保持与周围环境的热力学平衡。即使对于单细胞生物而言，细胞膜的屏障也能将它们与外部环境隔开，赋予它们一定程度的自主性。它们不会受到外界任意物理或化学干扰的影响，而是在囊泡的私密空间中得到保护，有选择地吸收物质和能量以维持生存。因此，生物体不应被视为静态的机器或瞬时的物质组合。相反，它们是相互关联的、动态的过程模式，能够随着时间的推移而持续存在。

在进化过程中，生物体发展出了一些新技能，使它们能够在不断变化的环境条件下更好地生存。其中最显著的能力就是移动的能力。但它们应该移动到何处呢？移动能力使感觉变得十分宝贵，这意味着生物体能够利用外部的**信息**，进化出能够检测相关对象、物质或干扰的专门感应器，这些感觉可以与运动系统相结合来指导行为。自然选择推动了接近或回避不同刺激的实用耦合。这些反应中蕴含了意义和价值的曙光：接近或回避对生物体来说**是好是坏**，取决于其维持生存的目标。

现在，生物体有了行动的理由。从某种意义上说，这些理由仅是生物体生化过程的一部分，但即使是最简单的行为也反映了整个生物体的活动。在细菌或变形虫等单细胞生物中，特定刺激的受体蛋白能够启动信号，并将这些信号传递给运动机制。然而，生物体并不是被动的机器，仅仅是静静地等待刺激的到来。事实上，它在体内和外部世界中始终保持活跃，不断根据新信息调整其活动。此外，尽管在实验条件下可以专门激活某一通路，而同时保持其他条件恒定，从而让人误认为生物体对刺激的反应是一种直接的、线性的过程。但实际上，这些生物体可以同时整合多种信号，以及有关其当前状态和近期历史的信息，从而产生一个真正的整体反应，而这种反应无法被分解成孤立的部分。

单细胞原核生物（如细菌和古细菌）是一种神奇的生物，它们能够改变地球的面貌，即使在恶劣的环境中也能繁衍生息。但是，它们面临着能量壁垒，无法变得更大或更复杂。某些古细菌物种内部吞食了一种细菌，导致建立了一个互惠共生关系的，从而克服了这一障碍，线粒体由此产生，并在此过程中催生了真核生物。这些生物能够变得更大，而且关键是能够维持更多的基因，从而使细胞状态变得更加多样化。随着多细胞生物的出现，这些细胞状态进化为细胞类型。随着新个体类型的出现，细胞内各组成部分之间形成了分工，单个细胞现在服务于整个生物体，而生殖细胞则主要负责生殖任务。因此，对整个生物体有益的事物也对其各个部分有益。

更复杂的生物随之出现，它们通过大量繁殖创造了新的生态位，并扩大了可能的行动范围。这时就需要一个系统来协调生物体内各个部分的运动，并在诸多可能的行动中进行选择。肌肉和协调它们的神经元共同得到进化，神经元最初分布在简单的神经网中。随着进化的持续，神经系统变得越发复杂，通过中间层的神经元将感觉结构与肌肉相连。信号的意义与直接行动脱节，从而产生了内部表征，即这些神经活动模式不仅能产生实际后果，触发特定的生理响应或行为，又具有语义内容：它们对生物体来说代表着**特定的意义**。这些内部表征的意义仍然是建立在感官接收外界信息和自身行为输出的基础上，只是在这两个过程中都经过多个处理步骤。因此，具有这种神经组织的生物体成为真正具有认知能力的生物。

当生命进化到陆地上时，它们才真正打开了新的视野。生物的视觉和听觉可以帮助它们发现远处的事物，因此变得更加重要。从更长的时间跨度来思考问题开始变得有价值。更复杂的大脑成为一项值得投资的进化方向。生物体发展出越来越多的内部神经机制，使它们能够提取更高阶的信息，并形成对周围世界的认知地图。它们开始有了更多的**思考**。

与此同时，用于学习外部事物的神经系统也得到了扩展，使生物体能够积累关于对象、属性、类别、偶然性、关联、统计规律和因果关系的知识。因为这些知识可以用来指导行动，所有这些努力都是值得的。尤其是对于哺乳动物而言，它们的行为开始变得更加灵活，有了更丰富、更多样的行动选择，甚至可以说它们的选择范围是无限的。当然，这需要一个同样复杂的控制系统。

新的控制结构出现了——特别是在扩大的新皮层和相互连接的前脑区域，这些结构提供了更多的行为协调层次，并使个体经验学习能力和行为调整能力不断增强。这些分布式系统整合了有关个体当前状态、动机、短期和长期目标、感知推断以及对世界的信念等信息，并在已有知识和功能储备的基础上解读这些信息，从而提出一些可能的行动建议。这些行动选择之间存在竞争关系，控制系统会不断地权衡每项行动所带来的成本和收益，这是一个反复迭代的过程，最终会选择对生物体最有利的行动。这些复杂系统使生物能够模拟可能的未来，使它们能够基于有限而模糊的信息，在多变而复杂的环境中生存，其中往往没有明显正确的选择或一贯的最佳策略。我们已经远远超越了生物体只对单一刺激做出反应的概念：这是生物体出于自身原因做出的行动决策。

在进化历程（以人类为中心的进化历程）的最后阶段，我们具有了思考自己行动理由的能力。对于灵长类动物而言，尤其是人类，前额叶皮层的扩张提高了我们的认知层次。我们不仅仅能够建立关于自身和世界的模型，现在我们可以拥有自己的心智模型，即我们不仅可以意识到自己的目标、欲望和信念，还能够对这些心理状态的确定性进行评估。我们可以在一个共同的认知空间中对这些想法进行操作。我们能够思考和分析自己行为的理由意味着我们可以对其进行干预：我们可以在当下进行自上而下的认知控制，我们还可以有意识地为未来的行动做出前瞻性的决策，采取策略和承诺来指导未来的行为。在这个过程中，我们塑造了自己的性格，并在与世界互动的过程中积极构建自我。

这些过程是否具有意识仍然是个谜。在关于人工智能未来发展趋势的热门话题中，人们经常会提到**奇点**[①]的重要性，即计算机实现意识的那一刻（接下来的剧情往往是它们决定消灭全人类）。对于计算机来说，这一情景的实现仍然遥不可及，但显

① 在人工智能领域，“奇点”（通常称为“技术奇点”或“智能奇点”）指的是一个假设的未来时刻，届时人工智能将达到或超越人类智能，能够自我改进和自我增强，从而引发技术成长的爆炸性加速。这个概念建立在这样一个观点上：一旦机器能够以人类无法匹敌的速度进行自我迭代和创新，它们将能够创造出超越人类理解能力的技术和解决方案。——译者注

然，在我们谱系的进化中一定发生了类似的事情。也就是说，在进化的某个阶段，我们的内部认知模型变得非常抽象和复杂，从而产生了心理体验。

也许我所讲述的这一切可以解释这一进化过程。在我的描述中，大脑皮层扩展，为递归层次结构增加了新层次，会自然地促使大脑系统对其认知过程进行建模。这进而必然会带来有意识的心理体验。不过，我们也有可能忽略了某些关键要素，而这些要素解释了从灵长类动物到人类之间明显的进化不连续性。当然，我们必须认识到，我们只看到了事情的一部分。我们的谱系中存在的其他类人猿物种都已灭绝，因此这种不连续性可能看起来比实际情况更加明显。

尽管如此，要理解我们如何从无毛的直立类人猿变成了主宰地球的主要生命形式，似乎仍有一些东西需要解释。丹尼尔·丹尼特、凯文·拉兰德（Kevin Laland）和塞西莉亚·海斯（Cecilia Heyes）等几位理论家认为，仅依靠生物学进行解释是不够的，对这一转变的解释需要一场文化革命。事实上，生物学意义上的现代人类已经存在了数万年，生活方式几乎没有变化。显然，我们已经具备了最终实现认知迅猛发展的神经机制，但还需要其他一些力量来点燃这一导火索。

最主要的假设是，某种原始语言的出现使人类文化得以发展，并与我们的伙伴，尤其是我们的后代分享来之不易的知识，从而世代积累控制环境的能力。这很可能为我们进入认知领域提供了一些积极的反馈，每一次新的进步都会在自我增强的过程中带来新的可能性。因此，通过生物创新和累积的文化进化，人类发展出了创造性、开放性、递归思维和无限想象力，真正解放了我们的大脑，使其能以越来越抽象的方式整合和处理各种想法。

第二节　这是自由意志吗?

在第一章中，我指出了关于自由意志的大部分哲学辩论都是基于对道德责任的担忧。如果我们不能自由选择自己的行为，那么我们是否应该对自己的行为负责就会成为一个问题，进而破坏我们许多社会和法律制度的基础。因此，哲学文献中的许多讨论都旨在证明自由意志的某种理解或定义的合理性，这种理解或定义足以保护道德责任，使其免受决定论的威胁。

我并没有一开始就先入为主地认为，我们的意志必须出于某种目的，具备哪些属性才能称得上“自由”。相反，我的目的是将**“能动性”**这一基本概念自然化，其中包括目的、意义和价值等核心要素，从而深入理解人类决策的属性、范围和局限性。

有了这个基础，我们就可以回到那个永恒的问题：我们有自由意志吗？我们首先要问的是，这个问题本身是否合理。答案取决于你对“自由”以及“我们”的理解。在哲学中，自由通常被定义为**完全不受任何先验原因影响的**行动能力。这会是何种自由？显然，它意味着不受外部胁迫，这是可以接受的，但这是否意味着你必须对外界情况视而不见呢？如果你把世界上某种事物的存在作为你采取某种行动的部分原因，这难道不构成一种原因吗？事实上，任何导致你优先选择某项行动的信息都是一种约束——虽然这是一种有用的约束，但仍然会减少你的行动选择。

如果你是根据你的记忆、知识、世界观以及你的动机和目标来解读这些信息的，那么这就构成了另一种约束——内在的约束，它引导你的行为朝着特定目的前进。如果摆脱了这些约束，你的行为就会变得非常随意、毫无意义，完全是一时冲动、毫无理由。事实上，你将不再是你自己；确实，你甚至不再是一个自我。自我是通过时间的连续性来定义的，它在面对热力学压力时，保持一定的动态过程模式，以防止自身采取其他无序排列的可能性。因此，自我意味着约束。它**只是**约束。成为真正的自己需要对构成你的元素进行约束，**以避免你**的核心特征改变或消失。

对于人类来说，这种活动包括维持我们心理自我和生物自我的连续性，即所有的记忆、经历和关系，所有的学习、习惯、经验法则和策略，承诺、计划和长期目标，以及所有与之相关的性格。这意味着利用过去自己所积累的宝贵知识来指导当下的行动，为未来的自己服务。如果你不这么做，你就不是在做你自己。因此，我认为在我们是否拥有自由意志的问题上，绝对主义的自由定义是不合理的。如果你把“自由”理解为完全不受任何先前原因的影响，那么你要么拥有“自由”，要么拥有“我们”，但不能两者兼而有之。

关于我们是否拥有自由意志的问题，并没有“是”或“否”、“全有”或“全无”的统一答案。相反，在我看来，“我们有一定程度的自由”，是对自由意志这一（仍然有用）概念更具常识性的理解。这种理解首先包含了我们有做出选择的能力，即我们真的可以选择自己的行为。我们的行为并不仅仅由外界力量决定，因为我们至少在某种程度上与宇宙的其他事物存在因果关系。同样，我们也并不由我们自身的组件所驱动。相反，我们作为一个整体——**自我**，掌控一切。

在前文中已经论证了这些条件是成立的。生命本身意味着其内部的运作不完全受外界因素的控制，而是具有一定程度的自主性和独立性。生物体在进化过程中以及个体的生命周期中积累了因果力。我们和其他动物一样，都有一套专门为我们选择行动以实现目标而设计的神经资源，也就是说，我们的行动都有自己的理由。这些理由存在于整个生物体的层面，而不是其各个部分。系统作为一个统一的整体在行动（至少在非病理情况下是这样）。虽然它依赖于子系统及其物理组件的运作，但其功能不能被简单解构或简化为这些运作。主体是作为一个整体在决定行动。由于人类多了一层有意识的认知控制，人类的行为似乎符合任何合理、现实的自由意志标准。

当然，这种观点也面临着许多挑战，我们也考虑到了。最直接最基础的挑战来自物理预定论的观点，即无论现在、过去或是将来都只有一种可能的未来。这种观点意味着，宇宙的演化以及宇宙中发生的一切，包括我写下这句话和你读到这句话，都是从宇宙大爆炸开始就已经确定了。在我看来，这种想法一直算是天方夜谭，更是只有学术圈才会认真对待的无稽之谈。而且，正如第七章所述，量子物理学的大多数解释，以及同样适用于基础层面的信息论，都对物理预定论观念提出了质疑。未来并不是以无限的精确性来定义的。相反，事物是通过我们在当前时间中的相互作用**逐渐确定的**。这并不是一个确定瞬间，而是一个时间段，随着时间的推移，事件或过程逐渐发展演变，直到明确解决，并最终成为过去的事情。

反驳者认为，不确定性或随机性并不能带来自由意志，这也是有失偏颇的。这个观点并不是说有些事件是预定的，有些事件是随机的，两者都不提供主体行动控制。而是说，普遍存在的不确定性动摇了命运的束缚，为主体决定事情的走向创造了一些空间。物理系统的低级细节加上量子场演化的方程并不能完全决定整个系统的演化。它们并不涵盖所有的因果关系：其他因素，如系统的高阶组织所施加的约束，也可以在决定事物发展的过程中发挥因果作用。

在生物体内，高阶组织反映了自然选择的累积效应，使生物体具备有效的功能来实现生存繁衍这一目标（以及所有更近的子目标）。这些功能并非无缘无故出现：它们反映了自然选择在漫长的进化过程中发现的有效设计原则。生物体的基本目的性促使了意义驱动机制的产生。有目的的行动是生命系统的物理设置。

在我看来，决定论的另一个定义"凡果必有因"是一种循环论证；也就是说，它假定了试图断言的事情。如果你把每个事件都定义为"果"，那么根据这一定义，它必定存在一个"因"。但每个事件都是"果"吗？有些事件（比如放射性衰变）似乎真的是随机的，它的发生可能只是宇宙的基本特性，因此不应认为它有先验的原因。作为对自由意志挑战的理由，这种理论隐含的观点是所有的原因都必须位于现实的最底层。但如果最底层并不完全是预设的，那么这种还原论就不一定成立：高阶组织可以是事情发生的部分原因。主体本身也可以是原因。

我们还讨论了来自其他领域的挑战，尤其是遗传学、心理学和神经学。有一种观点认为，我们并不完全自由，因为一些我们无法控制的先前因素影响了我们大脑的构造，这种观点有一定的道理。我们确实在某种程度上受到进化、遗传和大脑发育方式的制约。所有这些因素都对我们的心理倾向有所影响。但这些倾向性并不像机器人的各种电路调谐一样，时刻决定我们的行为，而是塑造了我们适应世界、选择和营造我们的环境、追求我们的兴趣的方式，并积极塑造了我们的性格。

这些动机对我们来说也并非不可知。有证据表明，神经病人或心理实验中的被试者并不总是知道他们为何要做某事，有时还会事后寻找合理化解释，但这并不意味着我们从未洞察过自己行动背后的原因。在做决定之前和决策的过程中，我们能够并且确实会对我们的原因进行推理。我们也能够而且确实行使了有意识的理性控制能力。因此，尽管我们不一定能改变自己的基本心理倾向，但我们并不是它们的奴隶。

如果说自由意志是有意识地、理性地控制我们行动的能力，那么我很高兴地说，我们拥有这种能力。事实上，有些人比其他人拥有更强的控制能力，这就说明了这种能力的存在。例如，婴儿并非生来就具备这种能力，他们需要学习和练习一系列认知技能。在这些认知能力背后的多种领域中也存在着不可避免的个体差异，这些差异（以及社会、文化和经验因素）导致一些人的理性控制能力高于其他人。此外，这些能力在某些个体中可能会减弱甚至严重受损，如那些患有强迫症、喝酒或吸毒成瘾、精神病、抑郁症、痴呆症或许多其他形式精神疾病的人。

此外，我们拥有这种能力并不意味着我们总能以相同的程度加以运用。酒精或药物的影响，强烈的情感如愤怒、痛苦、嫉妒或悲伤等，甚至仅仅是疲惫、烦躁或分心，都会削弱自由意志。因此，自由意志并不是神灵赋予的某种模糊、诡异、神秘的特性。它是一种进化而来的生物功能，依赖于一组分布式神经资源的正常运行。

第三节　道德和法律责任

这一观点对我们的道德和法律责任观有何影响？我们是否仍然可以追究人们的行为责任？他们是否仍然值得赞扬或指责、奖励或惩罚？我认为，我们对这些问题的看法无须改变。尽管有些媒体为了博人眼球，宣称自由意志已死，但它依然顽强地存在并发挥着作用。在哲学、物理学、神经科学、遗传学、心理学、神经学或其他任何科学领域中，都没有证据能够削弱我们确实有能力对我们的行为进行有意识、理性的控制这一观点。

事实上，赞扬和指责是有效的学习信号，它们可以引导人们改变未来的行为，这一事实支持了这样一种观点，即我们不仅可以有意识地控制我们单独的行为，还可以控制我们未来的行为策略。伴随着赞扬或责备而来的社会情绪，如自豪、内疚或羞愧，本身就是一种强大的预期信号，可以指导未来的行为。我们甚至可以学会避免那些会损害我们有意识的认知控制的情况，比如避免喝得酩酊大醉，做出不恰当或鲁莽的行为。

因此，在我看来，没有理由不继续以我们一贯的方式来追究人们的行为责任。正如丹尼尔·丹尼特所论证的那样，这包括赋予人们发展和保持自我调节和有意识的理性控制能力的元责任。因此，科学发现揭示了理性控制的神经和认知基础，但这并不影响广义的道德责任概念。

随着我们对理性控制能力的变化方式及其可能受损的条件有了更深入的了解，这可能会对我们评估法律责任产生一些影响。首先，值得注意的是，从来没有出庭律师传唤哲学家和理论物理学家作为专家证人，来论证物理预定论的正确性，因此在任何情况下，任何人都无法做出不同的选择。然而，在评估**个体之间**心智或道德能力时，一般要考虑年龄、精神失常、智力或脑瘤等病状，以及可能暂时削弱认知控制的情况，如醉酒、谵妄，甚至梦游等。此外，人们越来越倾向于使用更多推测性的遗传或神经学证据来解释“他们的行为是由他们大脑所决定的”。

妮塔·法拉哈尼（Nita Farahany）在 2016 年的一项研究中发现，“在美国，至少有 5%~6% 的谋杀案审判和 1%~4% 的其他重罪审判中引入了神经生物学证据”。这类证据最常用于评估被告能力或在量刑时争取减刑，特别是在死刑案件中。事实上，如果辩护律师未能引入神经生物学证据，被告可能会在上诉时声称，辩护律师未能履行有效辩护的职责，因此这已经成为越来越多上诉成功的理由之一。这些案件大多涉及医学证词，但也有一些案件引用了科学文献中的脑部扫描或遗传学发现，据称这些发现表明了行为特征的生物相关性。

例如，遗传学研究结果表明，被告携带的一种名为 MAOA 的基因变异与攻击性和反社会行为密切相关。在一些极其罕见的案例中，有些人的基因突变完全导致了这种基因的功能丧失，表现出更强的身体攻击性和更高的暴力犯罪率。然而，关于“MAOA 基因中的**常见**变体与之存在更普遍联系”的说法被证明是虚假的，这源自统计方法上的缺陷。一般来说，导致明确病理变化的罕见基因突变与更为常见的遗传变异之间存在重大区别，后者与其他数千个变异共同作用，导致典型范围内心理特征的变化。前者可能与个别案例具有重要相关性，而后者的相关性则更加值得质疑。事实上，已知对暴力倾向影响最大的常见遗传因子是Y染色体，但我们并不将其视为免责的理由。

脑部扫描结果也是如此。有些扫描结果显示了明显的病理变化，如创伤性脑损伤或肿瘤，而这两种病理变化都会极大地改变行为。这些脑部扫描结果显然与法庭相关。但法庭上提交的其他类型的成像数据所依据的是更为松散的统计结果，而非确定的统一发现。例如，据称与精神病或精神分裂症相符的脑部扫描结果有时用来补充对被告的精神评估。

这些说法往往是基于科学依据不足的文献，许多（往往是小规模的）研究声称，患有某种病状或病征的人群与正常人群在大脑某区域的大小或脑束的厚度上存在差异。通常情况下，这种说法都无法得到证实。事实上，目前还没有针对任何精神疾病的确诊脑成像标志，也没有针对高攻击性或犯罪倾向等特质的一致性、特异性标志。即使在对大量人群进行研究而得出统计趋势的情况下，这种相关性也并不意味着因果关系，甚至也不意味着特异性，这些研究结果也不等同于可以对特定个体情况做出确定性的陈述。

这与颅相学和相面术的观点不谋而合：不同脑区的大小（据说通过头骨上凸起的大小和形状可以看出）或面部形态的特定模式分别与特定的性格特征有关，尤其是包括“犯罪倾向”的特征。然而，现代**神经犯罪学**的倡导者认为，随着我们对控制人类行为的大脑基础有了更多的了解，神经科学发现在法律诉讼中将变得更加重要。例如，神经科学家安德里亚·格伦（Andrea Glenn）和阿德里安·雷恩（Adrian Raine）认为，神经生物学特征不仅与判断罪责有关，而且“最终有助于确定哪些罪犯最适合特定的康复计划，更有助于其重新融入社会”。他们甚至认为，遗传学、神经生物学或其他标记可以用来预测儿童未来的暴力倾向或反社会倾向——这些倾向可以通过药物或脑刺激治疗来预防。

在法庭上有可能会出现更多的遗传学数据。诸如攻击性、冲动性、同理心、心理变态、冒险精神以及其他可能导致暴力或反社会行为的特质（就像我们所有的心理特征一样）都具有部分遗传性。随着更多与之相关的基因变异的发现，我们似乎不可避免地会在法庭上看到这些特质的**多基因评分**——个体中与给定特征相关的所有基因变异的概况，至少可以作为被告减轻处罚的依据，用以解释为何被告无法以不同的方式行事。事实上，关于被告缺乏理性控制能力的神经学和遗传学论点可以起到两全其美的作用，不仅可以降低人们对罪责的认知，还可以强化这样一种观点，即这类人无法改过自新，而且将来会对社会构成更大的威胁。

这些神经生物学和遗传学论点明显体现了决定论、还原论的观点，过于简单化地将基因变异或特定脑区的大小及其连接性差异与发生在特定个体生活背景和社会文化背景下的复杂人类行为联系起来。大脑不会犯罪，人会犯罪。当然，遗传和神经变异会影响我们的心理特质，但除了明确的病理案例外，这些关系往往是间接的、概率性的和非特异性的。此外，正如在第十章中所讨论的，我们的心理倾向并不能决定我们每时每刻的行为；相反，它们会影响我们性格的形成方式，但这是一个我们自己非常积极参与的过程。

第四节　一些哲学问题

本书的目标是提出一个关于能动性和自由意志的自然主义框架。这取决于或至少涉及对一些基本哲学问题的重构，包括因果关系、时间、信息、意义、目的和自我认知的本质。明确这些立场是很重要的，尤其是为了更好地确定可能存在分歧的根源。

本书的主题之一是，系统的功能组织可以对事物的发展产生因果影响。这在我们的日常经验中似乎司空见惯：这些系统指导我们如何设计事物，如何管理从足球队到跨国公司的一切事物，以及如何理解从生态到经济的各种系统等。我们认识到，自上而下的组织可以施加有用的限制，从而使得原本无组织状态下的部分能够发挥出特定的功能。那么，为什么一个在我们日常生活中非常基础和普遍的理念，应用于生物体时却遭受争议呢？

我认为，部分阻力来自我们西方的科学传统。自牛顿和伽利略时代以来，西方科学传统一直专注于从物理基本定律中得出自下而上的机械论解释。物理学在预测宇宙基本要素性质的诸多细节方面取得了惊人的成就，这进一步强化了这样一种观点，即所有事情背后的**真正原因**都可以在这些最底层中找到解释。

这种将组织结构视为在系统中同时发挥因果作用的观念遇到了两个棘手的问题。首先，如果系统从此刻到下一刻演变的因果关系可以完全由各组成部分的相互作用（自下而上）来解释，那么似乎就不需要更高阶（自上而下）的因果关系了，因为这会导致对同一事件有过多的解释。其次，如果我们说整体组织制约着部分，那么我们也必须承认这种整体组织**由**部分**组成**。这感觉就像一个循环论证，就好像系统本身成了自身存在的原因，这在哲学上是站不住脚的。

我们多次讨论过第一个问题的解决方案。低阶细节和物理定律并不能**完全解释**系统是如何演变的：不能"完全"解释，是因为不确定性留下了多种可能的解释路径；不能"解释"，是因为即使这些低阶细节可以帮你**预测**系统"在时间 t"的状态是如何演变的，它们也不能解释为什么系统一开始就以这种方式组织起来。物理定律回答了“如何”的问题，却没有回答“为什么”的问题。

这凸显了生命系统中因果关系的关键性质：它是通过时间延伸的，这反过来又解决了整体—部分循环自因果的问题。只有从静态时间点的视角来看，这个过程才是循环的，你既有整体又有部分，而在同一确切的瞬间，内在因果关系似乎无法同时解释两者。如果 A 导致 B，B 导致 C，那么 C 同时导致 A 似乎是不对的。这引出了一个相关的问题：在具有神经系统的生物体中，既然精神状态首先取决于这些生理结构，那么精神状态又如何决定生理结构的作用呢？

但这是不同视角产生的错觉。系统中的因果关系不能用瞬时视角来理解。看似是循环的结构实际上是一个通过时间延展的螺旋（见图 12.1）。这就好比正面看一个彩虹圈（Slinky，一种儿童玩具，一个很大、很有弹性的金属弹簧），它看起来像一个完美的圆圈。但从侧面看，如果你稍微拉一下，就会发现它其实是一个螺旋。这个侧面视角展示了时间的维度。

生物体不会在一瞬间造成自己，但它们确实会通过时间造成自己。这就是生命的意义所在——不断地造就自己。所有组件不断更新制约条件，以维持整体的**自我**状态。但这取决于随着时间的推移而发生的过程，而不是瞬间发生的。同样，高阶的心理状态并不会同时依赖于特定的低阶状态，并决定同一低阶的瞬时状态。它们在低阶排列中实现，**然后**影响**后续的**低阶排列。

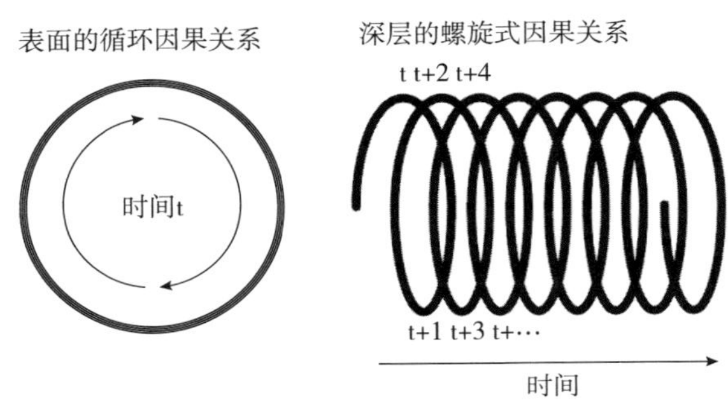

图 12.1 螺旋式因果关系。长期以来，反对整体因果关系或自上而下因果关系的一个论点是，它构成了循环因果关系，在这种因果关系中，整体被认为是各部分的原因，同时部分也是该整体的原因。考虑时间因素，就能揭示螺旋式因果关系的深层模式，该模式层级之间的相互作用并不是瞬间发生的，而是随着时间的推移而不断延展。

理解高阶模式为何具有如此强大的因果力，取决于目的、意义和价值等概念。这些概念也都带有一些哲学问题。尤其是目的的概念，在科学讨论中因其暗示某种宇宙目的论而基本被排除在外。这种观点得不到支持是因为它认为进化本身具有目的性——它反映了一种创造更多更复杂生命的**驱动力**，而这种驱动力只能归因于某种神一样的实体或宇宙本身。进化是一个盲目的、迭代变异和选择过程，在此过程中，生物体逐步探索和发现有利于自身生存繁衍的功能形式。然而，虽然进化本身不具有目的性，但它确实赋予了生命形式自身的目的性。这意味着生物体确实是以目标为导向的。

这一讨论突出了另一种有时也存在问题的因果关系。亚里士多德称其为**终极因**，但这并不是指最后一个原因，而是指某些行为所要达到的目标。你可能会**因为**想喝杯茶而把水壶打开。在这种情况下，“你想喝茶”被视为终极因；它完全可以解释你为什么要打开水壶。这种框架的问题在于，原因似乎**在**结果之**后**，而不是反过来。未来的事物怎么会对当前的物理系统产生因果效应呢？

同样，这种表述也不太正确。在这种情况下，导致行动的原因并不是你喝茶，而是你想要喝茶。而你想喝茶的原因是因为你以前喝过茶，且知道你喜欢喝茶，尤其是现在你口渴了，也许需要一点咖啡因的刺激。因此，实际上是过去积累的原因导致当前的状态在你的决策中具有因果效力。因此，目标导向性并没有什么神秘之处：它并不违反常规的因果关系顺序。自然选择和学习的所有先验效应共同参与生命系统的配置，使其能够代表目标并选择实现目标的行动。

这种目的性同样构成了意义和价值的基础。世界上的物体、生物体所处的环境以及潜在行动的真实结果或预测结果，相对于其终极生存目标或众多短期目标而言，都具有价值。这就是所谓的**“规范性”**，即事物的重要性。这在非生命系统中不存在：对于恒星、风暴或碳原子来说，没有什么是重要的。然而，设计者可以根据自己的判断，将规范性设计到人工系统中。打个比方，你可以说最简单的生物体的行为是出于自然选择的原因。但是，从经验中学习和进行真正的认知控制的能力赋予了更复杂的生物体**依据自己的理由**而行动的能力。

这就引出了本书中反复出现的一个概念——“意义”，从科学的角度来看，这又是一个棘手的概念。不同于“信息”，拥有十分完善的科学框架和围绕它建立的技术产业，而“意义”无法在空间或时间上量化或定位。它本质上是历史的、关联的、语境的、定性的，甚至是主观的。我现在所写的文字的意义，不在于书页上的字或你耳机里的声音。它不仅仅存在于我的脑海中或我试图捕捉和传达的思想中，也不仅仅存在于你基于语境和你自己的历史对其进行的解读中。意义存在于所有这些事物之间的关系中，这种关系在空间中和时间中延伸。从科学的角度来看，在最好的情况下“意义”是一个令人尴尬的概念，在最坏的情况下则极其可疑，备受争议。然而，这并不意味着它不存在。

意义显然具有因果力。例如，如果我让你举起右手或眨眨眼睛，那么这些词的意义就会对你的行动产生因果影响。解释这些动作的不是能量、动量或任何物理力，而只是意义。当然，这些动作需要一些物理过程，包括从你的眼睛或耳朵流向大脑其他部位参与行动选择的神经模式。但这些模式只因其意义才具有了因果力。

有人说，除了从进化角度来看，生物学中没有任何东西是有意义的。更普遍的说法是，除非通过时间来解释，否则生物学中不存在任何意义。因为生命是一个历史过程，生物学是一门历史科学。这种观点让我们理解了目的、意义和价值的概念：只有在生物体经过时间的选择而得以持续存在的情况下，这些概念才有意义。生物的行为也只有在这些概念的基础上才有意义。

这些观点与所谓的**过程哲学**[①]不谋而合：现实的基本要素是**过程**，而非静态孤立的物体或**物质**。这种观点认为，我们所看到的一切事物其实都是在不断变化的，随着时间的推移而变化，有些事物的变化要比其他事物快得多。这种观点认为，时间不是由静态的瞬间组成的，在这些瞬间中，现实的状态可以被冻结并精确定义。相反，时间是由持续时间段构成的，在此期间，万事万物都处于某种程度的变化之中。20 世纪初，过程哲

---

① 过程哲学是一种主张世界即是过程，以机体概念取代物质概念的哲学学说。又称活动过程哲学或有机体哲学。过程哲学主要研讨五个概念：变化、持续、永恒客体、机体、价值和混合。它涉及自然科学、社会科学、美学、伦理学和宗教学等领域，并由此构成对宇宙的总看法，因而它又被称为宇宙形而上学或哲学的宇宙论。——译者注

学得到了阿尔弗雷德·诺斯·怀特海（Alfred North Whitehead）和亨利·柏格森（Henri Bergson）等人的大力支持。过程哲学失宠了近一个世纪，但似乎又重新获得了支持，尤其是在生物学哲学方面。正如哲学家安妮－索菲·梅因克（Anne-Sophie Meincke）等人所认为的那样，它符合生物体**通过变化**来维持自身的这一认识。它们是自我再生过程的模式，始终处于变化之中。这种变化就是生命本身。

过程视角也与物理学中的关系观点不谋而合。例如，卡洛·罗维利（Carlo Rovelli）认为，物体本身并不具备任何属性，也不存在任何可以从宇宙万物的关系中分离出来的存在。自我同样是由一系列关系网定义的：所有组件之间的内部关系，与环境中事物的关系，与过去经历和未来目标的关系，与个人记忆和个人叙事的关系，以及对人类而言，与所有塑造我们自身认同的他人的关系。

这些观点本质上是整体性的，甚至是**生态的**：它们从考虑系统的内部和外部所有关系的角度来研究系统的动态。对于像生命这样丰富复杂的过程来说，我觉得这种方法是正确的。然而，它与几十年来生物学的主导方法形成了鲜明对比，后者是强烈的还原主义和机械主义思想。它们占据主导地位有很多原因，有些是理论上的，但很多只是反映了方法论上的局限性。诚然，还原主义实验方法已被证实是极其强大和富有成效的，但有时人们可能会感觉这种方法所提供的理解并不完全真实或全面。

尝试弄清某些生物过程的典型方法是监测或操控某些成分，同时保持其他所有因素恒定，从而观察到该成分在此过程中的功能。这可能意味着敲除单个基因并观察其对某些性状的影响，或刺激某些神经元群并观察其对行为的影响，或测量某些内部蛋白质对来自细胞外信号的反应。这种设计非常强大，其目的是通过在功能上分离出相关组件来应对系统的复杂性。问题在于，如果这些方法取得了成功，就意味着系统真的是这样运作的。

没有任何基因、蛋白质或神经元群能单独完成任何事情：它们始终是扩展系统的一部分，当生物体在现实世界中活动时，其活动通常会受到环境的影响。在某些实验条件下，发现某个基因、蛋白质或神经元参与了某个过程，并不意味着它不会在其他完全不同的过程中发挥作用。因此，试图将复杂的生物系统简化为线性通路和独立的专门组件的观点是错误的——这是一种强迫视角[①]的产物。它助长了将细胞或生物体视为简单的

---

① 强迫视角（forced perspective）是一种视觉艺术技巧，它利用尺度和视觉错觉来使物体看起来比它们实际的尺寸更大或更小、更远或更近。这种技术通常用于摄影、电影制作、建筑设计和主题公园设计中。文中指的是一种认知偏差或思维模式，其中人们倾向于用过于简化或有限的方式看待复杂的问题或系统。——译者注

刺激 – 反应机器的观点，而实际上它们是以目标为导向的整体、主动、动态的系统；也就是说，它们是主体。它们不会被世界上的事物所驱使，也不会被自己的组件所左右。这一结论在制药业将所谓明确的科学成果转化为临床实践的失败案例中得到证实，在这些临床实践中，复杂性和混乱性通常会影响最终结果。

不过，这种情况也在改变。新技术使研究人员不再孤立地研究各个组件，而是能够同时测量一个细胞或数万或数十万个神经元的所有基因或蛋白质的行为，甚至是一些简单生物的整个神经系统。随着计算能力的大幅提升，对这类数据的获取正促使人们重新关注通用系统理论、控制理论和控制论等领域。这些领域在 20 世纪 50 年代到 70 年代曾达到鼎盛，例如，它们以系统的整体理论为基础，强调产生反馈控制的动态变化。然而，这些理论从未完全得到证实，主要原因是缺乏数据和计算能力。如今，这种情况似乎正在改变，我们正在见证从还原主义思维到生物体本质上是整体和综合系统这一认识的转变。

第五节　生物超越性

最后还有一个推测性的想法。我所提出的神经系统进化的观点是一种客观的实用主义观点。生物体需要在不断变化的环境中保持其内部过程的延续。它们最初是通过调节自身的生理机能来实现这一点的，但行为的出现——以目标为导向的方式在世界中活动的能力——为生物体提供了通过与环境的互动来实现调节过程的手段。因此，简单的神经系统最终演化为更复杂的大脑，成为协调行动的系统。

大脑的所有功能都可以通过这一视角来观察。感知的功能是映射威胁、机会和行动的可能性。认知旨在描绘和认识世界，理解因果关系，预测和预知事件以及我们自身行动的后果，从而指导有效的行为。决策和行动选择的目的在于优先考虑支持生存和繁殖的最佳目标和行动。甚至意识本身的进化也是为了更好地进行认知控制和自我调节。与其他动物相比，所有这些神经资源赋予了我们在更长的时间范围内以最佳方式指导自己行为的能力。

然而，这种观点缺乏浪漫主义色彩，不能完全揭示人类生命的奇妙之处，我不想就此打住，因为我们的故事还没结束。在生物学中，我们往往尝试从适应性的角度来理解功能性，即某个过程是**被选择的**。但在进化过程中，还有另一个普遍的过程，即所谓的**“外适应”**（exaptation）。当一个原本被选中用于一种功能的结构被证明对其他功能（通常是完全新颖的目的）也很有用时，就会发生外适应。羽毛就是一个典型的例子，它最初可能是为了调节体温而进化出来的，但后来被用来支持飞行。在许多情况下，一种功能的出现可以提供进入一个新生态位的机会，在那里新的可能性层出不穷。

在人类中，似乎发生了一种认知扩展适应。思想可能是为了控制行动而进化。但是，我们神经资源的扩展和认知系统的递归架构赋予了我们思考我们的思想的能力。我们将认知内化，使其成为世界本身：认知科学家乌塔和克里斯·弗里斯称之为**“思想的世界”**。我们的思想获得了自由。我们能够进行开放式的、真正创造性的思考；拥有想象力；能够奇思妙想和假设未来；能够创造艺术、音乐和科学；能够抽象推理，从而揭示宇宙最深层的规律和原理。

而且我们并不是独自在战斗：人类思想的真正力量来自集体互动和文化积累。我们几代人分享和积累知识，加深理解，年轻人轻松就掌握了几十年前根本无法理解的概念。无论是作为个体还是作为一个物种，我们都有超越我们自身生物学特性的能力。尽管在我写这本书的时候，全球前景似乎暗淡无光，但只要我们选择运用智慧，我们就能为我们星球和地球上所有奇妙生命的长期生存做出最佳的集体决策。

结　语

人工智能体

人们可能会问，本书提出的思想框架是否能够为真正的通用人工智能甚至是人工生命提供有力的支撑呢？事实上，该思想框架可以给我们带来一个重要的启示，即**智能**和**生命**可能是不可分割的，它们似乎以某种方式围绕着能动性这一概念紧密联系在一起。

人工智能领域自其诞生起就一直从神经科学中汲取灵感，该领域的开创性论文就曾提出了神经元可以执行逻辑运算。大多数人工智能的初期开发工作都是从这个角度出发的，往往把注意力都放在那些人类很难完成、需要抽象思维和逻辑推理的任务上，尤其是在象棋或围棋等测试领域。而人工智能在这些领域所取得的成功也是有目共睹的。

近年来，人工智能在图像识别、文本预测、语音识别和语言翻译等领域也取得了惊人的进步。这些成就主要得益于**深度学习**的发展和应用，而深度学习的出现离不开大脑皮层大规模并行处理和多层次架构的启发。这种方法非常适合从大量训练数据中学习统计规律。训练后的神经网络可以抽象出高阶模式，例如，通过学习大量图像数据，模型可以识别不同类型的对象。他们还可以在相似数据的新实例中预测最有可能出现的模式，比如自动补全文本信息或预测蛋白质的三维结构。

当对神经网络加以适当的训练，它还可以根据训练数据生成全新示例。例如，**生成模型**可以用来创建“珠穆朗玛峰顶部一匹马的逼真照片”或“梵高风格的冰淇淋车的照片”。“大语言模型”可以用来生成看似非常合理、非常令人信服的文本段落或问题答案。事实上，它们能够进行**对话**，让人深信不疑，它们能真的理解问题及其回答——一些用户甚至认为这些系统具有感知能力。

然而，当出现之前训练数据未曾涉及的新场景时，即使是最复杂的系统也可能迅速陷入困境，而人类可以很轻松处理这类问题。因此，这些系统即使基于大量训练数据抽象出的统计模式而获得了某种形式的“理解”，也似乎不能与人类所拥有的那种理解相媲美。

事实上，尽管人工智能在许多领域都有超常表现，但在很多人类轻而易举做到的事情上，它却没有达到同样的水平，诸如自由移动、理解因果关系或者从容面对新情况等。值得注意的是，由于动物必须在充满挑战和变化的环境中生存，大多数动物在这些方面也很擅长。

这些局限表明当前的人工智能系统是高度专业化的，它们根据以往的数据模式进行训练以执行特定任务。但它们在概括方面往往表现不佳，这表明它们实际上并没有抽象出任何潜在的因果基本原理知识。它们可能会“知道”，Y 会随着 X 的出现而出现，但它们可能不知道**为什么**会这样，也就是说，它们无法确定这背后是存在真正的因果关系，抑或仅仅是一种类似昼夜交替的统计规律。因此，它们可以对熟悉的数据类型做出预测，但却往往无法把这种能力应用到其他类型的数据或新情境中。

因此，与执行特定任务的人工智能系统相比，对通用人工智能的探索并没有取得相同的进展。我们认为自然智能的典型特征正是这种概括泛化能力；动物智能的标志是能够运用从过去经验中获得的知识来理解和预测未来，包括预测它们自己采取的行动可能造成的结果，从而能在新的、不确定的环境中采取适当的行动。因此，自然智能通过**智能行为来展现**，而智能行为则必然根据行为主体的目标实现情况来定义好或坏。套用阿甘的话来说，聪明的行为才是评价聪明与否的标准。

自然智能的另一个关键特征在于它的实现所需资源有限，包括计算硬件、运行所需能量、学习有用知识所需的经验，以及评估新情况并决定如何应对所需的时间。更高的智能不仅体现在能找到解决问题的恰当方案，还体现为能高效、快速地解决问题。生物体不可能在数百万个数据点上进行训练，也不可能运行一个耗电量高达兆瓦的系统，更不可能花很长时间去深入权衡应对措施。事实上，可能正是这些现实世界的压力促使生物体具备了从有限的经验中抽象出普遍因果关系的需求和能力。

由于相关的反事实情境往往不会自发出现，因此，不能仅通过被动观察来理解因果关系。如果X之后总是出现Y，不管有多规律，真正确定两者之间是否存在因果关系的唯一方法就是对系统进行干预：阻止X，看看Y是否还会发生。这个假设必须经过实验检验。因此，因果知识来自对因果的干预。我们所认为的智能行为正源自这种辛勤努力。

这意味着，通用人工智能不会出现在只会被动接收数据的系统中。它们需要能够**对世界产生作用**，并能够观察数据如何响应变化。因此，这样的系统可能必须以某种实体形式存在，即以机器人的形式或能够在模拟环境中运行的软件形式。通用人工智能可能必须通过发挥类似人类的能动性来实现。

人工智能体的行动也需要一个理由。也就是说，它们需要某种能够激发行动的主导性目标。生物体的主导性目标就是存活下去（无论是通过个体努力还是通过繁殖）。在主导性目标的基础上，衍生出各种附属目标。目标赋予行动价值：它为生物体提供了选择做某事的理由，甚至是做任何事的理由。这也给了它们从经验中学习的理由。具体而言，它们会选择性地关注那些与其目标最相关的经验，以及那些对了解世界基本因果关系最有益的经验。

哲学家汉斯·乔纳斯 (Hans Jonas) 将生物体描述为**“关注的焦点”**，意味着环境中的事物对于生物体很重要，它们对此非常关注。它们需要工具来判断事物的重要性，以及该事物重要的原因和它们应该采取的行动。正如我们所看到的，进化通过建立一个由交互系统组成的复杂结构来解决这个问题，这些系统包括感知、记忆、动机、模拟、关于目标、计划和行动的选择、奖励、强化、学习，甚至是元认知。因此，与当前的人工神经网络相比，生物体的自然大脑结构更为复杂，而这种扩展的控制体系结构为其行为提供了智能基础。

人工智能体想要达到通用智能阶段可能同样需要一个包含这些功能的**内置**体系结构。它们甚至需要我们所说的**本能**，包括赋予状态和行动价值的主导性目标，某些预先配置的控制策略（例如，一些“先天”的接近或回避反应）以及有利于高效学习的启发式学习方法。

有了这种支持，人工智能体就可以像生物体那样积累知识——可以与环境进行有目的的互动，能够理解环境，学习新的关联和因果关系，并从中提炼出更高阶的范畴、情境和原则，从而获得理解和泛化能力。尤其重要的是，智能体所获模式的

意义是在与外界互动的过程中，根据自身的目标和评估系统而确定的。它们不仅对程序员等外部观察者有意义，而且对**智能体自身**来说也是有意义的。

此处，我提出最后一个想法——这个想法也许很不可靠，但也可能极为关键。为了赋予人工系统真正的能动性——在这个世界上拥有真正的因果自主性——它们的低层运作可能需要一些不确定性。这可以来自它们的物理组件，也可以通过编程的方式把随机性或噪声添加到系统中。就像生物体一样，智能体的底层系统中可能需要引入一定的因果松弛，以使它作为一个整体进行决策——**做出**真正的决定。否则，无论智能体多么复杂，都会受制于其组件的确定性，并因此失去推动其探索世界和做出多种选择的灵活性和创造力，而这正是智能体逐渐形成对因果关系整体认识的关键所在。

总而言之，进化给我们提供了获得智能的路线图：构建具备学习能力的系统，但从一开始系统的学习方式就要根植于真实经验和因果自主性。我们不能仅仅先建立一堆算法，然后期望一个实体突然出现。相反，我们必须构建具有实体架构的系统，助力算法的逐渐发展和形成。为了获得智能，我们必须先创建**一个智能体**。

接下来要面对的问题是我们是否应该这么做。

致 谢

我的众多朋友、亲戚和同事对本书初稿的全部或部分内容提供了极为有益的意见和建议，在此一并表示感谢；菲利普·鲍尔（Philip Ball）、梅兰妮·查林杰（Melanie Challenger）、基思·法恩斯沃思（Keith Farnsworth）、艾丽西亚·胡埃罗（Alicia Juarrero）、加里·马库斯（Gary Marcus）、詹姆斯·马歇尔（James Marshall）、安妮·索菲·梅因克（Anne Sophie Meincke）、琳·米切尔（Lynn Mitchell）、梅兰妮·米切尔（Melanie Mitchell）（与前者无亲属关系！）、肖恩·米切尔（Sean Mitchell）、托马斯·米切尔（Thomas Mitchell）、亨利·波特（Henry Potter，）、大卫·奥雷根（David O' Regan）、西奥万·罗切（Siobhan Roche）、利伯蒂·塞弗斯（Liberty Severs）、李·斯莫林（Lee Smolin）、克莉利亚·韦尔德（Clelia Verde）和托尼·扎多尔（Tony Zador）。特别感谢表征组的所有成员（我们之间的讨论总是充满灵感和启发）为本书提供了宝贵的资料，包括弗朗西斯·法隆（Francis

Fallon）、塞莱斯特·基德（Celeste Kidd）、约翰·克拉科尔（John Krakauer）、托马斯·瑞安（Tomás Ryan）、马克·斯普雷瓦克（Mark Sprevak）和贝基·惠勒（Becky Wheeler）。同样感谢送给基础认知组的所有成员，特别是弗雷德·凯泽（Fred Keijzer）、马修·西姆斯（Matthew Sims）和卡罗琳·斯坦科齐（Caroline Stankozi）。我非常感激推特上一个了不起的网络社区，正是通过在这个社区中进行的诸多讨论，我对不同主题有了深入思考；因此我要向比约恩·布伦布斯（Bjorn Brembs）、马特奥·卡兰迪尼（Matteo Carandini）、桑迪普·罗伯特·达塔（Sandeep Robert Datta）、埃里克·霍尔（Erik Hoel）、约吉·雅格尔（Yogi Jaeger）、尤安·约翰（Yohan John）、路易斯·佩索阿（Luiz Pessoa）、马克斯韦尔·拉姆斯特德（Maxwell Ramstead）、亚当·萨夫龙（Adam Safron）等人表示感谢。特别感谢我的经纪人威尔·弗朗西斯（Will Francis）和编辑艾莉森·卡莱特（Alison Kalett），为本书的出版提供的帮助。最后，感谢西奥万·罗切（Siobhan Roche），在无尽的疫情封锁隔离期间，忍受我沉浸在哲学思考中。